Jürgen Hasse

Übersehene Räume

Jürgen Hasse (Prof. Dr. rer. nat. habil.) lehrt am Institut für Humangeographie an der Universität Frankfurt am Main. Seine Forschungsschwerpunkte sind Stadtforschung, Umweltwahrnehmung, Mensch-Natur-Verhältnisse und ästhetische Bildung.

JÜRGEN HASSE

Übersehene Räume. Zur Kulturgeschichte und Heterotopologie des Parkhauses

[transcript]

Bibliografische Information der Deutschen Bibliothek
Die Deutsche Bibliothek verzeichnet diese Publikation in der Deutschen Nationalbibliografie; detaillierte bibliografische Daten sind im Internet über http://dnb.ddb.de abrufbar.

Umschlaggestaltung & Innenlayout:
Kordula Röckenhaus, Bielefeld
Lektorat: Jürgen Hasse
Satz: tombux, Bielefeld
Druck: Majuskel Medienproduktion GmbH, Wetzlar
ISBN 978-3-89942-775-2

Gedruckt auf alterungsbeständigem Papier mit chlorfrei gebleichtem Zellstoff.

Besuchen Sie uns im Internet:
http://www.transcript-verlag.de

Bitte fordern Sie unser Gesamtverzeichnis und andere Broschüren an unter:
info@transcript-verlag.de

Inhalt

Einleitung

Parkhäuser gehören zu den profansten Orten einer Stadt. Man benutzt sie nie ihrer selbst wegen. Sie sind Mittel zum Zweck. Wer in ein Parkhaus fährt, will in die Stadt, nicht ins Parkhaus. Parkhäuser haben eine gewisse Ähnlichkeit mit unbewohnten Kellern, in die man nur notgedrungen hinabsteigt. Parkhäuser sind weniger Errungenschaften als Nebenprodukte der jüngeren Technikgeschichte. Sie gehören zum selbstverständlichsten »Inventar« städtischer Verkehrsinfrastrukturen. Für Stadtplaner und Architekten *können* sie zum Gegenstand der Reflexion werden. Im Alltag der Stadtbewohner und -benutzer sollen sie nur ihren Dienst tun – freie Stellplätze zu günstigen Preisen gerade dann bereitstellen, wenn der spontane Bedarf danach verlangt. Zu einem kulturpolitischen Thema im Diskurs über Urbanität und Stadt werden Parkhäuser nicht. Sie wecken das Interesse der Menschen so wenig wie ein funktionierendes Wasserwerk oder das unterirdische Netz der U-Bahn-Schächte diesseits und jenseits der Haltestellen. Parkhäuser sind uninteressante Orte. Das war in der jüngeren Geschichte nicht immer so, und es spricht einiges dafür, daß der lange übersehene Ort in naher Zukunft aus seinem ästhetischen Schatten heraustreten könnte.

Am Beginn der Geschichte des Automobils – Mitte des 19. Jahrhunderts[1] – war die Zahl der Fahrzeuge auf den Straßen so gering, daß sich zunächst keine Probleme der Unterbringung der Fahrzeuge stellten. Jedoch war die Zahl der Personenwagen, die überwiegend gewerblich, zum Teil aber auch schon privat genutzt wurden, bereits in den 1920er Jahren so weit angestiegen, daß man mit dem Bau der ersten Hochgaragen für die Unterbringung der noch reparaturanfälligen und empfindlichen Fahrzeuge begann. So entstanden in Europa in den 1920er und 30er Jahren die ersten Parkhäuser. Man bezeichnete sie zu jener Zeit noch nicht als Parkhäuser, sondern als »Hoch-« oder »Großgaragen«. In den USA setzte die Entwicklung ungefähr 10 Jahre früher ein. Das erste (französische!) Patent für eine »Hochgarage« geht auf das Jahr 1903 zurück (vgl. Niedner

1. Gottlieb Daimler und Carl Benz entwickelten 1885 die ersten Benzinfahrzeuge.

1961: 80f). Wenn das Gros der Folgepatente für Garagen auch in den USA (vor allem zwischen 1903 und 1938) angemeldet wurde[2], so entstand die erste moderne Großgarage doch schon 1905 in der Rue Ponthieu in Paris (s. Abb. 0.1 und 0.2). Die Garage wurde 1970 abgerissen.

Abb. 0.1: Pariser Großgarage (1905-1970) in der Rue Ponthieu. Foto: Chevojon, Paris. Quelle: Büttner 1967: 281

Abb. 0.2: Großgarage Rue Ponthieu (Innenansicht). Foto: »Etudes modernes«, Nov. 1924. Quelle: Müller 1925: 70

Zur Zeit der beginnenden Motorisierung erregten die ersten Hochgaragen in den großen Städten Europas und Nordamerikas großes Aufsehen. Nicht allein, weil sie eine neue Bauform darstellten. Sie repräsentierten auch eine technische, kulturelle und architektonische Neuerung im Städtebau und standen deshalb symbolisch für einen epochalen Fortschritt im modernen Leben. Heute wird technischer Fortschritt *je nach Lebensstil* durch die unterschiedlichsten Dinge repräsentiert: MP3-Player mit Datenspeichern, die kein Mensch je wirklich nutzen kann, Mobiltelefone mit eingebautem Fernseher oder einen vorzüglichen öffentlichen Personennahverkehr. Parkhäuser gehören jedenfalls nicht mehr zu den Zeichen des Fortschritts. Der Lauf der Zeit scheint sie als speziellen Typ »Architektur« der bewußten alltagsweltlichen Wahrnehmung weitgehend entzogen zu haben. Die Sprache spiegelt eine mit dieser Abflachung der Aufmerksamkeit verbundene Abklärung der Gefühle und einen damit

2. Müller listet in einer Übersicht über Garagenpatente die ersten 35 (sowie die meisten noch folgenden) als USA-Patente auf; seine Liste erfaßt aber nur den Zeitraum ab 1913 (vgl. Müller 1925: 84ff).

einhergehenden Bedeutungswandel wider. Was man einst Garagenpalast, Garagenhof, Großgarage, Hochgarage, Turmgarage, in Rom Casa dell' Automobile und in Venedig Autorimessa nannte, heißt auf dem Hintergrund einer entmystifizierten Sprachpragmatik heute ganz profan – und von jeder exzentrischen Erwartung gereinigt – nur noch »Parkhaus«. Daß Parkhäuser in der behördlichen und juristischen Fachsprache nach wie vor »Garagen« geblieben sind, hat nichts mit der Alltagssprache gemein, in der das Wort »Garage« nur noch für die Einzelgarage verwendet wird. Die geradezu euphorischen Konnotationen, die vor knapp 100 Jahren mit »Hochgaragen« assoziiert wurden, sind verflogen.

Parkhäuser (in ihrer unterirdischen Variante »Tiefgaragen«) scheinen auf den ersten Blick nicht mehr zu sein als triviale Kisten – Bauten für die vorübergehende Aufbewahrung von Kraftfahrzeugen in zentralen Stadträumen, in denen alternative Abstellplätze knapp sind. Parkhäuser lassen sich deshalb auch als entlastende und entsorgende Orte beschreiben. Sie setzen dem streßreichen Weg durch einen zeit- und ansatzweise erstickenden Innenstadtverkehr ein vorläufig erlösendes Ende. Dennoch bleibt ein Widerspruch. Wo Staustreß, beträchtlicher Zeitaufwand für die Zurücklegung kürzester Wegstrecken, hohe Betriebskosten (auf kurzen Stadtfahrten), teure Parkgebühren und zusätzlich soziale Reibung im »Nahkampf« um einen raren Stellplatz als Preis für die »bequeme« Fahrt mit dem eigenen Wagen akzeptiert werden, laufen verkehrswissenschaftliche Erklärungen leer. Die Benutzung des privaten PKW als Alternative zum meist schnelleren und billigeren öffentlichen Personennahverkehr erklärt sich im allgemeinen nicht aus technischen, ökonomischen oder politischen, sondern aus kulturellen und psychologischen Gründen.

Unter den Zweckbauten nehmen Parkhäuser insofern eine Sonderstellung ein, als eines ihrer charakteristischen Merkmale die Profanität ist. Im Unterschied zu Oper, Museum und Rathaus entzünden Parkhäuser nur in seltenen Ausnahmefällen (kultur-)politische Debatten über Urbanität, Authentizität städtischen Bauens oder – jenseits jeder kulturhistorischen Programmatik – die Häutung des Stadtbildes im »Laufe der Zeit«. Parkhäuser entziehen sich aber nicht nur der kulturpolitischen, sondern auch der architekturtheoretischen Aufmerksamkeit. In beiden Diskursen versinken sie in Selbstverständlichkeit. Da jede Selbstverständlichkeit aber ihre Spuren im individuellen wie kollektiven Bewußtsein hinterläßt, bleibt das Selbstverständliche weder stumm, noch folgenlos. Vielmehr gilt umgekehrt, daß das selbstverständlich *Gewordene* jenseits der begrifflichen Sprache sein Wesen treibt und an Flecken abgedunkelten, aber dennoch virulenten Wissens an der Konstruktion diffuser Bilder von Stadt mit-*wirkt*. Was nicht (im historischen Blick »nicht mehr«) thematisiert wird, ist »bei Leibe« (im engeren Sinne des Wortes) nicht vergessen. Ein architektonisches Ding, mit dessen sinnlicher Präsenz man tagtäglich konfrontiert ist und das man fast ebenso tagtäglich als funktionierende Stätte in Anspruch nimmt, kann man nicht ver-gessen wie etwas, das sich nach Verzehr in Fermente auflöst. Deshalb spiegelt das *strukturelle* Verschweigen, dem noch nicht einmal eine Intention zugrunde liegt, das Moment einer stummen Wirkungsdynamik im Prozeß der Konstitution großstädtischen Lebens wider. Mit anderen Worten: Das sprachliche Übergehen, thematische Überspringen und ästhetische Ausklammern von Parkhäusern aus dem Diskurs über Gegenwart und Zukunft der Stadt transportiert auf einer Hinterbühne des Diskursiven verdeckte Bedeutungen, denen wegen ihres dunklen Inklusionscharakters eine gewisse Wirkmächtigkeit innewohnt.

Diese Besonderheit ist keineswegs für den Bereich der Verkehrsbauten insgesamt charakteristisch. So werden zum Beispiel Brücken oft in einer geradezu gegenläufigen Tendenz von feuilletonistisch aufwallenden Debatten begleitet, die nicht bei beliebigen Meinungs- und Geschmacksbekundungen einer amorphen Öffentlichkeit bleiben. An Brückenbauten entzünden sich oft grundlegende kultur-, medien- und architekturtheoretische Auseinandersetzungen über Stadtentwicklung, die Bedeutung des Ästhetischen, den internationalen Wettbewerb der Metropolen, neue Baustile, symbolische Politik und die Rolle der Architektur bei der Findung von Visionen für Stadt und Gesellschaft. Die Erasmusbrücke in Rotterdam sei exemplarisch für diesen höchst mannigfaltigen Kondensationsprozeß genannt.

Der so grundlegende Unterschied zwischen beiden Arten von Verkehrsbauten ist in einer ontologischen Differenz begründet. Die Bedeutungshöfe, die mit dem einen und anderen Typ Architektur assoziiert werden, wurzeln in verschiedenen Weisen großstädtischen Lebens *mit* den je eigenen Architekturen. Brücken trennen und verbinden. Sie sind für ein bewegtes Herüber und Hinüber geschaffen. Sie sind Bewegungsräume. Stillstand ist ein Ausnahmezustand, den es in der Form der Krise (Verkehrsstau) wie der des Festes gibt (Feuerwerk). Georg Simmel sieht in der Brücke ein Symbol »für die Ausbreitung unserer Willenssphäre über den Raum« (Simmel 1909: 2).

Zwar ist auch ein Parkhaus in gewisser Weise ein Ort des Übergangs, jedoch nicht von der Art einer Brücke, sondern der einer Schwelle. Eine Schwelle markiert *keinen* gleichberechtigt zweiseitigen Übergang. Sie ist *Grenze* zwischen einem verlassenen Draußen und einem gesuchten Drinnen (vgl. Bollnow 1963: 157f). Drinnen ist die multifunktionale Kernstadt, das Ereigniszentrum von Ökonomie, Kultur und Politik. Draußen ist die Vorstadt, das Land, das Anderswo. Das Parkhaus ist für den Teilnehmer am Individualverkehr die Schwelle zur Innenstadt. Es organisiert vor allem das *Hinein*. Alle technischen Maßnahmen und juristischen Institutionen dienen der Ermöglichung *dieser* Richtung. Während die öffentliche Brücke ein »freier« Raum ist, ist das Parkhaus ein halböffentlicher und hoch verregelter Raum. Seine Funktion ist fixiert; es gibt keine Spielräume für andere Nutzungen (s. Abb. 0.3 und 0.4). Es scheint – zumindest auf den ersten Blick – nichts zu erzählen. Es kontingentiert den automobilen Zugang zur Kernstadt wie ein Ventil, das den Fluß der innenstadtgerichteten Verkehrsströme reguliert. Auf der Brücke *fließt* der Verkehr, im Parkhaus *steht* er. In diesem Stillstand liegt auch sein ganzer verkehrspolitischer und -technischer Sinn: Ermöglichung eines störungsfrei fließenden Verkehrs durch die Organisation von räumlich konzentriertem und komprimiertem Stillstand. Obwohl es aufnimmt und verteilt, Zugänge öffnet und Mobilität im verkehrstechnisch verdichteten Stadtraum unterstützt, wecken Parkhäuser in aller Regel negative Assoziationen. Das bunte städtische Treiben macht sie zwar verkehrstechnisch unentbehrlich, als tote und aseptische Orte zugleich aber auch vergessen.

Abb. 0.3: Parkhaus im Leerzustand (Frankfurt a.M.)

Abb. 0.4: Parkhaus um 1959. Foto: Hochtief. Quelle: Hochtief 1961: 10

Auch Architekten sehen in Parkhäusern keine primären Objekte der Repräsentation. Parkhäuser sind Stiefkinder der Architektur. In dem vom Deutschen Architektur-Museum mitherausgegebenen Band über »Zeitgenössische Architektur in Deutschland 1970 bis 1995« kommen keine Parkhäuser vor (vgl. Bruyn 1996). In der »Travel Edition« des »Phaidon Atlas of Comtemporary World Architecture« taucht unter 1.052 Bauwerken weltweiter Repräsentationsarchitektur aus 75 Ländern, die in der Zeit von 1999 bis 2004 errichtet worden sind, ein einziges Parkhaus auf.[3]

Parkhäuser nehmen in einer sehr breiten Typologie von Bauwerken hierarchisch einen letzten Platz ein. Auch in der verkehrswissenschaftlichen Fachliteratur spielt das Thema »Parkhaus« heute eine untergeordnete Rolle;[4] restriktive Steuerungsmaßnahmen sowie technische und administrative Themen stehen hier im Mittelpunkt. Belange der Architektur und Ästhetik werden nicht diskutiert. Das war nicht zu allen Zeiten so.

3. Parkhaus der Universität Princeton (vgl. Phaidon 2005, Kat. Nr. 946). Der zweite jedoch nur im weiteren Sinne dieser Kategorie zuzurechnende Eintrag verweist auf die Park and Ride Tramstation von Strasbourg (Kat. Nr. 499).

4. In der »Zeitschrift für Verkehrswissenschaft« kommt das Thema in den Jahrgängen 2000 bis 2005 nicht vor, in den (durchgesehenen) Jahrgängen 2003 bis 2005 nicht vor, in den (durchgesehenen) Jahrgängen 2003 bis 2005 ebensowenig in der

Am Beginn des 20. Jahrhunderts sowie in den 1950er Jahren waren Parkhäuser repräsentative Bauwerke und Thema öffentlicher wie fachlich weit gestreuter Debatten.

Parkräume gehören zu den widersprüchlichsten städtischen Raumgebilden unserer Zeit. Sie sind in ihrer Funktion so profan, daß sie einer Erklärung kaum zu bedürfen scheinen. Die Gebrauchsroutinen, die sie in die Rhythmen der alltäglichen Wiederholung des Selbstverständlichsten einspannen, imprägnieren gegen das Nach-Denken ihres ästhetischen Erscheinens, ihrer hintergründigen Bedeutungen und ihrer verdeckten Erzählungen über das großstädtische Leben. Wahrnehmungsroutinen lagern Parkhäuser in das fahle Bild einer Alltagsarchitektur ein, deren sinnliches Erleben und semantisches Verstehen unsere Aufmerksamkeit nicht wert zu sein scheint. In einer 1964 von der Deutschen Shell AG veröffentlichten Publikation über den Bau von Parkhäusern als probates Mittel zur Lösung der drängenden Parkprobleme in den Innenstädten heißt es selbstverständlich: »Das Thema hat zwei Seiten – eine technische und eine wirtschaftliche.« (Deutsche Shell 1964: 3) Es scheint sich von selbst zu verstehen, daß die Parkhausthematik nicht das mindeste mit ästhetischen und kulturtheoretischen Fragen zu tun hat.

Das vorliegende Buch will diesem Vergessen, Übersehen und Mißachten der kulturellen Implikationen des Baus, Betriebs, vor allem aber der alltäglichen Nutzung der Vorzüge von Parkhäusern in Raum und Zeit mit einer kulturtheoretischen Betrachtung entgegentreten. Parkhäuser sollen als vielsagende Orte betrachtet werden, die auf einer weitgehend nichtsprachlichen Ebene der ästhetischen Präsentation ihre historisch je eigenen Geschichten erzählen – über die Rolle des Bauens zu bestimmten Zeiten, über die Bedeutung des Autos als Gebrauchsgegenstand wie mystifiziertes Medium sozialer Distinktion. Es wird sich zeigen, daß das Parkhaus als »Typ Architektur« seit Beginn des 20. Jahrhunderts in historisch wechselnden Erzählsträngen je eigene (historisch aber charakteristische) Rollen spielt.

In den 1920er und 30er Jahren formiert sich ein verkehrswissenschaftlicher und stadtplanerischer Diskurs über die seinerzeit neue Rolle von Parkhäusern. Er tangierte auch öffentlich geführte kulturpolitische Debatten. Mit der rein quantitativen Vermehrung von Parkhäusern in den 1950er (vor allem aber in den 1960er) Jahren verschwindet das Parkhaus als Diskurs-*Thema* dann aber fast ganz. Es taucht erst in der Gegenwart

Fachzeitschrift für den öffentlichen Personennahverkehr auf Schiene und Straße »Stadtverkehr«. Soweit Parkhäuser thematisiert werden, dominieren administrative und technische Fragen (vgl. H. 6/2003 der Zeitschrift »Internationales Verkehrswesen«). Beispielhaft für die Art der Thematisierung im Kontext der Stadtplanung ist auch der Beitrag von Beckmann über Parkleitsysteme (vgl. Beckmann 2001).

– im Zuge einer ästhetisierenden Stadtpolitik, die sich selbst der Nobilitierung von Parkhäusern angenommen hat, wieder auf.

Der Analyse stellt sich eine mehrschichtige Aufgabe. Deren erster Schritt soll in einer zunächst groben Rekonstruktion der Geschichte der Parkhausarchitektur bestehen. Diese wird zeigen, daß Parkhäuser zu den meisten Zeiten eher gebaut und benutzt als diskutiert worden sind, schon gar nicht als kulturelle Orte einer Gesellschaft. Ergänzend wird – noch im Rahmen einer *allgemeinen* Betrachtung von Parkhäusern – deutlich werden, daß sie neben ihrer verkehrlichen Funktion mit einer ganzen Reihe kulturell-symbolischer Bedeutungen belegt waren und sind. Damit treten Parkhäuser als Orte im Raum der Stadt in den Blick, in dem sie als rauschende Situationsfelder gebauter Bedeutung interessant werden. Wenn über Parkhäuser wenig gesprochen wird, so läßt sich daraus nicht schließen, daß sie jenseits ihrer trivialen Nützlichkeit keine Rollen spielen. Je weniger sie zu einem diskursiven Thema werden, um so eindringlicher können sie ihre Wirkung im Medium der Sichtbarkeit sowie über das Erleben ihrer Materialität, Textur, räumlichen Ordnung und Atmosphären *ästhetisch* entfalten und die sprachlichen Diskurse über zeitgemäßes Bauen, die Rolle des PKW im modernen städtischen Leben, Visionen zukunftsorientierten Lebens bis hin zu Utopien schönen Lebens mehr unterströmen als expressis verbis akzentuieren. Im Schatten des diskursiven Überspringens von Parkhausthemen kann sich auf verdeckt und darin nachhaltige Weise eine subversive Kraft des Narrativen entfalten, die Foucault im *Anderen* der Sprache sieht. Sie unterspült die wörtliche Rede in einem komplementärsprachlichen Raunen und schafft so verdeckte Realitäten.

Im (sinnlichen) Erleben wie im (kognitiven) Interpretieren von Architektur kann es keine Transparenz geben. Die Bedeutungen sind in ihrer jeweiligen Zeit so vielschichtig, vieldeutig und chaotisch-mannigfaltig, daß sie in einem semiotischen Sinne nicht »lesbar« sind. Bedeutungen, die Architektur anhaften, sollen deshalb auch nicht als semiotische Kategorien, sondern als *Eindrücke* verstanden werden, die »in einem Augenblick ganz zum Vorschein kommen, einschließlich ihres chaotisch-mannigfaltigen Hofes oder Hintergrundes der Bedeutsamkeit« (Schmitz 1994: 77). Keine architektonische Präsenz kann wie ein einsilbig-linearer Gedanke als Zeichen, auf einem »geraden Wege«, verstanden werden. Die kulturwissenschaftliche Auseinandersetzung mit Parkhäusern wird deutlich machen, daß konkrete Architektur zwar sprachlich begründet, feuilletonistisch und kulturkritisch mehr oder weniger be-*sprochen,* aber daneben (oder auch unabhängig davon) als begehbarer Raum sinnlich und leiblich *erlebt* wird.

»Wir müssen uns nicht einbilden, daß uns die Welt ein lesbares Gesicht zuwendet, welches wir nur zu entziffern haben. Die Welt ist kein Komplize unserer Erkenntnis.« (Foucault OD: 34) Damit soll der Vergeblichkeit von Interpretation nicht das Wort geredet werden. Gleichwohl sensibilisiert Foucault mit dieser Aussage für die nur auf der Grundlage flüchtiger Annahmen und Erwartungen (noch diesseits des wissenschaftshygienischen und kognitiv aseptischen Charakters von »Hypothesen«) mögliche diskursive Annäherung an vergessene Architekturen. Der Rückgriff auf das von Foucault nur fragmentarisch vorgestellte Verständnis »anderer Räume« soll auf diesem Wege helfen. Architektur wird danach als eine (bezeichnete und für Bezeichnungen offene) räumliche Wirklichkeit aufgefaßt, deren sinnliches Erleben parallel zur Sprache der Wörter den lexikalisch gesicherten Kosmos des Definierten unterströmt und so von einem Nirgendwo be- und ge-stimmter Umgebungen auf die in der Zeit flüssige Fortschreibung der Bedeutungen einwirkt. Es ist jenes leibliche und befindliche Mitsein mit den Räumen der Architektur, das aus den »sandigen Weiten des Nicht-Denkens« (Foucault OD: 389) ins situative Denken und Erleben räumlicher und gesellschaftlicher Ensembles zurückschlägt, das diese Studie zu einem wesentlichen Teil motiviert. Die leibliche Seite des situativen Eingelassenseins in Architektur soll auf einem phänomenologischen Wege erschlossen werden. Die phänomenologische Aufmerksamkeit soll das Gelände der schwer durchschaubaren Gemengelage des Ästhetischen mit Hilfe der Neuen Phänomenologie von Hermann Schmitz da sondieren, wo Architektur sinnlich und leiblich erlebt wird, um sich von diesem unmittelbaren Grund der Annäherung aus in sprachlich explizierte Bedeutungen vorzuwagen. Es ist dies der Punkt, an dem Architektur als ein Erlebnisfeld verstanden wird, das von einem zähen Strom von Gefühlen und Empfindungen durchzogen wird. In der phänomenologischen Perspektive kann dieses Vorhaben aber nicht aufgehen. Dafür ist Architektur zu sehr gesellschaftlich konstituiert. Deshalb wird die Untersuchung auf der anderen Seite einem poststrukturalistischen Strang folgen, indem sie Parkhäuser als »andere Räume« im Sinne Foucaults in den Blick nimmt – dies im Wissen um das Risiko von Fehldeutungen.

Heike Delitz begreift in diesem Sinne »Architektur als eines der konstitutiven ›Medien‹ der Vergesellschaftung« (Delitz 2005: 7). Sie versteht »das Gebaute als ›Ausdruck‹, ›Symbol‹ oder ›Spiegel‹ einer Gesellschaft« (ebd.). Weil insbesondere die funktionalistische Profanarchitektur (wie die eines Parkhauses) im wiederkehrenden Gang gewöhnlicher Praktiken angeeignet wird, verliert sich jede vielleicht ehemals wache Aufmerksamkeit gegenüber den gesellschafts- und selbstbezogenen Wirkungswegen und -weisen in der Wüste lähmender Normalität. Die Analyse des »schweren Kommunikationsmediums« »Architektur« verlangt deshalb mehr als eine feuilletonistische Bewertung nach formalästhetischen Kategorien (Einbettung in die Umgebung, kontrastierende oder bestätigende Formenspiele oder gar individuell geschmacksästhetische Kommentierung). Erst die Auseinandersetzung mit dem Zusammenhang von Materialität und Bedeutung vermag Aufschlüsse zu geben über den dialektisch verzahnten

Entstehungsprozeß von Sinn und Sinnlichkeit. Einem solchen »Blick« geht ein Denken voraus, wonach Architektur weder im Baustoff noch im Diskurs aufgeht, sondern stets in ihrem symbolischen und atmosphärischen Überschuß *auch* vorsprachlich wirkt. In ihrem Ausdrucks- und Strukturierungscharakter, in ihrer sinnlichen und sinnhaften Dimension ist sie deshalb »nur im distanzierten Blick zu erfassen« (ebd.: 9). Mit einem semiotischen Akzent definiert Bernhard Schäfers die Aufgabe der Architektursoziologie als Untersuchung der »Zusammenhänge von gebauter Umwelt und sozialem Handeln unter Berücksichtigung vorherrschender technischer, ökonomischer und politischer Voraussetzungen« (Schäfers 2006: 22).

Der tentative Charakter dieser Studie wird aus einem anderen Grund gleichsam unumgänglich. Es gibt kein wissenschaftliches Schrifttum, das sich dem Architekturtyp »Parkhaus« explizit in einem sozial-, geistes- oder kulturwissenschaftlichen Erkenntnisinteresse annimmt. Die wenigen aktuellen Arbeiten, in denen Parkhäuser eine mehr oder weniger explizierte Rolle spielen, befassen sich mit ingenieurwissenschaftlichen Fragen des Hoch- und Tiefbaus, widmen sich der Frage der Sicherheit in Parkbauten, greifen das alte Thema des ruhenden Verkehrs in seiner dienenden Funktion für den fließenden (früher sprach man vom »arbeitenden«) Verkehr auf oder diskutieren ökonomische Fragen der Parkhausbewirtschaftung. In der Architektur taucht das Parkhaus als gestaltetes Bauwerk auf, seit sich eine Reihe von Initiativen (i.w.S. zur Baukultur) der Aufgabe zugewandt haben, Verkehrsarchitektur ästhetisch zu betrachten. Seit 1993 vergibt die European Parking Association (EPA) jährlich den »European Standard Parking Award«, mit dem herausragende Parkhäuser für Sicherheit und Benutzerfreundlichkeit ausgezeichnet werden. Der Preis wird von der ParkingSwiss, dem Autogewerbeverband der Schweiz, vergeben. Einen denkwürdigen Schritt in diese Richtung bedeutet auch der 2000/2001 vom französischen Autohersteller Renault ausgelobte »Traffic Design Award« (vgl. Deutsche Renault 2002). Der ADAC prämiert mit einem ähnlichen Ziel seinerseits ästhetisch bemerkenswerte Parkhäuser.

1. Parkhaus-Architektur – zwischen Technologie, Ökonomie und Kultur

Verkehrsbauten dienen der Ermöglichung, Entfaltung und ordnenden Strukturierung der Verkehrsströme. Der Bau von Garagen ist eine Folge der Motorisierung des Straßenverkehrs. Die Reduzierung von Parkbauten auf ihre offensichtliche Funktion wird dennoch der Rolle nicht gerecht, die diese Bauwerke in automobilen Gesellschaften spielen. Was für jedes Bauwerk gilt, ist bei Parkhäusern im Prinzip nicht anders: In der Überlagerung von Be-Handeln, Be-finden und Be-denken sind auch Verkehrsbauten mehr als nur *Ge*-bäude. Dennoch unterscheiden sich Verkehrsbauten in ihrer alltäglichen und kulturpolitischen Wahrnehmung von Rathäusern, Theatern und Museen, die in aller Regel bereits in der Planungsphase, spätestens aber zum Zeitpunkt der Fertigstellung, durch eine öffentlich diskutierte Zuschreibung von Bedeutungen feuilletonistisch in den kulturellen Raum der Stadt eingeschrieben werden. Das ist bei Objekten der Verkehrsarchitektur nur in herausragenden Fällen so – bei Brücken, die das Stadtbild prägen oder bei Flughafengebäuden, die aufgrund ihrer global-verkehrsinfrastrukturellen und regionalökonomischen Bedeutsamkeit weniger in ästhetischer als in wirtschaftlicher Hinsicht Beachtung finden.

Parkhäuser sind keine kulturschaffenden Bauten im engeren Sinne. Sie haben eine infrastrukturelle (Entsorgungs-)Funktion. Wenn sie damit auch eher eine subsidiäre Aufgabe erfüllen, erweitern sie den öffentlichen Stadtraum doch auch in ästhetischer und atmosphärischer Hinsicht, wenn dieser Aspekt im Architekturdiskurs auch kaum zur Geltung kommt. Erst in ihrer Fokussierung werden ästhetische Implikationen einer scheinbar durch und durch »anti«-ästhetischen Architektur erkennbar. Die Bedingungen ihrer öffentlichen (i.w.S. kulturpolitischen) Rezeption hängen von pluralen Bedeutungen ab, die Bauwerken zugeschrieben werden. Sie verändern sich, indem sich verschiedene systemische Ereignisfelder überschneiden. So fanden die Hochgaragen der 1920er und 30er Jahre aufgrund ihrer innovativen Rolle im architektonischen Bild der Stadt und aus Gründen ihrer Verbindung mit einer neuen Kultur des Automobilismus stärkere Beachtung als jemals später. Für die Parkhäuser der Nachkriegszeit war das nur noch ausnahmsweise der Fall, etwa wenn außergewöhnliche Architektur auf sich aufmerksam machte und in ihrer Gestaltung aus dem Rahmen fiel. In den 1950er Jahren fand die *Funktion* des Parkhauses schon deshalb kaum noch Aufmerksamkeit, weil das Automobil zu einem selbstverständlichen Gefährt geworden war. In den 1970er und 80er Jahren waren Parkhäuser gar kein Thema der Architektur mehr. Als Folge kostensparender Bauweisen waren sie ästhetisch zu neutralen Orten abgesunken, zu alltäglichen Zweckbauten, die ihre Aufgabe zu einem möglichst günstigen Preis erfüllen sollten. Erst seit der Wende zum 21. Jahrhundert sind sie von Architekten und Investoren als Medien der Ästhetisierung (wieder-)entdeckt worden. Seither finden sie auch in einem mehrsträngig gegliederten Architekturdiskurs vermehrt Beachtung: in Fachbeiträgen großer Architekturjournale wie in Feuilletons regionaler und nationaler Zeitungen.

Verkehrsbauten sind im öffentlichen Raum sinnlich präsent. Als Gegenstände im physischen Raum werden sie aus wechselnden Perspektiven der Bewegung erlebt. Ihre Wahrnehmung wird zwar kognitiv durch die Verläufe evtl. geführter Debatten über diese Gegenstände beeinflußt. Sie ist aber nie von solchen diskursiven Aussagen abhängig. Im Vollzug alltäglicher Nutzungspraktiken wie räumlich distanzierter Wahrnehmungen bildet sich ein Amalgam, in dem sich öffentlich kommunizierte Architekturbewertungen mit persönlichen Einstellungen, geschmacksästhetischen Präferenzen, atmosphärischem Erleben und politischem Denken verbinden. Es entsteht ein ganzheitlich-diffuser Eindruck, der nicht an die feuilletonistisch oder architekturtheoretisch definierte ästhetische Qualität eines Bauwerkes gebunden ist. Dieser Weg mag bei einem »schönen« Parkhaus im Hinblick auf die Bildung von Geschmacksurteilen einen anderen Verlauf nehmen als bei einem »häßlichen«. Für die Art der Wahrnehmung und Einordnung eines Bauwerkes in einen biographisch-persönlichen und historisch-gesellschaftlichen Rahmen von Bedeutungen kommt es hierauf nicht an. Im Erleben von Architektur überlagern sich sinnliche und symbolische Eindrücke. Auf den sinnlichen Prozeß wirken Materialien, Formen und Konstruktionen ebenso ein wie räumliche Beziehungen als Ausdruck des motorischen Körperschemas einer Wahrnehmungssituation (differenziert nach vorne, hinten, oben, unten, drinnen, draußen etc.). In der gesellschaftlichen Vermittlung kultureller Bedeutungen überlagern sich plurale Bedeutungsfelder (bezogen auf Verkehrstechnologien, ökonomische Erwartungen, politische Steuerungsprogramme oder sozialpsychologische Kritiken). So gibt es in der Perspektive der Lebenswelt keine nach Systemrationalitäten isolierten Wahrnehmungen. Trotz unterschiedlicher Klarheit einzelner Perspektiven der Wahrnehmung liegen doch alle in einer chaotischen Mannigfaltigkeit der Bedeutungen in- und übereinander und bilden einen (ganzen) Eindruck. In der Gründungsphase von Großgaragen zeigt sich in den 1920er Jahren mit besonderer Klarheit die Verklammerung von spezifischen zu kulturellen Bedeutungen, die man mit dem Auto und dessen Gebrauch verband.[1]

Die erste moderne Garage entstand schon 1905/06 in der Rue Ponthieu in Paris (vgl. Lüsch 1997: 115 sowie Abb. 0.1 und 0.2). In den großen Städten Europas wurde diese neue Bauaufgabe danach allmählich auf die Tagesordnung der Stadtentwicklungspolitik geschrieben. Die neuen Bauten sollten das Bild der Stadt und das Leben mit dem Automobil in einer Zeit ergänzen, in der sich der Motorisierungsgrad des Verkehrs noch langsam beschleunigte. Die auf die ersten Garagenbauwerke gerichtete Aufmerksamkeit war dementsprechend groß. In ihr sammelten sich die mit der individuellen Automobilität verbundenen Wünsche, Hoffnungen und Erwartungen. Konstruktionsbedingte Funktionalität und ästhetisches Erscheinen der seinerzeit nicht selten repräsentativen Bauwerke boten sich als Spiegel eines neuen Lebens in einer neuen Welt an. Die Ästhetik eines Garagenbauwerkes war Ausdruck dieses Symbiose- und Symbolisierungsprozesses und zugleich Eindruck, in dem individuelle und gesellschaftliche Bedeutungshöfe gärten (vgl. Abb. 1.1).

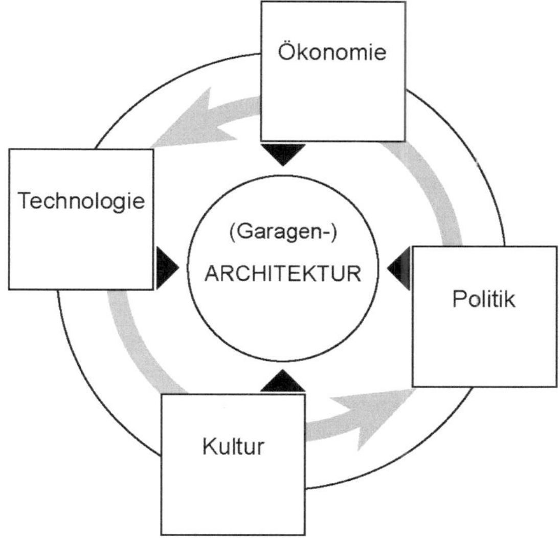

Abb: 1.1: Zur Überlagerung und Durchdringung von Technologie, Kultur, Ökonomie und Politik in der (Garagen-) Architektur

1. Dies waren insbesondere Bedeutungen aus dem Bereich der Kfz-Technologie, Wartung und Pflege der Fahrzeuge, der Gestaltungs- und Konstruktionsmöglichkeiten von Architektur sowie ökonomische Bedeutungen, die die Möglichkeiten zum Besitz eines eigenen PKW widerspiegelten.

1.1 Das Automobil als kulturelles Medium

Die Geschichte der Architektur von Hochgaragen steht in einem Zusammenhang mit der Entwicklung und Ausbreitung des Automobils. Daß auch das Automobil neben seiner pragmatischen Nutzungsmöglichkeit von einer narrativen Programmatik umsponnen wird, ist Thema der Habilitationsschrift von Christoph Maria Merki. Damit erscheint erst im Jahre 2002 ein grundlegender kulturwissenschaftlicher Beitrag zur Geschichte des Automobils. Das legt wissenschaftliche Präferenzen offen und dokumentiert ein äußerst geringes kulturwissenschaftliches Interesse am Automobil. Im Ergebnis legt die Arbeit von Merki ein eklatantes Defizit an gehaltvollen kulturwissenschaftlichen Rekonstruktionen zur Autogeschichte offen.

Merki zählt die Motorisierung des Straßenverkehrs »zu den grundlegenden wirtschaftlichen, sozialen und kulturellen Prozessen des 20. Jahrhunderts« (Merki 2002: 16). Die Erfindung des Automobils im Jahre 1885 leitete eine technologische Revolution ein, die in der ersten Hälfte des 20. Jahrhunderts zu einer tiefgreifenden gesellschaftlichen Transformation und einem einschneidenden raumphysiognomischen Wandel führte. Bis in die Gegenwart gehören Verbrennungsmotoren als Antriebsmaschinen von Kraftfahrzeugen – heute in Verbindung mit Computertechnologien – zu einer Schlüsseltechnologie der Wirtschaft. Die Kfz-Industrie ist von globaler ökonomischer und kultureller Bedeutung. Das Automobil hat die Lebenskultur von Grund auf und auf Dauer verändert. Seine Ausbreitung begann um 1900 zunächst langsam. Bis zum Zweiten Weltkrieg ging die Verbreitung des PKW in Frankreich und der Schweiz deutlich schneller voran als in Deutschland. Im Jahre 1923 entfallen auf einen PKW in Frankreich 136 Einwohner, in der Schweiz 233, in Deutschland sind es gar 625. Auch 1935 hatte sich das Verhältnis nicht gravierend verändert: In Frankreich kommen nun auf einen PKW 27 Einwohner, in der Schweiz sind es 58 und in Deutschland noch immerhin 85 (ebd. 40).

Die Ausbreitung des PKW konzentrierte sich in Deutschland zunächst auf die Zentren der Wirtschaft (Hamburg, Berlin und die sächsischen Industriestädte, vgl. ebd.: 68). »Die erste Phase der Motorisierung des Straßenverkehrs war am Ende der 1920er Jahre abgeschlossen. Das Kraftfahrzeug hatte das Fuhrwerk und die Kutsche von der Straße verdrängt.« (Ebd.: 109) Der PKW blieb in den 1920er Jahren aber Privileg wohlhabender Bürger, wenn sich mit steigender Zahl von Autos auch ein erster Gebrauchtwagenmarkt etablierte, der sehr langsam neben der weiteren Vermehrung der Kfz-Bestände auch für eine sozioökonomische Diffusion des Automobils sorgte. Merki sieht um die 1930er Jahre eine erste Etappe der Motorisierung des Straßenverkehrs als abgeschlossen an (vgl. ebd.: 17).

Der Besitz eines PKW war aufgrund hoher Anschaffungs- und Unterhaltungskosten zunächst einer kleinen Oberschicht vorbehalten. Man rechnete für die jährlichen Unterhaltungskosten denselben Betrag wie für die Anschaffung eines Wagens. Schon zwischen 1924 und 1929 sanken aber die Anschaffungskosten um ca. die Hälfte, und auch die Unterhaltungskosten gingen deutlich zurück (vgl. ebd.: 46f). Für eine asymmetrische Verteilung des Autos in der Bevölkerung sorgte auch die (von der Pferdesteuer abgeleitete) Rechtsnorm, wonach nur die Hälfte der Steuer zahlte, wer den Nachweis erbringen konnte, den Wagen für berufliche Zwecke zu benötigen. Auch deshalb war der Anteil (wohlhabender) Selbständiger am Kreis der PKW-Besitzer besonders groß; Ärzte stellten einen hohen Anteil. Das Automobil hatte in dieser Zeit auch einen – in der Wirtschaftskrise verstärkt zu Tage tretenden – sozioökonomischen Selektionseffekt. Jedermann konnte im öffentlichen Raum der Städte sehen, was es (in der Wirtschaftskrise!) heißen konnte, reich zu sein.

Der Autoverkehr brachte am Beginn des 20. Jahrhunderts in bestimmten Stadträumen unerträgliche Belastungen durch Lärm und Staub mit sich. Verkehrsunfälle machten darüber hinaus deutlich, daß der Wohlstand weniger einen Preis aller forderte – auch derer, die in absehbarer Zeit nicht in den Genuß eines Automobils kommen sollten. So formierte sich ein von breiten gesellschaftlichen Kreisen getragener Widerstand gegen das Automobil, der nicht nur pragmatisch motiviert war. Der PKW wurde – auch wegen der Finanzierung des Straßenbaus aus *allgemeinen* Steuereinnahmen – zu einem Thema der Kulturkritik. Das Auto galt als elitärer Luxusgegenstand (vgl. ebd.: 167). Zugleich war es Vorbote einer neuen Zeit und Symbol des Fortschritts. Dem Auto sollte die Zukunft gehören. Die Straßenbahn wurde nun gar als übles Hindernis angesehen: »Diesen Störenfried gilt es mit der Wurzel auszuroden.« (Zit. bei Fehnt 2005: 158)

Das Verhältnis zum Automobil war gespalten. Es war von allen begehrt, lebenspraktisch aber noch lange nicht für jeden erreichbar. Deshalb fand es in allen Bevölkerungskreisen ungebrochene Aufmerksamkeit. Als Sensation galten die um die Jahrhundertwende stattfindenden Autorennen, die – anders als Formel-Eins-Veranstaltungen in der Gegenwart – einen pragmatischen Nebensinn darin hatten, die technologischen Konsequenzen aus den technisch beanspruchenden Materialtests der Rennwagen in die Optimierung der Serienprodukte einfließen zu lassen. Der Rennfahrer spielte zu jener Zeit auch eine andere Rolle als in der Gegenwart. Er war nicht der Hypersportler, der seinen Kopf für gigantische Siegerprämien riskierte. Vielmehr wurde es als kulturelles Privileg angesehen, als Selbstfahrer (auch »Herrenfahrer«) die neuesten, schnellsten und besten Autos in den Rennen fahren zu dürfen (vgl. Merki 2002: 261). In ihrem spektakulären Charakter waren die Rennen zugleich Kristallisationskerne eines mit den Anfängen des Automobils verbundenen Automobilismus, der als Lebensstil und soziale Bewegung zugleich angesehen werden kann (vgl. ebd.: 200).

Die grundlegende Veränderung des Straßenverkehrs durch die Ausbreitung des Kfz löste mit dem Aufkommen der ersten Verkehrsprobleme durch die zeitliche und räumliche Massenkonzentration der Fahrzeuge Debatten über verkehrspolitische und -planerische Konsequenzen aus. In den 1920er und frühen 30er Jahren forderte die schnelle Ausbreitung des Autos ein verkehrsplanerisches Umdenken der Stadt heraus. Gescheit forderte 1931 eine Umschichtung der Verkehrsströme. Offensichtlich ist hier die Orientierung an Le Corbusier, der als Mitunterzeichner der »CIAM«-Erklärung von 1928 die Devise prägte: »Fußgänger in die Luft«. Die oberirdischen Straßen wollte Gescheit den Fußgängern vorbehalten. »Jedenfalls müssen sämtliche heute üblichen Verkehrsmittel von den Tageslicht-Großstadtstraßen verschwinden. [...] Die Zukunftsstadt ist eine Gartenstadt.« (Gescheit 1931: 15) Inwieweit durch die Ausbreitung des Autoverkehrs auf Straßenhöhe die »Unterbringung von Kraftwagen in Hochhausgaragen« gerechtfertigt sei, läßt Gescheit offen, da »noch recht geteilte Ansichten herrschen« (ebd.).

Jede Zeit bringt die ihr (technologisch, ökonomisch und symbolisch) angemessenen Fahrzeuge hervor. Die ihnen ursprünglich zugedachten Rollen spielen sie nur in *ihrer* Zeit. Zwar mögen sie über ihre Zeit hinaus funktionieren, aber die *Entfaltung* ihrer ursprünglichen Bedeutungen erlahmt mit dem Fortschreiten der Zeit. Der schnelle Wandel ihrer Brauchbarkeit und Symbolik dokumentiert sich im aktuellen Handel mit Oldtimern: Die Bedeutung der ihnen ursprünglich eigenen Symbolik verzerrt sich zu neuen Bedeutungsfeldern, wenn die alten Dinge in der Zukunft eine neue Rolle spielen.

1.2 Die ersten Hochgaragen(-Diskurse)

Die unterschiedliche Ausbreitungsdynamik des Automobils in Europa sollte sich im Bau der ersten Hochgaragen widerspiegeln. Am Beginn des 20. Jahrhunderts tauchen die ersten dieser neuen Bauten der Verkehrsarchitektur in den großen Städten wirtschaftlich boomender Regionen auf. Mit der Vermehrung des Straßenverkehrs stellte sich in den meisten europäischen Großstädten eine neue Bauaufgabe. Die »Hochgarage« verlangte praktische, kostengünstige und ästhetisch der neuen Funktion adäquate Lösungen. Im Einsatz von Beton, Stahl und Glas sollten sich konstruktive und ästhetische Wege zur Bewältigung dieser Bauaufgabe eröffnen. Großes Gewicht in der Entscheidung über den Bau einer Hochgarage hatten ökonomische Überlegungen zur Rentabilität. Nicht gerade kostendämpfend wirkte der Umstand, wonach sich gerade mit dem Aufkommen eines neuen Typs von Verkehrsarchitektur das mit dem kulturellen Symbolwert des Autos verbindende repräsentative Ostenationsbedürfnis in die Aufgabe der Garagenarchitektur übertrug. Eine Garage durfte sich nicht auf ihre funktionalen Aufgaben beschränken. Sie mußte darüber hinaus symbolischen Ansprüchen der Repräsentation gerecht werden, deren Maßstäbe sich am Beginn des 20. Jahrhunderts nicht aus der Lebenswelt »der Leute«, sondern den Bedürfnissen der Oberschicht definierte (s. Abb. 1.2 und Abb. 1.3). In den 1920er Jahren kostete die Unterbringung eines Wagens in einer Garage mitunter mehr als die Miete für eine Zwei-Zimmer-Wohnung (vgl. Merki 2002: 44).

Abb. 1.2: Entwurf für eine City-Garage in der Nähe des Frankfurter Hauptbahnhofes von E. W. Ebersold/Berlin. Quelle: Gescheit/Wittmann 1931: 109
Abb. 1.3: Entwurf für ein Hochhaus am Potsdamer Platz (Berlin) mit drei Kellergaragen von E. W. Ebersold/Berlin. Quelle: Gescheit/Wittmann 1931: 113
Abb. 1.4: Entwurf einer Turmgarage mit Doppelaufzug von Koch & Kienzle/Berlin und Wickop/Hannover. Quelle: Müller 1925: 65

Erste Hinweise auf einen Architekturdiskurs über Hochgaragen finden sich in den 1920er Jahren (vgl. Müller 1925), im zeitlichen Kontext der Realisierung der ersten Bauten. Die wenigen im Bild der Städte herausragenden Bauwerke werden zum Teil kontrovers diskutiert. In diesen Debatten werden neben konstruktiven Themen am Rande auch ästhetische Fragen behandelt. Ich werde die historisch mitunter widerstreitenden Positionen zur Rolle der Architektur von Hochgaragen in der Darstellung einzelner Objekte konkret ansprechen, weil sie dort in einen Kontext *konkreten* Bauens mit Materialien, bautechnischen Konstruktionen und Atmosphären rücken, aus dem heraus widerstreitende Haltungen erst verständlich werden.

Zu den ersten Hochgaragenexperten der 1920er Jahre gehört Georg Müller, der wahrscheinlich schon in den 10er Jahren als Abteilungsleiter im Berliner Ingenieurbüro Koch & Kienzle für Garagenfragen zuständig war. Im Jahre 1924 veröffentlichte er in den V.D.I.-Nachrichten einen Beitrag über »Die Garagenfrage in Deutschland«. Seine beiden Bücher aus den Jahren 1925 und 1937 dürften die ersten grundlegenden Arbeiten zur Konstruktion und Architektur von Großgaragen sein. Da es in

Deutschland vor 1928 keine solchen Verkehrsbauten gab, lieferte Müller auch die notwendigen Definitionen. Als »Großgaragen« bezeichnete er Bauwerke mit einem Fassungsvermögen von mindestens 100 Wagen (»wirkliche Großgaragen« fassen mehr als 500 Wagen, Müller 1925: 86). Die »Hochgaragen« unterscheidet er nach »Garagen-Hochbauten« (mit 1 bis 6 Obergeschossen) und »Garagen-Hochhäusern« (mit mehr als 6 Obergeschossen). Daneben führt er den Begriff der »Turmgarage« ein, »deren sichtbare Höhe (Straßenoberkante bis Dachfirst) größer ist als die größte Grundabmessung« (ebd.); s. auch Abb. 1.4.

Im Fachdiskurs spielen die Arbeiten von Georg Müller bis zum Beginn des Zweiten Weltkrieges eine wegweisende Rolle. Auch in der Diskussion konkreter Garagenbauten ist Müllers Meinung von Gewicht. So kritisiert er z.B. die Berliner Kant-Garage aus Gründen uneffektiver Raumausnutzung. Nach seiner Auffassung wird die dort realisierte doppelgängige Wendelrampe der räumlichen Situation des Grundstückes nicht gerecht. Die reklamierten konstruktiven Mängel beschränkt er aber nicht auf *diese* Garage. Das Beispiel der Kant-Garage sieht er vielmehr als symptomatischen Ausdruck zahlreich verfehlter Planungen von Großgaragen »in einer Zeit schwerster, wirtschaftlicher Not« (vgl. Müller 1930).

Als früher Experte äußert sich Müller in seinem Buch von 1925 erstmals umfassend zu allen mit dem Bau von Groß- bzw. Hochgaragen zusammenhängenden Fragen (Konstruktion von Rampenanlagen und mechanischen Garagen, Ausstattung einer Garage mit Wascheinrichtungen, Werkstätten etc.). Die Erfahrungen aus den USA, England und anderen europäischen Ländern werden auf ihre Übertragbarkeit auf die deutsche Situation diskutiert. Die Arbeit von 1937 verbreitert die 1925 gelegten Grundlagen. Er bezieht sich nun auch auf Projekte, die in Frankreich schon in der ersten Dekade des 20. Jahrhunderts verwirklicht worden sind. Für Müllers Perspektive ist es auch in dieser Arbeit kennzeichnend, daß hochbautechnische Fragen der Konstruktion (insbesondere auf die verschiedenen Bauarten von Rampen bezogen) im Vordergrund stehen. Daneben äußert er sich aber nun auch differenziert zu (verkehrs-)politischen und ästhetischen Erwägungen und setzt Leitlinien. Da neben Müller kein namhafter Experte seiner Zeit bekannt ist, fungieren seine Arbeiten zugleich als Dokumentationsquelle der Baugeschichte.

Zahlreich waren in den 1920er und 30er Jahren zunächst Kellergaragen. Den Vorläufern der Großgaragen für private Kfz gingen Hallengaragen für Busse voraus. In Treptow wurde zum Beispiel eine Halle mit einer stützenfreien Breite von rund 70 m gebaut (vgl. Müller 1925: 92). Bevor spezielle Kfz-Großgaragen realisiert wurden, sind öffentliche Bauwerke zu Großgaragen umgenutzt worden, die ihre ursprüngliche Aufgabe verloren hatten; Müller berichtet u.a. vom Umbau der Markthalle am Berliner Alexanderplatz zu einer Garage (vgl. Müller 1937: 101). »In großem Umfange sind Theater, Tattersalle, Sporthallen, Exerzierplätze und

-hallen, sogar Tempel und Kirchen (in Rußland), in München eine Rollschuh- und Radfahrbahn in Garagen umgewandelt worden. Auch Museen, die an anderer Stelle neu aufgebaut wurden, haben dieses Schicksal erfahren.« (Ebd.: 103) Die frühen Umnutzungen öffentlicher Bauten zu Großgaragen machen auf die zunehmende kulturelle Bedeutung des Automobils und der mit ihm funktional verzahnten neuen Bauten und Verkehrsinfrastrukturen aufmerksam.

Abb. 1.5: Casa dell' Automobile/Rom 1929. Quelle: Müller 1937: 263

Die Konstruktion der ersten Hochgaragen ist nicht mit der Bauweise heute üblicher Parkhäuser vergleichbar. Das lag vor allem am technischen Standard der damaligen Automobile, aber auch an der soziokulturellen Bedeutung der Fahrzeuge, die noch lange weit davon entfernt waren, als profane Gebrauchsgegenstände angesehen zu werden. Die Art der Unterstellung von Automobilen folgte vor allem technischen Anforderungen an das Automobil, das trotz Serienfertigung noch reparaturanfällig und technisch labil war. In den Großgaragen, aber auch in den ihnen vorausgegangenen größeren Kellergaragen, gab es in aller Regel keine offenen Stellplätze, sondern abgetrennte Boxen, die mit stählernen Türen oder Rolltoren verschlossen wurden. Dabei waren zahllose Brandschutzvorschriften einzuhalten. Zugleich drückte die »Einhausung« der Fahrzeuge den sozialen Status des Besonderen aus, der dem eigenen Fahrzeug vor dem Zweiten Weltkrieg noch zueigen war. In der Casa dell' Automobile (Rom 1929, s. Abb. 1.5) waren die geräumigen Boxen sogar mit Fliesen ausgelegt (vgl. ebd.: 76). So konnte die Wagenwäsche innerhalb der Boxen vorgenommen werden. In anderen Garagen geschah das an Waschplätzen zwischen den Geschossen. Auch die Ausstattung der Garagen mit diversen Werkstätten und Fachgeschäften für Ersatzteile war eine Folge hoher Reparatur- und Wartungsbedürftigkeit. Zur Standardausstattung

Abb. 1.6: Schematische Darstellung einer Zapfsäule. Quelle: Akten des Magistrats Halle, Pfännerhöhe 71-72, Bd. II von 1927, S. 6SS

einer Garage gehörte eine Tankstelle mit mehreren Zapfsäulen. Der Bau von Tankstellen war wie der von Hochgaragen in den 1920er Jahren eine neue Bauaufgabe, mit der viele (brandschutz-) technische Aufgaben gelöst werden mußten (s. Abb. 1.6). Die Integration von Wasch- und Übernachtungsräumen (nicht selten auf gehobenem Hotelstandard), Spielcasinos und anderen Angeboten für Fahrer und Fahrzeughalter spiegelten eine Gebrauchskultur des PKW wider, die zum einen mit Anstrengung, Zeitaufwand und physischer Beanspruchung, zum anderen aber auch mit einem oberschichtenorientierten Lebensstil verbunden war. Die Bondy-Garage in Prag (Entwurf 1928) hatte sogar eine Garagenempfangshalle (vgl. ebd.: 165).

Der Abschluß der ersten Etappe der Motorisierung des Straßenverkehrs in den 1930er Jahren fällt zwar in die Zeit des Baus der ersten Großgaragen. Diese dokumentieren aber nicht unbedingt auch einen verkehrspolitischen Bedarf. Das »Wasmuths Lexikon der Baukunst« von 1930 merkt an, es gebe noch keinen dringenden Bedarf nach Großgaragen. Diese Bewertung weicht deutlich von der Hans Conradis ab, der 1931 den Bau von Großgaragen als alternativlose Aufgabe zur Abwendung ansonsten unhaltbarer Zustände ansieht (Conradi 1931: 175). Das sah Georg Müllers schon 1925 in gleicher Weise: »Je mehr auch bei uns in Deutschland der Kraftwagen vom Luxusbeförderungsmittel eines kleinen begüterten Kreises zum beruflichen Verkehrsmittel breiter Bevölkerungsschichten sich entwickelt, desto brennender wird die Frage der Unterbringung.« (Müller 1925:II) Daß Müller im Vorwort zu seinem Buch über Großstadt-Garagen auch eine *kulturelle* Bewertung über den sozialen Ort des Automobils in den frühen 1920er Jahren abgibt, die von anderen Einschätzungen abweicht, mag seinem unternehmerischen Bedürfnis geschuldet sein, der Dringlichkeit des Baues von Großgaragen Nachdruck zu verleihen. Schon 1924 weist Müller auf eine kritische Bemerkung des Automobilhandels hin: »Schon jetzt klagt der Automobilhandel über mangelnden Absatz, nicht nur wegen der gesunkenen Kaufkraft weiter Kreise, sondern auch weil diejenigen, welche sich einen Kraftwagen erstehen können, keine Möglichkeit haben, ihn dort, wo es nötig ist, unterzustellen.« (Müller 1924)

In den 1920er Jahren werden die ersten Rechtsvorschriften erlassen, die den Umgang mit Kraftfahrzeugen im Verkehr regeln. Eine sich neu stellende Aufgabe ist die Anpassung alter Rechtsvorschriften zur Unterstellung von Fahrzeugen. Mit der Errichtung der ersten Großgaragen mußten aber auch völlig neue Rechtsbeziehungen geregelt werden. So entstand zum Beispiel das Muster für ein Lieferungsabkommen zwischen dem Mieter einer Box für Dauerparker und dem Großgaragenbesitzer. In Berlin hatte sich noch in den 1920er Jahren für die Durchsetzung eigener Interessen der »Verband Berliner Großgaragenbesitzer e.V.« konstituiert (vgl. ebd.: 91). In noch bearbeitungsbedürftiger Form erscheinen 1925 »Richtlinien für die bei Genehmigung von Großgaragen zu beachtenden Gesichtspunkte«. Die erste Reichsgaragenordnung erscheint am 17. Februar 1939. Sie enthält alle für den Bau und Betrieb einer Großgarage relevanten Vorschriften. Nach dem Zweiten Weltkrieg stecken bundesrechtliche Vorschriften und die Landesbauordnungen den Rahmen des Notwendigen und Zulässigen ab. Indem Rechtsnormen (z.B. über den Brandschutz) unmittelbaren Einfluß auf die Baugestaltung und Verwendung bestimmter Materialien nahmen, wirkten sie auch auf die ästhetische Präsenz eines Bauwerkes ein. Mit Unfallverhütungsbildern, die die neue Situation »Großgarage« aufgreifen, appellierte der Deutsche Automobil-Händler-Verband i.S. einer frühen Verkehrserziehung an die Einhaltung von (noch neuen und nicht vertrauten) Verkehrsregeln beim Rangieren in Großgaragen (s. Abb. 1.7 und 1.8). Die Großgarage kommt damit in einem Massenmedium der Zeit (dem Plakat) in der Alltagskultur vor.

Abb. 1.7 und 1.8: Frühe Verkehrserziehung durch Plakate in Großgaragen. Quelle: Müller 1925: 94

Die konstruktive Ausgestaltung der Garagen ist nicht nur Spiegel des Technischen, sondern zugleich Ausdruck einer besonderen (sub-)*kulturellen* Lebensweise mit dem Automobil. Der Bau der ersten Großgaragen bedeutete nicht selten ein ökonomisch riskantes Unternehmen. Daher waren die privaten Betreiber bemüht, durch Zusatzangebote für Auto, Fahrer und Halter (Werkstätten, Unterkünfte, Tankstellen etc.) die Rentabilität des Projektes abzusichern: »Wird ein solcher Garagenbetrieb nach allen diesen einzelnen Zwecken richtig ausgebaut und organisiert, so daß ein Handinhandarbeiten gewährleistet ist, dann stützt ein Betrieb den anderen und trägt dadurch erheblich zur Leistungsfähigkeit und damit Wirtschaftlichkeit des gesamten Unternehmens bei.« (Büttner 1967: 76) Hans Conradi spricht am Beispiel der 1926 in Stuttgart eröffneten Schwabengarage von einem »Dienst am Wagen«, der den Sinn hatte, »dem Fahrer die Pflege und Unterhaltung des Wagens möglichst zu erleichtern« (Conradi 1931: 171).

Abb. 1.9: Großgarage Autorimessa/Venedig 1935. Quelle: Büttner 1967: 112

Abb. 1.10: Großgarage Autorimessa/Venedig 2006. Bild: Roland Zillmann

Die ersten Anfang des 20. Jahrhunderts gebauten Hochgaragen waren meist mechanische Anlagen. Die Fahrzeuge wurden mit Aufzügen auf die Höhe der Parkdecks gefahren, wo sie mit einer mechanischen Einrichtung der Horizontalverschiebung an eine freie Box herangefahren wurden (zu einer frühen Form dieser Technologie in der Garage Rue Ponthieus in Paris vgl. Abb. 0.1 und 0.2). Für Personen gab es einen getrennten Aufzug. Als Argument für mechanische Anlagen wird die geringe Steigungsfähigkeit der PS-schwachen Fahrzeuge angeführt.[2] Dieser Grund trifft die Realität nur bedingt, sonst wären zur selben Zeit im Bau großer Garagen nicht auch schon verschiedene Rampenkonstruktionen realisiert worden. Hochgaragen, die wegen ihrer Größe und Architektur sehr bekannt wur-

2. Die Leistungen der frühen Automobile differierten beträchtlich, waren aber keineswegs immer schwach. So brachte es ein Wanderer vom Typ W 8 5 nur auf 15 PS, während der Maybach 22 schon 70 PS und manche von Daimler gebauten Mercedes-Modelle bis zu 100 PS hatten (vgl. Müller 1925: 83).

den, sind z.B. mit doppelgängigen Rampen gebaut worden: Autorimessa (s. Abb. 1.9 und 1.10) in Venedig (1935), Casa dell' Automobile (s. Abb. 1.5) in Rom (1929), Zyklop-Garage (s. Abb. 1.11) in Bukarest (1928) und (1924) die Postgarage in Budapest (vgl. Büttner 1967: 119, s. auch Abb. 1.12). Den Fahrzeugen dürfte es also gelungen sein, die gemäßigte Steigung der Wendelrampen mit eigener Kraft zu bewältigen.

Der in den 10er Jahren des 20. Jahrhunderts erfundene Betonwerkstein war eine ingenieurwissenschaftliche Voraussetzung für den Bau mehrgeschossiger Großgaragen. Beton war in seiner konstruktiven Verbindung mit Stahl aber nicht nur hochbautechnisch für diese Bauaufgabe geeignet. Das Material war zugleich Symbol eines neuen rationalistischen Denkens[3]. Um die Tauglichkeit von Beton für Gewichtsbelastungen wie für die Umsetzung gestalterischer Aufgaben zu beweisen, war das »Autohotel« im Prinzip das ideale Bauobjekt. Aber es war nicht allein der Beton, der sich neben seinen konstruktiven Vorzügen als Medium der Symbolisierung erwiesen hatte. Daneben waren auch Stahl und Glas Werkstoffe, die in der Fassadengestaltung der frühen Hochgaragen eingesetzt wurden, symbolische Medien und nicht nur Baustoffe. Große Glasflächen sorgten für lichtdurchflutete Räume. So waren die Garagen in ihrem Inneren zweckmäßig belichtet. Das Licht schuf aber darüber hinaus den lichten Ort als einen besonderen Ort seiner Zeit. Die drei essentiellen Baustoffe zur Errichtung der ersten Hochgaragen waren mythisch aufgeladen – sie waren nicht nur Baumaterialien, sondern als kulturelle Medien zugleich Immaterialien – Symbole fortschrittsorientierten Denkens und Bauens.

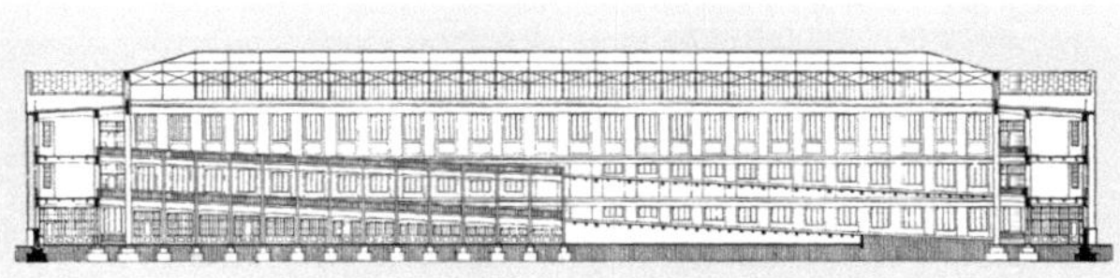

Abb. 1.11: Zyklop-Garage/Bukarest 1928. Quelle: Müller 1937: 120
Abb. 1.12: Postgarage/Budapest 1924. Quelle: Müller 1925: 58

Auch die Beheizung von Großgaragen folgte einem technischen wie kulturellen Programm. Ihre Notwendigkeit ergibt sich für Müller aus dem Stand der Automobiltechnik: »Bei einer nicht beheizbaren Garage muß man nicht nur im Winter jeden Abend das Kühlwasser aus dem Zylinder und dem Kühler ablassen, sondern man hat vor allem morgens beim Ingangsetzen des Motors erhebliche Schwierigkeiten.« (Müller 1925: 39)

3. Nach Christian Fuhrmeister war das Material Beton für eine „»zentrale Rolle in der Auseinandersetzung zwischen Rationalisierungseuphorie und Zivilisationskritik prädestiniert«" (vgl. Fuhrmeister 2001: 82).

Außerdem leide der Lack unter der Kälte. Dennoch hält Müller die Beheizung der Hallen und Boxen nicht für unbedingt nötig; dagegen empfiehlt er die Anschaffung eines elektrischen Heizkörpers, »der einige Stunden, bevor man den Motor anlassen will, unter die Motorhaube gelegt wird« (ebd.). Auf der ersten Seite seines Buches über Großstadtgaragen stellt Müller dagegen alternativlos fest: »Die Garage soll dem Auto, wenn möglich, eine Heimat und Pflegestätte sein. Eine vorbildliche Garage muß also mit Beleuchtung, Heizung, Lüftung sowie mit Einrichtungen für Feuerschutz, Reinigung und Instandhaltung ausgestattet sein.« (Ebd.: 1) In der Praxis des Baues von Großgaragen fand diese Auffassung Zuspruch, und so wurden zahlreiche Großgaragen in den 1920er Jahren mit einer Heizung für Halle und Boxen gebaut. Dieser Luxus sollte sich nicht nur bei der Pflege und Wartung der Fahrzeuge bewähren. Allein die Tatsache, daß die Großgarage als »Heimat« des eigenen Wagens angesehen wurde, sicherte ihr den Status eines besonderen Ortes; dies in einer Zeit, in der die beheizte Wohnung für das einfache Volk mitunter keine Selbstverständlichkeit war. Der – wenn auch im ersten Viertel des 20. Jahrhunderts nicht unumstrittene – Grundsatz der Garagenbeheizung sollte noch lange zum Standard einer guten Hochgarage gehören. Noch in dem 1967 erschienen Handbuch von Büttner über Parkplätze und Großgaragen werden verschiedene Möglichkeiten der Garagenbeheizung angesprochen (vgl. Büttner 1967: 197). Dagegen ist es für Helmut Romeick – dem Architekten des ersten 1956 fertiggestellten Frankfurter Nachkriegsparkhauses – schon 1960 selbstverständlich, daß alle Parkhäuser ungeheizt sind (vgl. Romeick 1960: 294).

1.3 Hochgaragen nach dem Zweiten Weltkrieg (1950er und 60er Jahre)

In Europa findet die Motorisierung des Straßenverkehrs in den 1950er Jahren einen vorläufigen Höhepunkt. In den USA wurde dieses Stadium schon in den 1920er Jahren erreicht (vgl. Merki 2002: 18). Unmittelbar nach dem Zweiten Weltkrieg steht der Wiederaufbau der Städte zwar noch im übergreifenden Rahmen des Wiederaufbaus einer neuen Gesellschaft, dennoch findet die Frage der Bereitstellung von ausreichendem Parkraum als Ausdruck der Verkehrsproblematik in den 1950er und 60er Jahren große programmatische Aufmerksamkeit. Der »eindimensionale« (ebenerdige) Park-*platz* galt schon in den 50er Jahren als eine absurde Verschwendung hochwertigen städtischen Bodens. Eine Schlüsselposition in diesem Planungsdiskurs nahm der Ingenieur Professor Otto Sill ein, der als Erster Baudirektor der Hansestadt Hamburg seit Anfang der 1950er Jahre großen Einfluß auf den Verlauf dieses Diskurses in Deutschland hatte. Seine Veröffentlichungen sind zahlreich und in Fachkreisen viel zitiert. Otto Sill ist in den 1950er und 60er Jahren ein Vordenker in der Frage der Lösung von Parkproblemen. Damit stellt er auch die Weichen für die Entwicklung der 1970er und 80er Jahre.

1951 weist er vor dem Hintergrund der »Parknot in den USA« auf die ökonomischen Folgen unzureichender Parkmöglichkeiten in der Kernstadt hin. Bald wird deutlich, daß ausreichender Parkraum nicht nur ein Erfordernis des fließenden Verkehrs ist, sondern auch eine Bedingung florierender Geschäfte in der Kernstadt. »Allein die Geschäfte der Innenstadt Philadelphias haben einen Umsatzverlust von jährlich 10 Millionen Dollar aus diesem Grunde *[Parkraumnot, J.H.]* festgestellt. Aber auch Bankhäuser, Kontorbetriebe, Rechtsanwälte, Ärzte, Kinobesucher usw. mußten selbst in kleinen Städten ähnliche bittere Erfahrungen machen.« (Sill 1951: 27) Auf dem Hintergrund dieser in Europa drohenden Erfahrungen stellt Sill die unterschiedlichsten konstruktiven Möglichkeiten für den Bau von Parkhäusern vor. Er bezieht sich dabei auf weltweite Beispiele zur Architektur von Hochgaragen der verschiedensten Bauart.

In der Reihe der Beispiele taucht neben anderen einschlägigen Autoren auch bei Sill die in den 1920er Jahren in New York für 2.000 Wagen errichtete *mechanische* Kent-Garage auf. Sie gehört zu den ältesten Bauten in den USA und ist immer wieder Anlaß für eine Diskussion der Vorzüge mechanischer Garagen, in denen die zu parkenden Fahrzeuge mit Fahrstühlen auf die Parkebenen gefahren und dort mit Hilfe mechanischer Horizontalverschiebungen in eine freie Box transportiert werden. Mechanische Garagen, die im Prinzip mit den heute üblichen Hochregallagern verglichen werden können, haben vor allem zwei Vorteile: zum ersten beanspruchen sie wenig des in den Metropolen teuren Baugrundes, zum zweiten ist die Zahl der übereinander liegenden Parkdecks im Prinzip nicht begrenzt. Eine mechanische Garage kann auf gleicher Grundfläche deutlich mehr Fahrzeuge aufnehmen als eine Rampengarage. Die Kent-Garage hatte 24 Geschosse (Tamms 1961: 47). Wendelrampen bieten dagegen keine hinreichende Sicherheit bei der Anfahrt solcher Höhenetagen. Aus diesem Grunde werden sie über maximal 7 bis 8 Geschosse gebaut. Wegen dieser Vorzüge wurde noch Anfang der 1960er Jahre ein Boom an mechanischen Garagen erwartet: »In den Großstädten wird man sich an diese höchst technifizierten Gebilde gewöhnen müssen. Mit Rücksicht auf den knappen und teuren Baugrund in unseren Innenstädten wird die Entwicklung zweifellos in diese Richtung führen.« (Ebd.)

Die mechanische Garage wird immer wieder als eine raumeffiziente Konstruktion diskutiert. Eigens diesem auch »Autosilo« genannten Konstruktionsprinzip widmet Hochtief in den 1950er Jahren mit dem etwas irreführenden Untertitel »Das neuartige Garagiersystem« eine Broschüre, in der das Autosilo als Garage beworben wird, »die für Kraftwagen ein bequemes, schnelles und sicheres Parken wie Garagieren ermöglicht.« (Hochtief o.J.: 3) Tatsächlich wurden aber nur wenige Garagen dieses

Typs in den 1950er und 60er Jahren gebaut, obwohl ein »Autosilo mit 30 bis 40 % des für eine Rampengarage benötigten Baugrundes« auskommt (ebd.: 8). Bis in die 1990er Jahre sollte der Bau mechanischer Parkhäuser keine nennenswerte Rolle spielen. Zwar wird in den 1960er Jahren die Diskussion um die Vorzüge des Parksilos mehrfach wiederbelebt, insbesondere vor dem Hintergrund des 1960 in Basel errichteten größten Autosilos Europas. Es war zugleich (mit einem Fassungsvermögen von 400 Stellplätzen) das erste vollautomatische System weltweit (vgl. N.N. 1959.1). Im Vergleich mit der bis heute üblichen Rampenkonstruktion wird dem mechanischen Parkhaus aber im Prinzip schon in den 1960er Jahren (für die folgenden 35 Jahre) mit der Begründung eine Absage erteilt, die Technologie sei in Stoßzeiten nicht schnell genug in der Lage, den ein- bzw. ausfahrenden Verkehr zu bewältigen.

Sill konstatiert in einem 1961 erschienenen Handbuch für den Bau von Tiefgaragen und Parkhäusern eine in verkehrs- und stadtplanerischer Hinsicht problematische Parkraumknappheit in den Innenstädten. Bei der Planung von Parkbauten sei deshalb nur eine Etage unzureichend. Zu einer Zeit, in der der Bau von Parkhäusern in den großen deutschen und anderen europäischen Städten begonnen hatte, werden die verschiedenen konstruktiven Möglichkeiten detailliert verglichen und bewertet. Das Parkproblem stellte sich noch in den 1960er Jahren als erdrückende Planungslast dar: »Ohne eine Lösung des Parkproblems ist heute keine Lösung der städtischen Verkehrsprobleme mehr möglich.« (Sill 1961: 26f) Der Bau neuer Parkbauten allein erscheint nicht als ausreichend. Zusätzlich wird es als unumgänglich angesehen, über zeitliche Parkbeschränkungen und zeitverknappende Preise der Parkraumnot entgegenzutreten. Den Parkbauten wird eine wichtige Rolle zugeschrieben, deren verkehrsplanerische Notwendigkeit mit einem ökonomischen Interesse an einem vitalen Geschäftsleben begründet wird.

Im Jahre 1965 erscheint unter dem Vorsitz von Oberbaudirektor Otto Sill im Auftrag des Fachausschusses Verkehr, der mit Experten aus dem ganzen Bundesgebiet besetzt ist, die dreisprachige Dokumentation »Straßenverkehr gestern heute morgen« in deutscher, englischer und französischer Sprache. Die verstärkten Bemühungen um die Behebung der Parkraumnot sind Ausdruck einer Eskalation der allgemeinen Verkehrssituation des innerstädtischen Kfz-Verkehrs in den 1960er Jahren. Vorangegangene Bestrebungen erreichten das gewünschte Ziel weitgehend nicht, und es kam zu einer starken Zunahme von Verkehrsstaus wie einer insgesamt dem städtischen Leben abträglichen Verkehrssituation. Besonders schmerzlich waren die steigenden Zahlen an Verkehrsunfällen und Verkehrsopfern. Die diskutierten Verkehrskonzepte plädieren für eine konsequente Entwicklung und Trennung des öffentlichen Personennahverkehrs vom Individualverkehr: »Mit Vorrang ist der öffentliche Nahverkehr vom individuellen Verkehr zu trennen.« (Fachausschuß Stadtverkehr 1965: 135) Die Verkehrsplanung müsse im Sinne einer Integration wirkungsvoller mit der Stadtplanung verschränkt werden. Eine bessere Organisation des ruhenden Verkehrs sei unumgänglich. Otto Sill bleibt über lange Jahre führender Experte in der Diskussion dieser Fragen, zu denen ganz speziell auch die Planung von Parkbauten gehörte.

Der Deutsche Industrie- und Handelstag spricht in einer Erklärung für den vermehrten Bau von Parkhäusern einen kulturellen Wandel des Kraftfahrzeugs an: »Das Kraftfahrzeug ist auch in der Bundesrepublik im Begriff, zu einem Gebrauchsgegenstand für weite Bevölkerungskreise zu werden.« (Deutscher Industrie- und Handelstag 1960: 8) Zur Vermeidung der aus den USA bekannten Folgen einer Verstopfung der Verkehrswege wie einer unzureichenden innerstädtischen Parksituation werden Anstrengungen im Bau von Parkhäusern gefordert: »Auf die Dauer gesehen muß das Parkhaus als ein unentbehrliches Hilfsmittel für die Lösung des innerstädtischen Parkproblems angesehen werden.« (Ebd. 22)[4]

Der Bau und wirtschaftliche Betrieb von Parkhäusern ist in den frühen 1960er Jahren aber keineswegs unumstritten. Der mangelnden Rentabilität eines Parkhauses will man mit ökonomischen Konzepten kombinierter Nutzungen, die aus den ersten Hochgaragen bekannt waren, entgegentreten. In den 1960er Jahren und unter der Bedingung eines längst unbestreitbar gewordenen (»demokratisierten«) Massenverkehrs wird der kombinierte Betrieb von »Tankstelle, Wagenpflegeanlage, Hotel, Verkaufsräumen usw.« (ebd.) favorisiert. Zwar hatten sich vergleichbare Konzepte einer Verbesserung der Rentabilität von Parkhäusern schon in den 1920er Jahren bewährt. Jedoch etablierten und rechneten sich diese Modelle vor dem Hintergrund einer ganz anderen technologischen und gesellschaftlichen Situation. So kündigte sich in den 1960er Jahren nun auch unübersehbar ein Umbruch in der Parkhausbewirtschaftung an. Zwar wird weiterhin die Multifunktionalität von Parkhäusern favorisiert. Daneben werden aber Stimmen lauter, »die Parkgebühren in absehbarer Zeit so zu kalkulieren, daß ein Parkhaus sich auch allein rentiert« (ebd.). Das Ende des multifunktionalen Parkhauses ist unabwendbar.

Die räumliche Integration von Werkstätten (der verschiedensten Art), Waschanlagen, Tankstelle und Hotel in eine Großgarage war in den 1920er und 30er Jahren in der ökonomischen Absicherung einer rentablen Garagenbewirtschaftung begründet. Der technische Standard der handelsüblichen Automobile und die Beanspruchung der Fahrzeugtechnik auf den großenteils noch nicht befestigten Straßen machte eine Komplettversorgung der Automobile auf der Grundlage verschiedener Dienstleistungen notwendig. Diese »Einhausung« des PKW kam daneben dem

4. Ähnlich äußert sich der Deutsche Industrie- und Handelstag in einer ebenfalls 1960 erschienen eigenen Schrift (vgl. Deutscher Industrie- und Handelstag 1960).

subkulturellen Repräsentationsbedürfnis entgegen, das Automobil in der Hochgarage zu »inthronisieren«, um es mit einer Aura des Erhabenen zu umhüllen.

Die Voraussetzungen für den Bau und Betrieb eines Parkhauses hatten sich in den 1960er Jahren nicht nur in fahrzeugtechnischer Hinsicht verändert. Auch die Gebrauchskultur des Autos war eine andere geworden. Der Bedarf nach einem »Autohotel« (wie die großen Parkhäuser mitunter auch genannt wurden) bestand nicht mehr. Helmut Romeick (Frankfurter Architekt, der mit Max Meid das international bekannte, 1956 fertiggestellte Parkhaus an der Hauptwache baute), setzte im selben Heft, in dem der Deutsche Industrie- und Handelstag noch für das multifunktionale Parkhaus warb, zwar auch Akzente für Kombinationsnutzungen. Diese sollten sich aber an geeigneten zentralen städtischen Orten als zeitgemäße und tragfähige Perspektive eines gewinnbringenden Parkhausbetriebs erweisen. Deshalb betonte er auch andere funktionale Akzente: »Die Rentabilität der Bauten wird je nach ihrer Lage in der Innenstadt verbessert durch einen Einbau von Verkaufsgeschäften oder Restaurants.« (Romeick 1960: 292) Nun treten (für Parkhäuser an zentralen und guten Standorten in der Innenstadt) Nutzungen in den Vordergrund, die das Parkhaus zwar funktional ergänzen, aber von der Versorgung der Fahrzeuge und ihrer Fahrer unabhängig werden.

Das Umdenken eines lange bewährten Nutzungskonzepts leitet am Beginn der 1960er Jahre nicht nur einen bauphysiognomischen Gestaltwandel von Parkhäusern ein.[5] Es läßt ebenso auf einen sukzessiven Umbau des Ortes »Parkhaus« in den Wahrnehmungsroutinen der Stadtbewohner schließen und damit auf eine Umschreibung der mit einem Parkhaus verbundenen Bedeutungen. Mit historisch veränderten Nutzungspraktiken verknüpfen sich neue Eindrücke. Ein aus technischen, kulturellen und ökonomischen Gründen nach einem ehemals pluralen Nutzungskonzept entstandener Architekturtyp reduziert sich scheinbar auf eine nur noch verkehrsinfrastrukturelle Funktion. Die Rollen, die eine Großgarage in den 1920er Jahren spielte, sollte es in dieser Form in 1950er und 60er Jahren nicht mehr geben.

In einer im Auftrage der Deutschen Bauakademie angefertigten und 1967 veröffentlichten Studie über Parkplätze und Großgaragen vertrat Büttner (1967) eine Planungsideologie zur Lösung struktureller und prozessualer Verkehrsprobleme, die in den 1970er und frühen 80er Jahren zur Blüte kommen sollte. Im Geiste der »CIAM«-Erklärung von La Sarraz aus dem Jahre 1928 votierte er für eine Ordnung der städtischen Funkti-

5. Diesen Umbruch dokumentieren auch zahlreiche Beispiele aus der Parkhausarchitektur, der sich 1960 ein ganzes Heft der Deutschen Bauzeitung widmet (Heft 5/1960 Jg. 65).

onen durch ihre Trennung (vgl. Büttner 1967: 29). Der Bezug zu Le Corbusier tritt schon in der Diagnose offen zu Tage, daß »jede Stadt, die nach dem bisherigen Leitbild und den traditionellen Regeln des Stadtverkehrs organisiert wird, sich in kurzer Zeit zu dezentralisieren beginnt« (ebd.: 29). Die Idee von Parkbauten, deren Ziel es war, den ruhenden Verkehr durch räumliche Konzentration und Verdichtung zu binden und in Parkbauten zu isolieren, fügte sich in dieses Denken bruchlos ein. Mit einem Zitat des Buchananreports aus dem Jahre 1963 unterstreicht Büttner die Dringlichkeit nachhaltiger Problemlösungen: »Die Probleme wachsen uns hoffnungslos über den Kopf [...] Wenn keine entscheidenden Schritte unternommen werden, wird das Kraftfahrzeug seinen nützlichen Charakter verlieren und zu einer Gefahr für alle Lebensbereiche werden.« (Zit. bei Büttner 1967: 31) Zu diesen Schritten gehört auch die (internationale) Erarbeitung von Methoden zur Analyse des Parkraumbedarfs. Dem Thema widmet sich in den 1960er Jahren auch immer wieder Otto Sill.

Das Parkhaus sollte zwar ein reiner Zweckbau sein. Dennoch kommt in der integrierten Sicht eines Parkhausexperten der 1960er Jahre eine ästhetische Frage zu Wort, denn »die Funktion [ist] noch nicht Form« merkt Friedrich Tamms an. »Auch das Parkhaus kann, wie jedes technische Bauwerk, Träger von Geist und Empfindung sein.« (Tamms 1961: 41) Aufgrund einer zu erwartenden allgemeinen Zunahme von Parkhäusern in den Städten müsse man der Gestaltung solcher Bauten besondere Aufmerksamkeit widmen (vgl. ebd.: 51). »Man kann sagen, daß durch diesen Neuling unter den Bauwerken an unseren Straßen eine neue Note in die heutige Stadt-Architektur getragen wird.« (Ebd.: 53) Indem die Frage der Ästhetik von Parkhäusern aber auf ihren (geschmacksästhetischen) Beitrag zum Stadtbild reduziert wird, kommen weder ästhetische Belange des Raumerlebens noch die einer narrativen Symbolisierung durch Form, Material und Konstruktion in den Blick, denn Fragen der Materialen (bei Parkhäusern insbesondere Beton, Glas, Metall) seien »je nach städtischer Tradition, Klima und Wirtschaft« zu entscheiden (ebd.: 54). In der Praxis des Baus von Parkhäusern spielen ästhetische Fragen im allgemeinen noch nicht einmal auf dem von Tamms angesprochenen Niveau eine Rolle. Parkhäuser bleiben zwischen Ende der 1950er und Mitte der 1990er Jahre Stiefkinder der Architektur.

In den 1960er Jahren werden auf der Grundlage der verkehrswissenschaftlichen und -politischen Fachdebatten der Nachkriegszeit in den meisten europäischen Großstädten zahlreiche Parkhäuser gebaut. Die Entwicklung und Parkhausplanung in Frankfurt a.M. verdeutlicht die Situation eindrucksvoll, weil hier schon am Ende der 1950er Jahre die Parkproblematik zu eskalieren beginnt und damit ein besonders großer Problemlösungsdruck herrscht. Am 1. Juli 1958 ist die PKW-Dichte in Frankfurt am höchsten im ganzen Bundesgebiet (9,7 Einw./PKW im Vergleich zu 10,5 in München, 14,3 in Hamburg, 20,3 in West-Berlin, oder 21,1 in Bochum). Im Parkhausentwicklungsplan der Frankfurter Aufbau-Aktiengesellschaft aus dem Jahre 1960 spiegelt sich die Dramatik der Verkehrssituation in der Verwendung eindrucksvoller Metaphern wider: »Der Motor hat von den Städten wahrhaft Besitz ergriffen und das Gesicht der Stadt tief verwandelt.« (Frankfurter Aufbau AG 1960: 5) Mit einer »ausländischen Stimme« heißt es mit metaphorischer Schwere gar: »Die Städte sind mit Fahrzeugen überladen, die sich wie gierige Wölfe auf jeden Fleck stürzen, wo gefahren und geparkt werden kann.« Oder etwas weniger wortmächtig: »Der Verkehr droht zum Stillstand zu kommen und an sich selbst zu ersticken.« (Ebd.: 7)

In der Parkraumnot drücken sich zwei verschiedene Ansprüche aus: ein Bedarf nach kurzfristig benötigten Parkplätzen und einer nach Dauerparkplätzen. Der tägliche Berufspendler stellt als Folge der nahezu ganztägigen Inanspruchnahme von Parkraum andere Planungsanforderungen als der Kurzparker, der höchstens für wenige Stunden Parkraum beansprucht. Die 1954 in Frankfurt erstmalig in Deutschland erfolgte Aufstellung von Parkuhren diente der Zeitkontingentierung des Parkens am Rande der Straßen. Während diese Maßnahme dem Dauerparker nutzbaren Platz entzog, schufen Parkhäuser einen Ausgleich.

Schon in den 1950er Jahren zeigt sich aber auch ein planungspolitischer Dissens in der Lösung des Parkraumproblems. Der Bau von Parkhäusern gilt nicht unwidersprochen als Modell einer wirkungsvollen Verkehrspolitik. »Unter dem Eindruck der beängstigend ansteigenden PKW-Kurve haben sich extreme Auffassungen gebildet, die den Personenwagenverkehr am liebsten aus der City ausweisen möchten.« (Ebd.: 10) Als radikale Alternative wurde der Ausbau des Öffentlichen Verkehrsmittels gesehen. Gegen die Absage an den Individualverkehr wendet die Frankfurter Aufbau AG ein psychologisches Argument ein: »Der Wunsch des PKW-Fahrers, sein Fahrziel im eigenen, individuell beweglichen Fahrzeug anzusteuern, in dem er sich überlegen fühlt, ist stark ausgeprägt und scheint unüberwindlich.« (Ebd.: 11) Definitiv heißt es schließlich: »[...] die Stadt trägt sich nicht im mindesten mit der Absicht, dem PKW-Verkehr Fesseln aufzuerlegen und dem täglich sich über die Stadt ergießenden Strom der Geschäftsreisenden aller Art [...] die Zufahrt in die innere Stadt zu verwehren, die traditionell weltoffene Stadt Frankfurt schon gar nicht« (ebd.).

Der Irrweg der »autogerechten Stadt« kündigt sich an. Das Parkhaus wird implizit zu einem Garanten von Freiheit und Weltoffenheit. Die Stadt sieht ihre eigene Aufgabe (bzw. die ihrer eigenen Gesellschaft Frankfurter Aufbau AG) darin, für eine angemessene Zahl von »Parkhochhäusern« zu sorgen. Der Bau von Parkhäusern gilt als alternativlos. Es geht nicht mehr um die Frage, *ob* überhaupt Parkhäuser gebaut werden sollen, sondern allein um das »Ausmaß der Vorsorge und die Standortbestimmung«. (ebd.: 8). Der Parkhausentwicklungsplan sieht den Bau von 20 Parkhäusern vor, von denen 1960 drei fertiggestellt sind.

1.4 Parkhäuser in den 1970er und 80er Jahren

In den großen europäischen Städten ist bis 1970 ein Parksystem realisiert worden, dessen zentrale Knoten die großen Parkhäuser waren. In der Folgezeit entsteht je nach Verlauf der Stadtentwicklung punktueller Bedarf nach struktureller Ergänzung durch Neubauten an neuralgischen Punkten der Verkehrskonzentration. Schon wegen der Geschwindigkeit und Dynamik der Stadtentwicklung ist der Neubau bedarfsorientierter Parkhäuser unumgänglich.

Als Aufgabe für die 1970er und 80er Jahre stellt sich neben der Fortschreibung älterer Parkhauskonzepte (am Beispiel Frankfurt aus dem Jahre 1960) die strukturelle Weiterentwicklung der vorhandenen Parksysteme. Als Neuerung ist in diesem Sinne die Schaffung erster »Park and Ride-Anlagen« anzusehen. Daß die neu entstandenen Angebote anfänglich in der Bevölkerung nur langsam akzeptiert wurden (vgl. Büttner 1967: 100), spricht nicht gegen Sinn und Funktion der Idee, erklärt sich vielmehr aus generellen Ablehnungstendenzen gegenüber Neuerungen. Als Folge computertechnologischer Innovationen konnten automatische Verkehrsleitsysteme schrittweise optimiert werden. Sie zeigten den Teilnehmern des Individualverkehrs bei der Zufahrt in den Innenstadtbereich die noch vorhandenen Kapazitäten in einzelnen Parkbereichen und Parkhäusern an. Der Betrieb der Parkhäuser konnte dank der Fortschritte in der Automatisierung einfacher Abläufe weitgehend ent-personalisiert werden. Die manuelle Zuweisung eines freien Platzes durch Ausgabe einer Plakette, mit deren Rückgabe bei der Ausfahrt auch die Abrechnung erfolgte, wurde durch automatische Systeme ersetzt, die den heute üblichen ähnlich waren.

Einen höchst indirekten, aber dennoch sichtbaren Einfluß auf die Architektur von Parkhäusern hatte die um 1970 aufkommende Ökologiebewegung, die auf dem Hintergrund einer allgemeinen Sensibilisierung der Gesellschaft für kritische Fragen zum Mensch-Natur-Verhältnis bis Mitte der 1980er Jahre anhalten sollte. Die gesellschaftlichen Debatten der späten 1960er Jahre wirkten in bestimmten sozialen Gruppen unmittelbar auf die Bedeutungen und alltäglichen Gebrauchskulturen des Automobils zurück. Das Auto ist (Ende der 80er Jahre) nicht nur langweilig, sondern als individuelles Verkehrsmittel fragwürdig geworden. Es steht nun symbolisch nicht mehr unhinterfragt für positive Werte wie Freiheit und Selbstentfaltung; negative Bewertungen, die sich assoziativ mit »Umweltverschmutzung, Energieverschwendung, Kindermord, [dem] Verschwinden von Wäldern und Landschaften, unbewohnbare[n] Straßen« etc. verbinden (Wortmann 1989: 17), werden stärker. Der Zusammenhang von Ästhetik und Ethik wird in der alltäglichen Lebenswirklichkeit deutlich. Für die Architektur von Parkhäusern bedeutet dies, daß zu einer Zeit, in der ein entideologisierter Umgang mit dem Auto noch nicht möglich war, kein Parkhaus über seinen (von jedermann geschätztem) Nutzen hinaus ein Objekt ästhetischen Gefallens sein durfte.

Der veränderte Zeitgeist hatte verdeckte Rückwirkungen auf die Gestaltung neuer wie die Sanierung alter Parkhäuser. Architektur erweist sich als »konstitutives Medium des Sozialen« und darin zugleich als »Seismograf der Gesellschaft« (Delitz 2006: 16). Parkhäuser sind in dieser Zeit oft in ihrer Architektur durch ein ästhetisches Moment der Selbstverleugnung gekennzeichnet. Die Fassadenbegrünung erwies sich in der Ideologie der Zeit als ideales Medium zum Vergessenmachen der Funktion eines Parkhauses. Berankte Fassaden machten eine Schattenseite des in Ungnade gefallenen Individualverkehrs unsichtbar. Rankgewächse konnten zwar keine Natur ersetzen, die durch vermehrte Verkehrsströme »verloren« gegangen war. Aber sie symbolisierten – wenn auch nur auf dem Niveau äußerlicher Zeichen – die Bereitschaft zu einem neuen NaturDenken. Knöterich, Blauregen, Efeu, Wein u.a. Arten erwiesen sich als ideologisierbare Pflanzen. Sie erhöhen (als Nebeneffekt) die soziale Akzeptanz von Parkhäusern. Susanne Ehrlinger und Kaye Geipel merken in der Besprechung eines bewachsenen Parkhauses der 80er Jahre an, Kletterpflanzen »scheinen neuerdings Pflichtübung jeder Architektur zu sein, die mit primär funktionalen Inhalten gefüllt ist« (Ehrlinger/Geipel 1989: 28, s. Abb. 1.13 und Abb. 1.14). Der Rezensent eines anderen mit Rankgerüsten ausgestatten Baus der 80er Jahre hebt den Anästhesierungseffekt der wuchernden Begrünung positiv hervor (vgl. Dechau 1989). Die »Einfügung in die Szenerie von Landschaft und Stadt« ist nun die Metapher, die am Bau erträglicher machen soll, was sich ideologisch dem Zeitgeist nicht fügen kann.

Abb. 1.13: Parkhaus Alt-Sachsenhausen/ Frankfurt a.M. 1986

Abb. 1.14: Parkhaus Konrad-Adenauer-Straße/Frankfurt a.M. 1989

Das Beispiel des 1987 in Emmendingen eröffneten Parkhauses macht auf ein Schisma der Zeit aufmerksam, das sich in einem ästhetischen Dilemma der Architektur ausdrückt (vgl. Bergmann/Lötsch 1989). Zum einen will der Bau als Vorbote der architektonischen Postmoderne Monumentalität ausdrücken und ein selbstbewußtes Zeichen in Raum und Zeit sein. Auf der anderen Seite steht er aber noch in einer bis dahin üblichen Praxis der Selbstverleugnung seiner Funktion. Die Architektur beginnt sich am Ende der 1980er Jahre von funktionalistischer Nüchternheit loszusagen und (historisierend) aus dem Vollen längst vergangener Formensprachen (von der Antike bis zum Klassizismus) zu schöpfen. Die Zerrissenheit der Formensprache spiegelt eine ethisch-ästhetische Spannung, die sich zwischen postmodernem Monumentalismus und Naturalisierung aufbaut. Im Geltungsrahmen postmoderner Architektur generieren derartige Spannungen aber letztlich keinen Widerspruch, sondern eine plurale Gemengelage nur noch als unterschiedlich angesehener Formen und Sprachen. Ein Schisma, das auch als Stil der Postmoderne gedeutet werden kann, zieht sich *als Schisma* zurück. So rankt es an der monumentalen Fassade unterm mächtigen Pultdach. Zwei kollidierende und zugleich sich in eins fügende Ideologien finden zusammen: Selbstbehauptung der Form und Selbstverleugnung der Funktion als doppelter Ausdruck einer von Ideologien gereinigten Praxis des Bauens in umweltethisch fragilen Zonen. Die Fassade affiziert die Sinne, der konstruktive Kern hadert mit der Preisgabe seines Sinns. Volkmar Bergmann und Erwin Lötsch annotieren das Dilemma diesseits jeder Ideologie: »[...] und es *[das Bauwerk, J.H.]* wird auch bald zugewachsen sein, obwohl man sich dieser wohlgestalteten Fassade nicht zu schämen braucht« (ebd.: 44).

Das Automobil war in den 1970er und 80er Jahren für Teile der Gesellschaft zu einem Unding geworden. Es war nicht nur wegen seiner gesundheitlichen Folgen für die Luftreinheit in den Städten wie ökologischen Auswirkungen auf das Klima der Erde programmatisch-verkehrspolitischen Attacken ausgesetzt. Das Automobil war auch wegen der Bedürfnisse seiner Besitzer nach sozialer Distinktion, die sich seit seiner Erfindung fest mit ihm verbanden, Angriffen ausgesetzt, die sowohl den Charakter sozialkritisch-feuilletonistischer Zynismen als auch tiefgrabender wissenschaftlicher Kritiken hatten (zum letztgenannten Genre denke man an Alexander Mitscherlichs Pamphlet über »Die Unwirtlichkeit unserer Städte« von 1965). Vom ideologischen Denken des Marxismus noch marginal tangiert, entdeckte der (in Sachen politischer Ökonomie nun aber schon weichgespülte) Zeitgeist in repräsentativen Limousinen der Oberklasse ein materialisiertes Symbol des »Klassenfeindes«. In einer Kolumne der Frankfurter Neuen Presse hörte sich ein feuilletonistischer Klassenkampf-Kommentar über eine rettungslos zugeparkte Straße so an: »Dort war sogar noch die halbe Parkhaus-Ausfahrt zugestellt – von edelbetuchten Möchte-gern-Wer's, die sich bei Gallo Nero oder Leiter unter herbstlicher Sonne die Gaumen verwöhnen ließen.« (Liedel 1987)

1.5 Die Ästhetisierung der Parkhäuser (ab 1990er Jahre)

Mit der kontinuierlichen Nobilitierung und umweltethischen Entschärfung des noch eine Dekade zuvor idiosynkratisch wahrgenommenen Kulturartefakts »Auto« sollte sich in den 1990er Jahren auch das Parkhaus von der Ästhetik der Schmuddelarchitektur befreien. Die meisten großstädtischen Parkhäuser sind zwischen 1960 und 1980 errichtet worden. Da es sich ausnahmslos um Stahl-Beton-Konstruktionen handelte, wurden in den 1990er Jahren aufwendige Sanierungsarbeiten nötig. Auch das von den Architekten Helmut Romeick und Max Meid in Frankfurt 1956 errichtete Parkhaus Hauptwache mußte Mitte der 90er Jahre einer umfassenden Sanierung unterzogen werden. Die Kosten für den Neubau beliefen sich auf 3,3 Millionen Mark; die Sanierung verschlang 20 Millionen Mark. Hohe Kosten brachten je nach Einzelobjekt die Möglichkeit einer gestalterischen Weiterentwicklung mit sich. Daß dies beim Frankfurter Parkhaus Hauptwache nicht der Fall war, ist seinem Status als Baudenkmal geschuldet. Möglichkeiten ästhetischer Interventionen konzentrieren sich bei frei gestaltbaren Objekten meistens auf die Fassade, den Innenanstrich, die Illumination, Fahrstühle sowie Treppenhäuser. Bei der Sanierung diverser Parkhäuser sind die sich damit bietenden Möglichkeiten für eine ästhetische Neuverortung genutzt worden.

Wenn auch nicht mit der Vielzahl der Parkhausneubauten der 1960er und 70er Jahren vergleichbar, so sind doch in den letzten 10 Jahren in vielen Städten neue Parkhäuser errichtet worden. Im Unterschied zu den frühen Neubauten der Nachkriegszeit sind diese unter anderen Rahmenbedingungen entstanden. Der Bau von Parkhäusern diente nicht mehr der Abwehr eines totalen Verkehrskollapses, denn es ging im Vergleich zur Situation der 1950er und 60er Jahre nun nur noch um graduelle Nachbesserungen. Die Bemühungen der Städte um die Reintegration der Wohnfunktion hatte insofern Rückwirkungen auf die Planung neuer Parkhausstandorte bzw. Parkkapazitäten in der Innenstadt, als man nun der Nachfrage nach Dauerparkplätzen nachkommen wollte. Eine für das innerstädtische Wohnen wieder attraktiver werdende Stadt mußte quartiersnahen Parkraum für Dauerparker zur Verfügung stellen. Bei den neuen Projekten handelt es sich um Bauten, deren Realisierung nicht mehr im Schatten einer eskalierenden innerstädtischen Verkehrssituation steht. Sie reihen sich auch nicht mehr in eine lange Kette von Baumaßnahmen ein, wie sie in den 1960er und 70er Jahren auf der Grundlage von Parkhauskonzepten nur noch abgearbeitet werden mußten. Als Einzelprojekte konnten sie auch in gestalterischer Hinsicht Aufmerksamkeit finden. Da es sich um Bauten handelte, die in den meisten Fällen an zentralen innerstädtischen Lagen entstehen sollten, waren im Unterschied zu den Projekten der 1960er Jahre die ästhetischen Erwartungen je nach städtischen Gegebenheiten groß. Entsprechende Planungen wurden auch unter diesem Gesichtspunkt in der lokalen bis überregionalen Presse diskutiert.

Neben Routinefragen des Verkehrsmanagements stellte sich zunehmend eine *ästhetische* Bauaufgabe. Ein Parkhaus war nun nicht mehr nur ein »ganz oder teilweise umschlossener Raum zum Abstellen von Kraftfahrzeugen« (Bayerische Bauordnung). Im Zuge einer allgemeinen Ästhetisierung der Kernstädte wurden selbst Parkhäuser zu Medien der Ästhetisierung des städtischen Raumes und damit Moment von Kulturpolitik, Stadtmarketing und interregionaler Städtekonkurrenz. Die gestalterische Rolle der Architektur beschränkt sich dabei nur scheinbar auf ein Lifting verbrauchter Stadtgesichter. Architektur folgt in der Erfüllung einer komplexen Bauaufgabe immer allgemeinen Stilen *ihrer Zeit*, die im Sinne von Le Corbusier eine historische Geisteshaltung ausdrücken (vgl. Le Corbusier 1920: 57). Auf diesem Wege kommuniziert Architektur über das gebaute Medium Rathaus, Schwimmhalle oder Parkhaus kulturelle Bedeutungen, die auf eine mehr befindliche denn expressis verbis gleichsam »auf den Punkt gebrachte« Selbstdefinition, etwas über das Selbstverständnis einer Gesellschaft sagen. Die Verkürzung der Bedeutung von Ausdrucksgestalten der Architektur auf formalästhetische Fragen der »Stadtbildverträglichkeit« läuft deshalb auf die »Enthauptung« eines höchst diffizilen Problemfeldes hinaus (vgl. Steinbach 2006: 25).

In mehr als 30 Jahren verändert sich eine Gesellschaft in vielfacher Hinsicht: neue Werte und Normen werden bedeutsam, alte werden in ihrer kulturell richtungsweisenden Funktion blasser. Dieser Wandel vollzieht sich aber nie im Medium eines Abstrakten und Allgemeinen, sondern in konkreten gesellschaftlichen Lebensbereichen und durch konkrete Dinge und räumliche Ordnungen hindurch. Auch die Verkehrssituation ist von solchen Veränderungen betroffen. Großen Einfluß nehmen objektive Entwicklungen in der Intensität des Straßenverkehrs. Integrierte Verkehrskonzepte sollen Lösungen u.a. über die Schaffung neuer Verkehrsarchitektur bieten. Im Mittelpunkt steht zwar der Versuch, die Verkehrssysteme wieder leistungsfähig zu machen. Die Hoffnung auf eine mittel- und langfristige Senkung der Verkehrsströme wird durch die Erwartungen an eine mobile Gesellschaft auf nationalem wie internationalem Niveau (bes. durch EU-Erweiterungen) dagegen beträchtlich gedämpft. »Die Verkehrsinfrastruktur in Deutschland läßt eine dauerhafte Überlastung erkennen.« (Bundesministerium für Verkehr 2006: 5)

Neue kulturelle Werte, die nur bedingt mit den Entwicklungen von Verkehr und Mobilität zu tun haben, wirken sich auch auf die (innere) Gestaltung und Umgestaltung von Parkhäusern aus. So wurden und werden nach Sonderstellplätzen für Körperbehinderte vermehrt auch Bereiche für Frauen, Mutter und Kind und – für die Zukunft absehbar, für alte Menschen reserviert. Entsprechende Vorschriften werden dann in die Garagenverordnungen der Länder aufgenommen.

Mit zunehmender baulicher Verdichtung ist es den Bauherren von Wohnanlagen oder Bürogebäuden oft nicht möglich, die erforderliche Zahl von Garagen- bzw. Abstellplätzen für PKW zu schaffen. Die Bauordnungen der Länder regeln in diesen Fällen ersatzweise Maßnahmen. Die Kommune setzt über eine Satzung die Anzahl der sicherzustellenden Garagenplätze nach Verkehrsquellen ebenso fest[6] wie die Höhe der zu entrichtenden »Ablösebeträge«, die von Bauherren zu zahlen sind, die auf ihrem Grundstück die erforderliche Zahl an Abstellplätzen nicht schaffen können. Die eingenommenen Mittel werden für die Herstellung von Garagen oder Stellplätzen an geeigneter Stelle, für den Unterhalt bestehender Garagen und Stellplätze, für investive Maßnahmen zur Verbesserung des öffentlichen Personennahverkehrs oder zur Verbesserung des Fahrradverkehrs verwendet.[7] Für das in Frankfurt a.M. derzeit im Bau befindliche Immobiliengroßprojekt »Frankfurt Hoch Vier«, das als Ensemble mit vier Realteilen von insgesamt 119.000 m² Bruttogeschoßfläche errichtet wird (42.000 m² Einzelhandel, 40.000 m² Büroflächen, 20.000 m² Gastronomie und 17.000 m² Wohnungen) würde auf der Grundlage der gültigen Stellplatzsatzung eine Abgabe von rund 14 Mio. Euro fällig, wenn die Anlage nicht über eine angemessen große Tiefgarage mit 1.400 Stellplätzen verfügen würde. Die Höhe der Ablösebeträge richtet sich in Großstädten nach Zonen (je zentraler die Immobilie, desto höher der Betrag) und weicht deutlich von den Beträgen ab, die in Kleinstädten erhoben werden. In der Stadt Frankfurt a.M. sind für jeden nicht geschaffenen Stellplatz im Zentrum 10.000 Euro zu zahlen.[8]

In der Frage der Stellplatzsicherung ist der Radfahrer gegenüber dem Autofahrer benachteiligt. Die gültige Stellplatzsatzung der Stadt Frankfurt

---

6. Nach der Stellplatzsatzung der Stadt Frankfurt am Main vom 20.07.1998 wären z.B. sicherzustellen: je 1 Platz für 1 Wohnung, bzw. je 30 m² Ladenverkaufsfläche, je 4 Hotelzimmer etc.

7. Solche Vorschriften finden sich in den Bauordnungen der Länder; (vgl. z.B. Freistaat Bayern [Hg. 1997]: Bayerische Bauordnung [BayBauO] i.d. Fassung v. 04.08.1997 [zul. geänd. am 10.03.2006], GVBl 2006Freistaat Bayern 1997, Art. 53 oder Land Nordrhein-Westfalen [Hg. 2005]: Bauordnung für das Land Nordrhein-Westfalen [BauO NRW] i.d. Fassung v. 01.03.2000 [zul. geänd. am 29.04.2005, GVBl 2005, Nr. 18], Nordrhein-Westfalen 2000: § 51 Abs. 6).

8. In Bad Frankenhausen mit weniger als 10.000 Einwohnern setzt die Ablösesatzung z.B. für den Innenstadtbereich 2.100 Euro fest; vgl. Ablösesatzung für Stellplätze der Stadt Bad Frankenhausen und ihrer Ortsteile vom 21.01.2003.

a.M. sagt hier eher unverbindlich: Die Zahl der Abstellplätze für Fahrräder »wird im Einzelfall nach dem tatsächlichen Bedarf ermittelt.« Dabei sind zwar Richtzahlen der Obersten Bauaufsichtsbehörde zu berücksichtigen; es darf aber daran gezweifelt werden, daß diese in gleicher Weise verkehrspolitisch ernst genommen werden wie die Regelungen für die Schaffung von Stellplätzen für PKW. Für den Fall der beispielhaft schon genannten Immobilie »Frankfurt Hoch Vier« wäre dann neben den in einer Tiefgarage sichergestellten 1.400 Parkplätzen für Autos dieselbe Anzahl für Fahrräder noch einmal zu schaffen[9]. Weil Fahrräder nicht dieselbe verkehrspolitische Aufmerksamkeit genießen wie PKW, gehören Parkhäuser für Fahrräder auch zur Ausnahme. Eine große Anlage ist in Münster (Westf.) in der Nähe des Hauptbahnhofes errichtet worden; Münster stellt als »Fahrradstadt« aber einen Sonderfall dar. Eine bemerkenswert exotische Lösung ist auch in Frankfurt a.M. durch das Architekturbüro schneider + schumacher als Ergänzungsbau zum Westhafen-Tower realisiert worden. Dort wurde ein Nebengebäude für Klimatechnik mit einem zweigeschossigen (nichtöffentlichen, chipkartengesicherten) Fahrradparkhaus umrundet (s. Abb. 1.15). Der Bau wurde für den Renault traffic design award 2005 nominiert.

Abb. 1.15: Fahrradparkhaus/Frankfurt a.M. 2003

Das Parkhaus steht als lange vergessenes Objekt der Architektur wieder auf der Tagesordnung von Architektur, Stadtplanung und Bautechnik. Dieser Wandel dürfte weniger eine Folge des steigenden Sanierungsbedarfs alter Parkhäuser oder einer ästhetischen Neubesinnung im Bau von *Parkhäusern* sein, denn Ausdruck einer allgemeinen Ästhetisierung der Städte, worin sich – als Zeichen postfordistischer Entdifferenzierung – das Einsickern von Kultur in ökonomische Systemfelder dokumentiert.

9. Land Hessen (Hg. 1992): Richtzahlentabelle für den Bedarf an Abstellplätzen für Fahrräder im Staatsanzeiger für das Land Hessen vom 20. Juli 1992, S. 1683.

Schon lange sind Produkte, Dienstleistungen und Designs, die Kultur symbolisieren, zu einem wichtigen Faktor im ökonomischen (Standort-) Wettbewerb der Städte geworden. Auf dem Hintergrund einer durchgreifenden Ökonomisierung der Kultur und Durchdringung der Ökonomie mit Kultur wird seit etwa 10 Jahren selbst das Parkhaus als Architekturtyp zum Objekt der Ästhetisierung. So erscheint im Jahre 1993 – rund 40 Jahre nach Otto Sills und 25 Jahre nach Oskar Büttners Handbuch über den Bau von Parkhäusern – das Thema »Ästhetik« auch wieder in Form eines Planungshandbuches (im Jahre 2006 in der dritten überarbeiteten und erweiterten Auflage, s. Bayer 2006).[10] Darin spiegelt sich ein neues Interesse an Parkhausarchitektur wider. Um so bemerkenswerter ist der radikal ahistorische Stil, in dem Herausgeber und Autoren an das Thema »Parkhaus« herangehen. Keiner der neun Verfasser spricht die Geschichte des Architekturtyps »Parkhaus« in konstruktiver, ökonomischer, architektonischer oder kultureller Hinsicht an. Parkhäuser scheinen danach eine Errungenschaft der Nachkriegszeit zu sein. Über die neuerdings wieder Beachtung findenden mechanischen Parksysteme merkt Hartmut Steinbach sogar an: »Um den Flächenaufwand bei Parkhäusern zu verringern, wurden in den vergangenen Jahren mechanische Parksysteme für PKW entwickelt.« (Steinbach 2006: 28) Georg Müller würdigte schon in seinem ersten Buch über Großstadtgaragen aus dem Jahre 1925 die mechanische Garage in verschiedenen technischen Konstruktionsweisen ausführlich (s.o.). Die »freie« Herangehensweise an einen historischen Prozeß, in dem sich aus konkreten Lebensformen, technologischen Möglichkeiten und ökonomischen Grundvoraussetzungen bestimmte Konstruktionen und Architekturen von Parkhäusern entwickelten, unterstreicht den Mangel an einer differenzierten Auseinandersetzung mit einem Teilbereich der Verkehrsarchitekturgeschichte – das von Christoph Maria Merki reklamierte Defizit gehaltvoller Rekonstruktionen der Geschichte des Automobils gleichsam ergänzend.

Wenn mechanische Parksysteme auch keinesfalls neu sind, so werden sie in den letzten Jahren vermehrt realisiert. Vornehmlich kommen sie zwar derzeit in der Planung von Bürogebäuden vor und bilden damit nichtöffentliche Räume. Ausnahmen weisen indes auf eine zunehmende Tauglichkeit einer ehemals für die Abwicklung innerstädtischer Verkehrsströme zu langsam gehaltenen Technik hin. In Dresden wurde 2004 mit 192 Stellplätzen das derzeit größte vollautomatische öffentliche Parkhaus in Deutschland eröffnet. Ein in Konstanz geplantes automati-

10. Ein weiteres Handbuch (zur Baukonstruktion) erscheint 2006 beim Springer Verlag (s. Pech 2006). Das thematische Profil umfaßt bautechnische, konstruktive und ökonomische Aspekte. Das Parkhaus als kulturelles Medium der Architektur kommt auch hier nicht vor.

sches Parkhaus nach dem DirectParkSystem[11] (für 441 Stellplätze) hat im letzten Moment die Zustimmung im Stadtrat nicht gefunden. In Istanbul wurde 2002 ein öffentliches Parkhaus mit automatischem System mit 17 Parkebenen für 612 Fahrzeuge gebaut. Angesichts der Vorzüge zeitgemäßer automatischer Systeme (insbesondere geringer Bedarf an teurem Boden bei großer Zahl von Stellplätzen auf kleiner Grundfläche) dürfte der von Hochtief schon für die 1950er Jahre prognostizierte, seinerzeit aber ausgebliebene Boom bei steigenden Bodenpreisen für innerstädtisches Bauland vielleicht nun bevorstehen. Mechanische Systeme sind aber nicht a priori Großtechnologien. Seit über 30 Jahren sind kleine mechanische Systeme für die Stapelung von zwei Fahrzeugen auf beengten Grundstücken von Bürogebäuden in Großstädten erfolgreich.[12]

Das steigende kommunalpolitische Interesse an ästhetisierten Parkhäusern folgt keinem Selbstzweck. Schon gar nicht drückt sich in diesem neuen politisch-ästhetizistischen Agieren eine gesellschaftliche Stärkung der freien Kunst aus. Vielmehr ist der kommunalpolitische wie unternehmerische Wille zur »Ästhetik« (als Produktion von Exotik und formaler Exzentrik) mit globalen Wandlungen der ökonomischen Systeme verzahnt. Die Bemühungen der Kommunen um attraktivere Innenstädte folgen in der Schaffung neuer Verkehrsinfrastrukturen für bessere Lebensqualität in den Städten auch (zum Teil abermals als Ausdruck globalisierungsbedingter Umbrüche) einem interkommunalen Wettbewerb, nicht zuletzt, um den seit 10 Jahren boomenden Standorten auf der »grünen Wiese« im Niemandsland der »Zwischenstadt« etwas entgegensetzen zu können. So sind in der Gegenwart auch deshalb die Parkhäuser (wieder) in der repräsentativen Architektur angekommen. Der Bogen von den Anfängen der Architektur der ersten Großgaragen in den 1920er Jahren schließt sich gegenwärtig in der Zelebrierung eines umweltethisch »gereinigten« Willens zur Distinktion. Auch darin kehrt ein kulturelles Muster in der repräsentativen Verbindung von Auto und Hochgarage wieder. Dennoch sind weder die sozialen Praktiken im sozialen Umgang mit dem Automobil, noch die Bauformen von Hochgaragen bzw. Parkhäusern im engeren Sinne vergleichbar. Der gesamtgesellschaftliche Rahmen, in dem letztlich der Sinn ästhetisierter Bauten der Verkehrsarchitektur aufgeht, ist am Anfang des 21. Jahrhunderts ein anderer als knapp 100 Jahre zu-

11. Das hier geplante System stammt von der Firma DirectPark GmbH aus Heilbronn.

12. Das türkische Riesenparkhaus besteht aus 6 Multiparker-Systemen mit je 102 Stellplätzen. Das System wurde von der Firma Otto Wöhr GmbH (Friolzheim) entwickelt. Auch die angesprochenen Parklifte werden seit den 1960er Jahren bei Wöhr produziert und technisch weiterentwickelt (vgl. auch »Die Parklücke«, H. 22/2002 [Internet-Zeitschrift der Firma Otto Wöhr GmbH], H. 22/2002). Zur kulturtheoretischen Diskussion automatischer Parksysteme vgl. auch Kap. 8.2.

vor. Innerhalb der historischen Veränderungen der programmatischen Verwendungs- und Verweisungszusammenhänge, in denen Parkhäuser stets standen und stehen, ist ein sie charakterisierendes Merkmal in seiner Grundstruktur dennoch unverändert geblieben – die Exzentrik und Besonderheit eines toten Ortes inmitten des lebendigen Zentrums der Stadt.

2. Bemerkungen zu einem exzentrischen Ort

Parkhäuser lassen sich aus dem Blickwinkel ihrer verkehrstechnischen Funktion als räumliche Reifikation einer zyklisch wiederkehrenden Krise begreifen, die durch die Gerinnung überschüssiger Verkehrsströme in kurzer zeitlicher Folge überwunden wird. Die Erfüllung dieser Aufgabe stellt räumliche Ansprüche, denn ihren Zweck können Parkhäuser nicht überall im Raum erfüllen. Außerhalb der Stadt fungieren die Park and Ride-Häuser als Gerinnungsorte. Sie hängen am Tropf des öffentlichen Personennahverkehrs, der dem Wunsch nach freier Mobilität nur bedingt nachzukommen vermag. Das Parkhaus vor den Toren der Stadt ist nur eine Zwischenstation. Temporäre Endstationen sind die Parkhäuser in der Kernstadt. Am Beginn des 20. Jahrhunderts nannte man sie noch »Garagen«, was etymologisch vom französischen *garer* (in Sicherheit bringen) kommt. Der Wortstamm »la gare« lebt im Begriff »Bahnhof« weiter. In gewisser Weise könne man, so Georg Müller, die Autogaragen auch als Automobil-Bahnhöfe bezeichnen (vgl. Müller 1937: 5).

Wie die Bahnhöfe einst in der Mitte der Stadt lagen, weil die Stadtentwicklung im 19. Jahrhundert an den Bahnhöfen in gewisser Weise kristallisierte, so suchten die Verkehrsplaner zu automobilen Zeiten für die Errichtung von Parkhäusern *zentrale* Orte im Raum der Stadt. In jeder Großstadt dürfte sich heute ein ähnliches Verteilungsmuster zeigen: Die meisten Parkhäuser liegen nicht am Rande der Stadt, sondern in der Mitte des Zentrums oder in dessen unmittelbarer Nähe. Die oberirdischen Bauten sind »Parkhäuser« im engeren Sinne. Unter der Erde liegen die »Tiefgaragen«, in deren Name das alte Wort Garage noch fortlebt. Die Funktion von Parkhaus und Tiefgarage ist weitgehend identisch. Dennoch markieren wenige Unterschiede ein je eigenes architektonisches Profil. Tiefgaragen entziehen sich dem visuellen Raum der (vertikalen) Stadt. Als mehrgeschossige Bauwerke liegen sie nicht nur unter der Erdoberfläche; gleichsam *als Untergrund* können sie überbaut werden und verschwinden so im Bauch der Stadt. Der in den Kernstädten teure Boden kann auf diese Weise rentabel genutzt werden. Mit ihrem »untergründigen« Verschwinden möblieren sie nur noch bedingt den präsentischen Bewegungsraum der Stadt.

Die Tiefgaragen spielen deshalb eine gänzlich andere Rolle im »hodologischen«[1] Raum der Stadt als die Parkhäuser, die als *aufragende* dreidimensionale Baukörper ästhetisch mit anderen Bauten in unmittelbarer Nachbarschaft konkurrieren – mit gebauten Gesten der Repräsentation: Bankentürmen, Hauptverwaltungssitzen von Versicherungen, global agierenden Konzernen, Rathäusern, Operhäusern und Museen. Der Kontrast zwischen Tiefgaragen und Parkhäusern auf der einen Seite und den Repräsentationsbauten auf der anderen Seite ist unüberwindbar, stehen die Parkbauten doch als *triviale* Bauwerke neben den ins Erhabene stilisierten Kommerz- oder Kulturtempeln. Parkhäuser sind nicht nur Krisenorte im innerstädtischen Verkehrsraum. Sie sind auch Krisenorte im ästhetischen Raum der Stadt. Ein Mangel an Repräsentativität verleiht ihnen eine authentisch nüchterne und kalte Atmosphäre. Das charakteristische »Defizit« ist aber nur sekundär in schlichten Formen, billigen Baustoffen oder schlechten Gerüchen begründet. Sie präsentieren sich in einer nicht repräsentativen Weise. Das trifft indes nicht mehr für alle Parkhäuser der jüngeren Generation zu, und ebenso wenig für die ersten Parkhäuser des frühen 20. Jahrhunderts. Die alten Hochgaragen der 1920er Jahre existieren nicht mehr, sind als museale Stätten (Baudenkmale) ihrer eigentlichen Nutzung als *Park*-Häuser entzogen oder in Folgenutzungen »untergegangen«. Die repräsentativen Parkhausbauten der 1950er Jahre sind Raritäten, und die postmodernen Erlebnisparkhäuser der jüngeren Baugeschichte sind (noch) Ausnahmeerscheinungen. Ich werde deshalb dieses und das folgende Kapitel der erweiternden Charakterisierung jener zwischen 1960 und Anfang der 1980er Jahre errichteten Bauwerke widmen, die heute das Gros der Parkhäuser in den europäischen Großstädten ausmachen.

2.1 Parkhäuser sind gelittene Orte

Parkhäuser sind gelittene Orte, in die niemand sich je hinein begäbe, wäre ihre Benutzung nicht der Preis angestrebter individueller innerstädtischer Automobilität. Von Unholden und Tätern, die den Unort wegen

1. Mit dem »hodologischen Raum« thematisiert Bollnow eine der menschlichen Erfahrung komplementäre Dimension des ›erlebten‹ Raumes. Der hodologische Raum ist durch gangbare und biographisch gegangene (Erfahrungs-)Wege gegliedert, nicht durch die Infrastruktur objektiver Wege, sondern die persönlichen Wege, die man gegangen ist. Die Wege im hodologischen Raum sind keine objektiven Wege. Es sind »gelebte Wege«, in gewisser Weise die erinnerbaren Fußspuren gebahnter Erfahrungswege (vgl. Bollnow 1962: 24 sowie Bollnow 1963: 191ff). Bollnow bezieht sich dabei auf Kurt Lewin, der den Begriff des hodologischen Raumes geprägt hatte.

seiner dunklen Eigenschaften aufsuchen, an dieser Stelle einmal abgesehen, hält sich in Parkhäusern niemand zu einem anderen Zweck als dem des Ein- und Ausparkens auf. Die Minimierung der Dauer des Aufenthalts von Personen müßte durch keine Parkhausordnung gefordert werden. Während man sich bei der Einfahrt ins Gebäude und Auffahrt auf ein freies Parkdeck noch nicht einmal in einem leiblich spürbaren Sinne im Raum des Parkhauses, sondern im Raum des eigenen Autos bewegt, passiert man den meist unwirtlichen Raum der Parketagen schnellstmöglich und nur über kurze Distanzen.

Parkhäuser liegen im Herzen der Stadt und gehören doch zu ihrem Verdauungstrakt. Keine noch so exzentrische Ästhetisierung kann diese funktionale Asymmetrie aufheben. Die Parkhäuser der 1960er bis 80er Jahre sind überwiegend unwirtliche Objekte, gebaute Allegorien der Widersprüchlichkeit. Ihre architektonische Gestalt kündigt die Erlebnisqualitäten an, die sich schon bei kürzeren Aufenthaltszeiten im Inneren des maschinistischen Bauwerkes aufdrängen. Gegen den Strich gedacht, lassen sich Parkhäuser auch als Denkstücke einer Gesellschaft auffassen, die den vielschichtigen Idiosynkrasien des Individualverkehrs eine präsentative Stimme geben. Im Blickwinkel ihres sukzessiven Schönwerdens erzählen sie die Geschichte der Ausbreitung neuer wohlstandskultureller Werte, die von umweltethischen Zweifeln (Klimaschutz, Lärm etc.) und Zukunftssorgen befreit sind. Die Profanität der Nutzung noch so veredelter Bauten, die letztlich nur der Ermöglichung eines Nichts dienen, begründet eine Ästhetik des Absurden.

2.2 Parkhäuser sind Orte ohne Selbst

Parkhäuser sind keine Orte der Bildung von Identität – weder solche der Stadt, noch solche ihrer Benutzer. Sie gehören zu jener Klasse von Orten, die Peter Sloterdijk »Orte ohne Selbst« nennt. Diese spricht er besonders als Transiträume an, die für limitierte Aufenthalte gleichsam entworfen sind. Sie seien geradezu dafür geschaffen »ihre Passanten nicht zu halten« (Sloterdijk 2005: 237). Orte ohne Selbst sieht Sloterdijk als globalisierungsbedingten Ausdruck instabiler Beziehungen zwischen Selbst und Ort. Die Auflösung der Identitäten findet danach auf zwei Seiten statt: auf der der nomadisierenden Individuen – den ortlosen Individuen – und auf der der Orte, zu denen die Menschen kein kultivierendes Verhältnis entwickeln: den Orten ohne Selbst. Es dürfte allerdings fraglich sein, ob Sloterdijks Ortsliste mit Häfen, Straßen und Plätzen das Charakteristikum solcher Orte ohne Selbst, die »nicht in Abhängigkeit von einer Bewohnerschaft oder einem kollektiven Selbst« existieren, tatsächlich trifft, sind doch gerade diese Orte oft eindrucksvolle Beispiele für einen starken und nachhaltigen Aufbau raumbezogener Identität mit großer semantischer Nähe zum Begriff »Heimat«. Ohne Zweifel gehören dagegen die von Sloterdijk nicht explizit genannten Parkhäuser zur Klasse jener Orte, die (vor allem im Unterschied zu Straße und Platz) *keine* Medien des Wohnens sind.

Exkurs: Ästhetische Brachen als kulturelle Dehnungsfugen zwischen Postmodernismus und Postfordismus

Die mit dem Prozeß der Globalisierung ganz *grundsätzlich* verbundene Diagnose der Dynamisierung der Mobilität[2] übersieht die mit der Globalisierung einhergehende sozioökonomische Differenzierung der Bevölkerung kapitalistischer Gesellschaften. Nicht *die* Gesellschaft wird in Gänze und einheitlich multilokal. Vom Prozeß der Dynamisierung sind in erster Linie die (vorwiegend jüngeren) dynamischen Akteure und Entscheidungsträger in den verschiedensten global agierenden Branchen betroffen (insbesondere im boomenden tertiären und quartären Sektor). Von der Multilokalisierung der postmodernen Individuen sind aber auch jene gesellschaftlichen (Rand-)Gruppen betroffen, deren Perspektiven auf chancenlosen (Schatten-)Märkten nicht mit einer Zunahme, sondern einer Abnahme an Mobilität korrespondieren.

Sowohl aus der Perspektive der Pluralisierung der Ortsbezüge, als auch der des Zwanges zur Immobilität (unter der soziologischen Bedingung sich spreizender Gesellschaften) wird das individuelle Bedürfnis nach räumlicher Identifikation prekär. Wo das Leben der Menschen in den sich institutionell und systemisch zunehmend differenzierenden Gesellschaften abstrakter wird, die ästhetischen Bilder sich aber angleichen, schwinden die Sinnprovinzen. Die Habermas'sche Neue Unübersichtlichkeit hat auch hier ihre Wurzeln. Ein Sinnvakuum, das in breite gesellschaftliche Kreise einströmt, wird vermehrt durch Angebote der Pseudoidentifikation seitens der Massenmedien (TV-Stars, Sport-Idole, Mode-Stile etc.) aufgefüllt. Die massenmedialen Nachläufer der Kulturindustrie bedienen den gefühlten Mangel bevorzugt mit ästhetischen Versprechen. »Die Hinwendung zu den Affekten spiegelt die Sehnsucht wider, über die ästhetischen Wahrnehmungen einen basalen Zugang zur Welt zu erschließen.« (Kuhnert 2006: 23) Die aufgehübschte Stadt läßt sich in dieser Sicht auch als mediale Großoffensive auf die Sinne verstehen, als affizierende Geste ohne realpolitische Konsequenzen. Die Versprechen können bestenfalls konsumistische Gefühlsekstasen vermitteln, die nach

2. Auch Sloterdijk argumentiert so: »Für die avancierte Moderne ist der Trend zum multilokalen Selbst charakteristisch – ebenso wie zum polyethnischen oder denationalisierten Ort.« (Sloterdijk 2005: 236)

den Waren die Bilder (als neue Waren) zu ihrem Gegenstand machen und in letzter Konsequenz auf Dauer gestellt werden, weil die Sehnsucht nach dem schönen Leben außerhalb medialer und imaginativer Welten unerfüllbar bleibt. Auf diesem Hintergrund spricht Wolfgang Welsch einen »Generalbefund von Ästhetisierung« an (Welsch 1993: 23), wonach es weniger um die Vermehrung schöner Oberflächen geht, als um eine immaterielle Ästhetisierung, die die »Seinsweise der Wirklichkeit und unsere Auffassung von ihr im ganzen« verändert (ebd.: 20).

Die Medien des Ästhetischen regulieren im großstädtischen Raum aber auch das Verhältnis zwischen (sinnstiftenden) Orten und einem immer amorpher werdenden Raum der Gesellschaft. Die Stadt wird zum medialen Raum, der anstelle urbaner Identifikationskerne des Politischen Atmosphären artifizieller Heimatlichkeit offeriert – zur Kompensation realer Defizite. Die neuen Medien-Heimaten entbehren fester und traditionsgebundener Ortsbezüge. Sie haben sich von fixen Orten gelöst und schwimmen in einer Collage des Möglichen und immer Neuen zwischen (auch räumlich) wechselnden Intensitäten. Zwischen (kulturell flexibilisierter) Postmoderne und einem ihr komplementären (technologisch wie ökonomisch flexibilisierten) Postfordismus stellt sich das Projekt einer »selbstbestimmten« Affizierung durch die Identifikation mit fraktalisierten Heimaten. Der Verlust singulärer Wurzeln in der urbanen Megapolis oder im sozial »verklebten« Dorf wird durch ästhetische Heimat-Versprechen und den Genuß schnell wechselnder Schauplätze der Unterscheidung kompensiert. An den Orten postmoderner Selbstschöpfung werden keine Ressourcen verteilt oder Zugänge zu gesellschaftlichen Realitäten gehandelt; vielmehr wird ein auf diffuse Weise als defizitär empfundenes Leben *ästhetisch* mit Surrogaten abgegolten, die nicht ins Politische transzendieren, sondern sich im Konsum von Erleb-*nissen* erschöpfen. Das Ästhetische fungiert im Sinne Foucaults als Dispositiv, das die Individuen affektiv zur Selbstflexibilisierung bewegt. So schließt sich das »verflüssigte« Individuum an die ihrerseits systemisch flexibilisierten technologischen, politischen, massenkulturellen und ökonomischen Strukturen im Sinne einer übergreifenden Autopoiesis an.[3]

2.3 Parkhäuser als zwiespältige Objekte der Ästhetisierung

Seit Mitte der 1990er Jahre sucht die Architektur in Europa und in den USA nach neuen Stilen. Die architektonische Postmoderne steht für diese neue Suchbewegung. Es mag verwundern, daß sich selbst Parkhäuser als

3. Zur Funktion des Ästhetischen in der kapitalistischen Stadt vgl. i.d.S. auch Müller/Dröge 2005.

Objekte der Ästhetisierung eignen und damit als medialer Kitt zwischen Postmoderne und Postfordismus erweisen. Eine Verkehrsarchitektur, die rund 40 Jahre keine wahrgenommene ästhetische Rolle im Raumerleben der Städte gespielt hat, steigt plötzlich (wenn auch vorläufig noch in raren Einzelfällen) zu einem neuen Medium der Bildung von Identität auf. Dieser Umstand muß in zweifacher Hinsicht die kulturtheoretische Aufmerksamkeit wecken. Zum einen drückt die Entwicklung eine offensichtlich überbrodende Selbstästhetisierung der Städte aus, zum anderen aber auch ein erstarktes gesellschaftliches Selbstbewußtsein im kulturellen Umgang mit einer aus ökologischen Gründen lange beargwöhnten individuellen Automobilität.

Was Michael Müller und Franz Dröge mit Blick auf einen allgemeinen gesellschaftlichen Trend zur Ästhetisierung als »temporäre Kontingenzunterbrechung« (Müller/Dröge 2005: 101) ansprechen, konkretisiert sich derzeit in der Architektur von Parkhäusern. Ästhetisierung reduziert die Möglichkeiten pluraler Aufmerksamkeiten und konzentriert sie auf die *affektive* Intensität des Augenblicks. Als temporäres Medium der Identifikation ist in der systemischen Kopplung von Postmoderne und Postfordismus durch die Disponierung der Individuen nicht Dauer und Beständigkeit (von Aufmerksamkeiten, Werten, Normen, Präferenzen, Sehnsüchten etc.) von Nöten, sondern eine zähflüssige Fungibilität möglichst vieler individueller Seinsweisen und Relevanzsysteme. Der schnelle Wechsel sinnlich ansprechender Waren und Dienstleistungen ist eine Bedingung flexibilisierter Sinn- und Identitätsarbeit.

Abb. 2.1: Innenansicht eines in den späten 1960er Jahren gebauten Parkhauses (Deutschland) im Jahre 2006 vor der Sanierung

Zu den Sloterdijk'schen Orten ohne Selbst zählen neben den grauen Unorten der 70er Jahre-Parkhäuser die postmodernen Parkpaläste (vgl. Abb. 2.1 und 2.2), die als neue Angelpunkte im architektonischen Raum der Stadt erscheinen. Auf einem utilitären Niveau ihrer Oberflächen fungieren sie als Parkhäuser. Auf einer ästhetischen Tiefenschicht sind sie aber zugleich Medien der räumlichen Vergesellschaftung, denn sie spielen die Rolle einer Weiche in der symbolischen Organisation der Gesellschaft.

Wie die neuen Parkhäuser, so waren auch die alten Garagenpaläste der 1920er Jahre nicht allein Orte für die Unterbringung von Kraftfahrzeugen. Zugleich konstituierten sie eine *Situation,* in der mannigfaltige historisch-kulturelle Bedeutungen in einem Amalgam aufgingen. Die in den Bauten gleichsam versteckten Bedeutungen wurden früher wie heute über die sinnliche Wahrnehmung und leibliche Formen der Kommunikation einverleibt, so daß sich suggestive Wirkungen ohne reflexive Passage, ohne Thematisierung und sprachliche Explikation entfalten konnten und können.

Als architektonische Gestalten sind selbst Parkhäuser Objekte der Verführung. Sie haben materiellen Gehalt, eine ästhetische Form und mindestens *eine* Funktion. Sie stehen von Anfang an in einer Beziehung zu Situationen – zu *allgemeinen* gesellschaftlichen Situationen einer Zeit, wie zu *persönlichen* Situationen, die sich meistens durch ein Moment von Gemeinsamkeit auszeichnen.[4] Interessen, die sich durch Betroffenheiten schnell verändern, akzentuieren dieses Spannungsfeld der Beziehungen. Der Umstand, daß eine Architektur als sinnliches Objekt einen Ort belegt, provoziert, beeindruckt und affiziert, macht sie zu einem Gegenstand der Verführung. Die Aufmerksamkeit, die Architektur im Modus der Verführung auf sich zieht, ist temporärer Art. In der *Sache* der Bedeu-

4. Sloterdijk pointiert seinen Begriff der »Situation« äußerst knapp im folgenden Sinne: »Eine Situation ist sehr allgemein zu bestimmen als ein Verhältnis des Zusammenseins von Elementen.« (Sloterdijk 2006: 59) Im System der Philosophie von Hermann Schmitz spielt der Situationsbegriff eine erkenntnistheoretisch zentrale Rolle. Aus Platzgründen kann der Situationsbegriff bei Schmitz hier nicht im Detail dargestellt werden. Nach Schmitz sind »Situationen [...] die primären Heimstätten, Quellen und Partner allen menschlichen und tierischen Verhaltens« (Schmitz 2003: 91). Bedeutungen kommen in dieser Perspektive auf drei Ebenen vor: auf der Ebene der Sachverhalte (daß etwas ist, überhaupt oder irgendwie), der Programme (daß etwas sein soll oder möge) und der Probleme (ob etwas ist) (vgl. ebd.: 89). Sachverhalte, Programme (und oft aber nicht immer auch Probleme) konstituieren eine Situation. Sachverhalte sind dadurch gekennzeichnet, daß etwas ist. Programme definieren, daß etwas sein soll oder möge und Probleme erzeugen die Frage, ob etwas ist. Sachverhalte, Programme, Probleme – wie Situationen insgesamt – sind unabhängig von der Sprache (vgl. Schmitz 1994: 66).

tungen (dem semantischen Feld des Verführenden) ist sie zwangsläufig offen. In jeder Offenheit liegt aber auch das Potential des »Umkippens« von Bedeutungssystemen, des Aus-dem-Ruder-Laufens der Narrative, indem sich eine präsentative Aussage vom herrschenden Deutungstenor abkoppelt. Damit löst sich, trotz aller Codierbarkeit von Architektur, eine wirkmächtige Dimension von Architektur ins Offene auf – Architektur entzieht sich so an einem essentiellen Wirkungspunkt in gewissem Sinne jeder Definition.[5]

Abb. 2.2: Innenansicht einer Tiefgarage um 2000 (Niederlande)

Architektur ist im Moment ihrer Sichtbarkeit, vor allem in ihrem sinnlichen Erleben jeder Beherrschbarkeit ihrer narrativen Potentiale entzogen. Indem sie sich zu einem großen Teil leiblich erschließt, entfalten ihre Eindrücke Wirkungen, die offen und verdeckt in Konkurrenz zu sprachlichen Explikationen treten. Was für Architektur im allgemeinen gilt, trifft für Parkhäuser im besonderen zu. Ihre Architektur wird im Unterschied zu der von Bankentürmen, Versicherungszentralen und Regierungsbauten im Fluß alltäglicher Verrichtungen im hodologischen Raum erlebt, denn man ist zwangsläufig in ihnen, wenn man sie benutzt. Wenn (i.S. von Jean Nouvel) der Architektur (von Parkhäusern) ein Moment der Verführung zueigen ist, dann hat diese erlebnismäßige Wirkungsdynamik zur Folge, daß schon die reine Präsenz von Parkhäusern im öffentlichen Raum als stumme Affizierung fungiert. Die Frage nach dem narrativen Potential

5 Vgl. i.d.S. ein Statement von Jean Baudrillard (Baudrillard/Nouvel 2000: 22).

von Architektur läuft dann nicht in erster Linie auf die Analyse sprachlich *explizierter* Programmaussagen hinaus, sondern auf die Analyse dessen, was nur zu einem Teil – als Schattengestalt sprachlicher Explikationen – zum Ausdruck kommt. In den Mittelpunkt rücken Erlebnisweisen und die damit verklammerten (historisch sich situativ verändernden) Bedeutungen, die weitgehend unabhängig von Sprache auf einem leiblichen Niveau kommuniziert werden. Michel Foucault siedelt dieses Wirkungsfeld unter der dünnen Oberfläche sprachlicher Diskurse an und bezeichnet sie als: »Ein ›präsystematisches‹, das nicht zur Ordnung des Systems gehört; ein ›prädiskursives‹, das zu einer wesentlichen Stummheit gehört« (Foucault AW: 111).

Ob sich die Asymmetrien, die Parkhäuser zu exzentrischen Orten machen, an irgend einem Punkt ihrer Rezeption, Nutzung oder Diskussion in eine politische Spannung (etwa auf dem Hintergrund der Suche nach städtischen Lebensformen) übersetzen, hängt insofern von ihrer Ästhetik (zwischen Glanz und Schimmel) ab, als sich in konkretem Architektur-Erleben eine ins Aporetische durchbrechende Reibung aktualisiert. Vorausgesetzt ist dabei eine Verirrung der Wahrnehmungsroutinen des Immer-gleichen im ästhetisch Offenen. Die Notwendigkeit der Neuorientierung erschließt sich dann im Be-Denken des Alltäglichen, auf Wegen der *Er*-fahrung des (einst) Selbstverständlichen.

3. Parkhäuser – »Orte des Bösen«?

Die Exzentrik von Parkhäusern im städtischen Raumgefüge spiegelt sich in einem über die Massenmedien verbreiteten Mythos vom Parkhaus als Ort des Bösen wider. Insbesondere das Genre des Krimis nutzt den von der Identitätslosigkeit der Parkhäuser ausgehenden sterilen Ortscharakter gern und oft als atmosphärischen Rahmen von Gewaltdarstellungen. Die halbdunklen, unübersichtlichen und menschenleeren, von der Lebendigkeit des städtischen Lebens gleichsam abisolierten Betonwüsten werden immer wieder als Orte illegaler Handlungen inszeniert. In Parkhäusern und Tiefgaragen eskalieren nicht nur zwischenmenschliche Dramen, um in einer Ohrfeige oder auch nur einer lähmenden Beleidigung zu enden. Parkhäuser sind vor allem Tatorte für Kapitalverbrechen. Die Regisseure ungezählter Thriller lassen ihre Opfer vor geparkten Autos erschießen, erdrosseln, narkotisieren, vergewaltigen oder ganz neu erfundene Tode sterben. Zu Opfern werden selbst die Zeugen noch, wenn sie die Grausamkeiten in der frostigen Umgebung des Unortes in nackter Angst mit ansehen mußten und dabei vom Täter beobachtet wurden.

Die Erlebnisqualität realer städtischer Orte wird von diesen und anderen massenmedial verbreiteten Klischees beeinflußt. Sie sickern meist unbemerkt in alltägliche Wahrnehmungsroutinen ein und bleiben besonders dann unentdeckt, wenn die Orte solcher Projektionen im Alltag nur beiläufig genutzt werden. Ein Parkhaus bietet sich schon wegen seiner dunklen Atmosphäre und seines Mangels an räumlicher Identität besser als räumlich-szenische Kulisse des Verbrechens an, denn Banken, Rathäuser, Bibliotheken oder andere institutionalisierte Orte, die lebenspraktisch vielschichtiger mit Vitalqualitäten aufgeladen sind als Garagenbauwerke. Zwar dürften Parkhäuser von den meisten automobilen Stadtbenutzern öfter frequentiert werden als Rathäuser oder Bibliotheken; aber sie sind keine mit gelebtem Sinn verknüpften Orte. Vielmehr sind sie Sackgassen und Endstationen zur *Erreichung* eines Zweckes (z.B. der Wahrnehmung eines Termins im Rathaus oder der Besuch einer Bibliothek).

Die im allgemeinen negativ erlebten atmosphärischen Qualitäten älterer Parkhäuser provozieren die massenmediale Inszenierung eines

»kriminellen Ortes«.[1] Indes stellt sich die Frage, was das konstruierte Klischee der TV-Serien mit der Realität von Parkhäusern gemeinsam hat. Es stellt sich zudem die Frage, ob das emotionale Situationswissen alltäglichen (atmosphärischen) Raumerlebens in Parkhäusern die Konstruktion kalter, unmenschlicher und aversiver Raumqualitäten begünstigt.

Zur Frage der kriminologischen Objektivierbarkeit trifft eine Dokumentation des Bundeskriminalamtes eine Reihe empirisch gestützter Aussagen, die mehrheitlich auf Studien in Großbritannien und den USA zurückgehen. Der Bericht stellt die folgende Bemerkung voran: »Parkhäuser gelten allgemein als Angsträume. Medien berichten immer wieder von ›Grusel-Garagen‹ (BILD-Hannover 12./13.1.2004) oder von Gewaltstraftaten in Parkhäusern (etwa Peiner Allgemeine Zeitung 16.11.2003). Die Einschätzung, Angst in Parkhäusern haben zu müssen, hat sich scheinbar quasi als Allgemeinwissen in den Köpfen vieler Menschen festgesetzt.« (Bundeskriminalamt 2005: 2) Die Behörde merkt an, daß in Deutschland das Thema »Kriminalität im Parkhaus« kaum bzw. gar nicht bearbeitet worden sei. Deshalb können die örtlichen Polizeipräsidien auch keine brauchbaren Auskünfte geben.

Ein 1992 in Großbritannien initiiertes und 1997 überarbeitetes Programm (»Secured Car Park«) sollte Parkhausbetreiber motivieren, sicherheitserhöhende Maßnahmen in Parkhäusern zu ergreifen. Bei Erreichung bestimmter Sicherheitsstandards wurde ein Award vergeben. Ein Hinweisschild an der Fassade des Gebäudes signalisierte dem potentiellen Benutzer den höheren Sicherheitsstandard. Die Awards wurden zeitlich befristet (auf ein Jahr) vergeben. Besondere Bewertungskriterien waren Überwachung, Beleuchtung, räumliche Abgrenzung zur Umgebung, Zu-

1. In der Imagination von Regisseuren und Drehbuchautoren evoziert das alltagsweltlich zirkulierende Bild vom Parkhaus als Ort des Bösen scheinbar zwingend die Verortung der gräßlichsten Verbrechen auf halb verrotteten (neuerdings aber auch glänzend ästhetisierten) Parkdecks. Selbst »Parkhauskiller« werden erfunden, um Parkhäuser in Orte des Grauens zu verwandeln. Zum Tod durch Erschießen im offenen Raum gibt es diverse Alternativen: die Detonation einer Bombe, die mit einem Schlage ganze Gruppen von Menschen dahinrafft, die Entführung des Bankdirektors oder seiner Sekretärin. Wo das gewaltsame Sterben die Leinwände und Bildschirme nicht unmittelbar kontaminiert, sind es wenigstens (obszön dargestellte oder fast unsichtbar bleibende) Blutspuren, die auf glatt-kaltem Zementboden zwischen den Parkbuchten von coolen Kommissaren entdeckt werden. Äußerster Beliebtheit erfreuen sich adrenalinsteigernde Szenen aus dem Drogenhandel, die in wilden Schießereien und spektakulären Verfolgungsjagden über (morbide und abbruchreife) Wendelrampen gipfeln. Derzeit bemühen sich Parkhausbetriebsgesellschaften darum, der Produktion negativer Imagequalitäten durch Gewaltszenen in Parkhäusern entgegenzuwirken (vgl. Kap. 7.3).

fahrten, Zugänge für Fußgänger und andere Maßnahmen, die geeignet sein könnten, eine deutliche Verringerung von Delikten zu erreichen. Bei den Delikten handelte es sich hauptsächlich um Autoaufbrüche. Die Evaluation des Programmes zeigte, daß die Senkung von Straftaten eher von nachgeordneter Bedeutung war, während sich das individuelle Sicherheitsgefühl deutlich verbesserte. Parkhausbenutzer *fühlten* sich in hellen, sauberen und ansprechend gestalteten Anlagen sicherer als auf dunklen Parkdecks und in schmutzigen Treppenhäusern (vgl. ebd.: 11).

Auch ein Projekt der Vereinigung der britischen Polizeipräsidenten (Safer Parking Scheme) konzentrierte sich besonders auf Kfz-bezogene Kriminalität, die im Jahre 2002 ein Fünftel der Gesamtkriminalität ausmachte. Davon entfielen 22 Prozent auf Parkräume (vgl. ebd.: 13). Nach der Umsetzung sicherheitsfördernder Maßnahmen sei die Kfz-bezogene Kriminalität zum Teil um über 80 % zurückgegangen. Große Hoffnungen setzte man auch auf die Verdichtung des Video-Überwachungsnetzes. Die Ergebnisse von (insgesamt 22) britischen und US-amerikanischen Erfolgsstudien ergaben ein differenzierteres Bild. Während die Anzahl der Autoaufbrüche deutlich zurückging, ergaben sich für den Bereich der Gewaltkriminalität *keine* positiven Effekte. Im Vergleich verschiedener Gebietskategorien (Bereiche des sozialen Wohnungsbaus, Zonen des öffentlichen Personennahverkehrs und Parkräume) waren die größten Erfolge wiederum in Parkhäusern zu verzeichnen. Der Umstand, daß ein Durchschnitts-Brite täglich von 300 Videoüberwachungssystemen erfaßt wird (vgl. ebd.: 17), stützt die These, daß dieser Kontrolleffekt die kalkulierte Kriminalität auf andere Bahnen gelenkt hat, *spontane* Gewaltakte auf diese Weise nachhaltig aber nicht zu minimieren sind.

Zur »objektiven« Sicherheitslage in deutschen Parkhäusern kann im Unterschied zur Situation in Großbritannien wenig ausgesagt werden, weil es an einer brauchbaren statistischen Verortung von Straftaten mangelt. Ein vom Landeskriminalamt Niedersachsen geplantes Projekt zur Untersuchung des Parkhauses als Angstraum wurde zugunsten anderer Mittelverwendungen gestrichen, so daß die erhofften Befunde ausblieben. Es ist aber auch diesseits gesicherter empirischer Forschungsergebnisse davon auszugehen, daß das medial forcierte Wahrnehmungsklischee vom Parkhaus als Orte der Gewalt wenig über die Realität des Ortes sagt. Die im Archiv für Stadtgeschichte der Stadt Frankfurt a.M. seit den 1950er Jahren gesammelten Zeitungsartikel über die zahlreichen Parkhäuser der Stadt enthielten zwei Beiträge über Gewaltdelikte in Frankfurter Parkhäusern (einen Mord und eine sexuelle Nötigung). Beide Taten fielen in die Zeit vor der Einführung von Videoüberwachungssystemen, die spätestens in den 1990er Jahren in jedem öffentlichen Parkhaus installiert wurden, die Rekonstruktion eines Tatherganges ermöglichen und damit hohe Abschreckungswirkung haben. Die einschlägigen Anbieter von Sicherheitstechnologien werben mit hohen Standards bei den angebotenen

Technologien: Stellplatzsensoren zeigen mit grünem Licht freie Parkplätze an, so daß unnötig zeitaufwendiges und langsames Herumfahren auf den Parkdecks überflüssig wird. Software zur Kennzeichenerfassung, -verwaltung und -auswertung aufgrund von Fotoaufnahmen bei der Ein- und Ausfahrt eines Kfz ermöglicht die nachträgliche »Durchleuchtung« konkreter Nutzungssituationen[2]. Die morphogenetische Charakterisierung eines Autos soll die Nachvollziehbarkeit der Bewegungen eines Fahrzeuges innerhalb des Parkhauses sichern[3]. »Die Videokameras werden zu einem integrierten Teil des Parkhaussystems und informieren bei Kassenaufbruch, Überfall, Parkbetrug oder Vandalismus«, heißt es auf einer Internetseite der Ruhr-Park-Parkhausbetreibergesellschaft (gemeinsam mit dem schwedischen Unternehmen AXIS Communications).

Die Anstrengungen um die Erhöhung der Sicherheit zeigen, daß Parkhäuser auch von Betreibern als Orte mit einem diffusen aber abstrakt kalkulierten Gefährdungspotential angesehen werden. Angesichts der Differenz zwischen einer objektiven Gefährdungssituation durch kriminelle Handlungen auf der einen Seite und einem individuellen Sicherheitsgefühl auf der anderen Seite spielt das subjektive situationsräumliche Eindruckserleben eine wichtige Rolle. Realräumliche Gegebenheiten und Atmosphären übertragen sich in Empfindungen, auf deren (Gefühls-) Hintergrund die realräumliche Situation bewertet wird.

Im Rahmen einer universitären Lehrveranstaltung haben im Sommersemester 2005 mehr als 60 Studierenden der Geographie ihre sinnlichen Eindrücke schriftlich niedergelegt, die sie in insgesamt 20 öffentlichen Parkhäusern in Frankfurt und Offenbach im Rahmen halbtägiger Exkursionen gesammelt hatten. Die Ergebnisse machen zunächst auf eine mannigfaltige und sinnlich differenzierte Erlebnisweise von Parkhäusern aufmerksam. Die Lehrsituation garantierte die nötige Distanz zum Raum, die es in alltäglichen Nutzungssituation im Prinzip nicht gibt. Niemand *geht* in ein Parkhaus, um sich der sinnlichen Eindrücke in dessen Innenraum bewußt zu werden. Dagegen kann davon ausgegangen werden, daß sinnliche Eindrücke auch dann, wenn sie nicht mit programmatischer Aufmerksamkeit am eigenen Befinden registriert und zudem sprachlich ausgesagt werden, die Schwelle der Wahrnehmung auf einem halbbewußten und sprachlich nicht thematisierten Niveau überschreiten, diffuse Befindlichkeiten begründen und so einen stummen Beitrag zur Konstruktion eines dunklen und bedrohlichen Ortsklischees leisten.

2. Angebot SKIDATA access unlimited (s. http://www.skidata.com/systems/parking/apt450_thirdparty.asp; Stand: 06.07.2006).

3. Vgl. Fraunhofer-Institut für Produktionsanlagen und Konstruktionstechnik (s. http://www.vision.fraunhofer.de/de/projekte/68_druck.html; Stand: 06.07.2006).

Bei den studentischen Aufzeichnungen fällt zunächst auf, daß neben den folgenden Aussagen fast keine *neutralen* Erlebnisqualitäten angemerkt werden: *Fahrgeräusche, Gummigeruch, Neuwagengeruch, Bremsstreifen auf dem Fahrbelag* sowie *Geräusche von sprechenden Menschen*. Umso differenzierter sind die positiven und negativen Empfindungen. Hier sind Aussagen, die sich auf einzelne Sinne beziehen (Luft/Temperatur, Licht, Geräusche, Gerüche) von solchen Aussagen zu unterscheiden, die die Ganzheit eines atmosphärischen Eindruckes zum Ausdruck bringen.

Sinnlicher Eindruck/ Umweltmedium	**positive Aussagen**	**negative Aussagen**
Bedingt taktile Eindrücke a) hier: **Luft**	luftig, gut belüftet, gut durchlüftet, frisch, saubere klare Luft, gute Luftzirkulation	stickig, schwül
Bedingt taktile Eindrücke b) hier: **Temperatur**	angenehm (kühl)	heiß
Akustische Eindrücke: **Geräusche**	kaum Stadtlärm, ruhig, minimale Geräusche	sehr laut, laut, hoher Lärmpegel, Brummen (Klimaanlage)
Olfaktorische Eindrücke: **Gerüche**	kaum Abgasgeruch, geruchsneutral	Uringeruch, Fäkaliengeruch, Abgase, Benzingeruch, Auspuffgase, muffig
Visuelle Eindrücke: **Licht**	hell, lichtdurchflutet	spärliche Beleuchtung, dunkel, Kontrast: helle Neonröhren – Dunkelheit
Atmosphärisches Empfinden	großzügig, freundlich, Sicherheitsgefühl, sauber, kein Vandalismus, edler Charakter, wohnlich	eng, beengend, erdrückend, bedrückend, unhygienisch, beängstigend, dreckig, verschmutzt, düster

Tabelle 3.1: Sinnliche Parkhaus-Eindrücke. Eigene Erhebung mit 64 Studierenden

Da die Beschreibungen *individuell* erlebte Empfindungen dokumentieren sollten, wurden keine (z.B. theoretischen) Kategorien vorgegeben, die die Aufmerksamkeit hätten ablenken können. In der Tabelle werden die in den Eindrucksprotokollen verwendeten Aussagen der Qualität nach wiedergegeben. Die Eindrucksprotokolle lassen sich auch als »ästhetische

Resonanzen« lesen, deren Bewertungen Raumansprüche erheben. So soll die Luft in einem Parkhaus frisch sein und zirkulieren.[4] Ein Parkhaus soll hell und gut beleuchtet, aber frei von grellen Lichtkontrasten sein. Die Temperatur soll angenehm, d.h. (im Hochsommer) nicht heiß sein. Es soll keine lauten (störenden) Geräusche geben; bereits das monotone Brummen einer Klimaanlage wird reklamiert. Die Anmerkungen zur olfaktorischen Erlebnisqualität zeigen, daß der in unserer Kultur so schwach bewertete »niedere« Geruchssinn einen ganz erheblichen Einfluß auf die Befindlichkeit in einem Gebäude hat. Die kritischen Nennungen weisen auf inoffizielle Nutzungsformen hin, die von solchen Bauten geradezu herausgefordert werden, die in ihrer nüchtern-funktionalistischen Atmosphäre keine ästhetische Autorität ausstrahlen.

Besondere Beachtung verdienen jene Nennungen, die sich nicht auf *einzelsinnliche* Eindrücke stützen, sondern auf dem Wege synästhetischer Wahrnehmung Auskunft über ganzheitliches Situationserleben geben. Es handelt sich hierbei um eine elementare Form leiblicher Kommunikation, deren Eindruckselemente nicht einfache Sinnesreize sind, sondern Gestaltverläufe oder Bewegungssuggestionen. Hermann Schmitz spricht deshalb auch nicht von einfachen Synästhesien (i.S. von Übertragungen wie *rot* = *warm* oder *blau* = *kalt*), sondern von »synästhetischen Charakteren«.[5] Alle in der Tabelle auftauchenden Beschreibungen gehen auf ganzheitliche Eindrücke zurück. Das gilt selbst noch für »sauber« oder »verschmutzt«, sind doch auch diese Identifizierungen sprachlicher Ausdruck für eine Wahrnehmung, die einzeln Gegebenes zu Einheiten zusammenfaßt, bilanziert und emotional bewertet. Die Nennungen zeigen auch, daß die im verkehrsplanerischen Diskurs im Vordergrund stehende Frage der Sicherheit sich zwar auf subjektivem Niveau widerspiegelt, aber im Hinblick auf die Vielfalt der Attribute auch durch eine ganze Reihe *atmosphärischer* Qualitäten ergänzt wird. Einen Gegensatz bilden die Attribute »großzügig«, »freundlich« auf der einen Seite und »eng«, »beengend«, »bedrückend«, »erdrückend« auf der anderen Seite, worin der unterschiedliche Charakter von Atmosphären zur Aussage kommt (hier Bewegungssuggestionen und gesellschaftliche Charaktere)[6].

---

4. Da am Exkursionstag Temperaturen von rund 30 Grad Celsius herrschten, wird schwüle und stickige Luft bemängelt.

5. Vgl. Schmitz 1978: § 239. Eine Bewegung kann z.B. Ausdruck einer solchen Suggestion sein, wenn eine Niedergeschlagenheit sich zum Beispiel in schweren, trägen und verlangsamten Bewegungen zum Ausdruck bringt. Eine Bewegung kann aber auch – gleichsam umgekehrt – für die Übersetzung in ein leibliches Empfinden sorgen, wenn sich eine leichte Bewegung in ein leichtes Gefühl überträgt.

6. Zum Zustandekommen gesellschaftlicher Charaktere von Atmosphären auf dem Boden leiblichen Erlebens vgl. auch Böhme 2001: 87ff und 101ff.

Im Blick auf die konkreten Parkhäuser zeigen die Befunde deutlich (1.), daß ältere Bauten aus der Zeit der 1960er bis 80er Jahre überwiegend negativ und problemsensibel erlebt werden, (2.) in der Wahrnehmung eine Brücke von der Ästhetik eines Parkhauses zu dessen städtischer Umgebung geschlagen, d.h. die Milieuqualität des Parkhauses in einer komplementären Beziehung zur Milieuqualität des angrenzenden Stadtviertels gesehen wird. Die Ergebnisse zeigen (3.), daß Parkhäuser deutlich positiver erlebt werden, wenn sie nicht nur einer bautechnischen, sondern auch ästhetischen Renovierung unterzogen worden sind. Die meisten positiven Eindrucksskizzen beziehen sich auf ästhetisierte Neu- oder Umbauten, während negative Eindrücke etwas über ältere Parkhäuser der 1960er bis 80er Jahre sagen.[7]

Die Einblicke in das subjektive Raumerleben von Parkhäusern sagen nichts über Diskurse zur Verkehrspolitik oder Verkehrsarchitektur. Sie geben Aufschluß über sinnliche und gefühlsmäßige Empfindungen, die von konkreten Räumen ausgehen. Sie zeigen, daß Architektur parallel zu ihrer (diskursiven) Be-sprechung in Situationen vitaler Betroffenheit über Raumqualitäten erlebt wird. Dieses Erleben kann zwar durch das gesprochene oder gedruckte Wort akzentuiert und in Grenzen durch Sprache auch erst konstituiert werden. Dennoch vollzieht sich Erleben von Architektur, wie es sich in den Beispielen zeigt, stets »vor« oder »neben« diskursiven Aussageprogrammen. Der Diskurs *über* Architektur kann mentale Bilder von Architektur »formatieren«, er kann auch *über* das sinnliche Erleben von Architektur sprechen; er kann dieses Erleben aber nicht (maßstabsgerecht) darstellen. Das Sprechen und Schreiben über Architektur ist dem sinnlichen Eintreten in einen architektonischen Raum inkommensurabel.[8] Sprechen und Schreiben entspringen dem Denken, vitales Mitsein der leiblichen Kommunikation mit Raum, Material und Atmosphäre. Beziehungen zwischen beiden architektonischen Wirkungswegen

7. Mit den atmosphärischen Raumwirkungen von Parkhäusern befaßt sich auch Hannes Rickli in einer Diplomarbeit (vgl. 2002).

8. Das gilt insbesondere für das drehende Raumgefühl, das zumindest jenen Kreis von Parkhausbenutzern treffen dürfte, der bei der Auffahrt über eine fünf- oder mehrgeschossige Wendelrampe von leichtem Drehschwindel erfaßt wird und infolge dessen die ganze Aufmerksamkeit auf die Einhaltung der Fahrspur konzentrieren muß. Hier wird eine Situation kognitiver Orientierung im städtischen Raumsystem wie im gebauten Raum von der Not schwindender leiblicher Orientiertheit überlagert. Die Distanz, die der fast unbelebte Innenraum eines Parkhauses im Kontrast zu den »nervösen« raumzeitlichen Rhythmen der Stadt schafft, dupliziert sich auf der Ebene der Befindlichkeit. Eine physiologische Situation des Schwindels beansprucht die Aufmerksamkeit und entzieht sie damit – wenn auch nur für Momente – der Orientierung im Innenraum des Bauwerkes. Diese Situation der Verwirrung ist aber schon deshalb nicht bleiben rauschende Übersetzungen. Im Falle großstädtischer Architektur durchdringen narrative »Sprachpfeile« schon wegen der diskursiven Turbulenzen, die die gebaute Materie im Raum der Stadt »umwehen«, immer die individuellen Wege des Raum-Erlebens. Mit anderen Worten: Die gesellschaftliche Situation von Architektur steht in ihrer (kulturpolitischen, essayistischen, journalistischen, wissenschaftlichen usw.) Annotierung und Kommentierung persönlichen Situationen gegenüber, in der dieselbe Architektur weniger ge- und bedacht als sinnlich erlebt wird. Sie *erklärt* sich schließlich erst aus beiden Situationen.

Abb. 3.1: Szene aus einem TV-Werbespot der Firma JAB Anstoetz. Mit freundlicher Genehmigung der Josef Anstoetz KG Bielefeld

Das eher dunkle als nur unfreundliche Image von Parkhäusern macht sich die Firma Anstoetz in einem TV-Werbespot (s. Abb. 3.1) zur Raumausstattung zunutze. Über synästhetische Brücken wird die Weichheit der Stoffe in der atmosphärischen Spannung zur Kälte, Kahlheit und Zwielichtigkeit des Ortes geradezu spürbar gemacht. Die Zudringlichkeit des Werbespots fußt auf einem Wahrnehmungskontrast, auf dessen einer Seite jene Eindrücke liegen, wie sie in den studentischen Atmosphären-Beschreibungen zum Ausdruck kommen (besonders: *dreckig, unhygienisch, beengend, muffig, stickig)* und auf dessen anderer Seite die von den weich illuminierten textilen Strukturen ausgehenden Eindrücke auf

charakteristisch für »die« Benutzersituation schlechthin, weil nicht jeder von Schwindel erfaßt wird. Im übrigen gilt sie nur für mehrstöckige Rampengaragen. Situationen der Verwirrung räumlicher Orientiertheit im Innenraum wie in der Beziehung zwischen Innenraum des Parkhauses und Außenraum der Stadt können aber selbst bei geraden Geschoßrampen auftreten, wenn sich die Parkplatzsuche auf einem besonders verwinkelten und verbauten Grundriß im Erleben eines labyrinthischen Raumes verliert.

dem Wege bewegungssuggestiver Atmosphären nachhaltig in ein Gefühl der Wohnlichkeit, Behaglichkeit und Gemütlichkeit springen.

Wie sich Symbole und Erlebnisweisen inszenieren lassen, können sie in der Überschreibung durch Folgenutzungen auch wieder zum Verschwinden gebracht werden. So wird der Stern-Garagenhof in Chemnitz (s. Kap. 5.2) aus dem Jahre 1928 heute für die Ausstellung und den Verkauf preiswerter Einrichtungsgegenstände genutzt. Die ehemaligen Boxen, deren stählerne Rolltore samt Nummern erhalten geblieben sind, dienen als Nischen für die Präsentation von Möbeln (s. Abb. 3.2). Im Unterschied zur TV-Werbung der Firma Anstoetz zielt die Nutzung aber nicht auf das Erleben atmosphärischer Wahrnehmungskontraste ab. Eher dürfte die ehemalige Parkhausimmobilie aus ökonomischen Gründen wegen eines günstigen Mietpreises zu ihrer neuen Nutzung gekommen sein. Ohne *programmatische* Ästhetisierung bzw. Inszenierung synästhetischer Differenzen lassen sich keine ästhetische Spannungen aufbauen. Sie entstehen allenfalls beiläufig, bleiben dann aber der *individuellen* Decodierung vorbehalten. Zielgerichtet inszenierte Effekte können nur zur Entfaltung kommen, wenn nicht nur individuell beliebige Assoziationen, sondern allgemeine Wahrnehmungsmuster kollektiver Subjektivität angesprochen werden. Nur für diesen Fall kann der mit Hilfe der Werbung angestrebte Zweck der Steigerung des Warenwertes durch eine subkulturelle Codierung kollektiv präferierter Symbolkomplexe erreicht werden.

Abb. 3.2: Möbelhandel im der ehemaligen Stern-Garagenhof in Chemnitz

Zwischenresümee

Es hat sich aus den unterschiedlichsten Perspektiven (Verkehrsplanung, Architektur, Nutzungsweisen, Mystifizierung, sinnliches Erleben) gezeigt, daß sich Parkhäuser nicht nur durch ihre profane Lagerhausfunktion von allen anderen Orten im Raum der Stadt unterscheiden. Der zum erweiterten Straßenraum gehörige – juristisch aber nur halböffentliche – Raum der Parkhäuser ist durch eine vielschichtige Überlagerung von Bedeutungen und sinnlichen Eindrücken gekennzeichnet. Das ist zwar prinzipiell bei jeder Art Architektur der Fall, zu der die Öffentlichkeit Zugang hat. Parkhäuser nehmen aber insoweit eine Sonderrolle ein, als in den meisten Bauwerken der gesuchte Nutzen von gemiedenen atmosphärischen Aufenthaltseigenschaften scharf kontrastiert wird. Dabei wirken gesellschaftlich kommunizierte Bedeutungen auf die sinnliche Erlebnisqualität des Ortes ein. Umgekehrt akzentuieren, korrigieren und überlagern aber auch gefühlsmäßige Sedimente leiblicher Raumeindrücke die kulturell zirkulierenden Bedeutungen. Im übrigen bilden die Bedeutungen für sich schon eine höchst vielschichtige, widerspruchsvolle und kulturell rauschende Gemengelage. Ebenso stehen die sinnlichen Eindrücke und die ihnen korrespondierenden Gefühle untereinander eher in einer widerstreitenden als homogenen Beziehung zueinander.

Im Erleben von Architektur gibt es keine semiotisch reinen Wege, die frei wären vom Unterholz der Sinnlichkeit. A priori überlagern sich Sinn und Sinnlichkeit. Es gibt nur »unreine« Wege zur Architektur (von Parkhäusern) – einen diskursiven Weg durch das Rauschen der Sprache und Narrative wie einen prädiskursiven Weg durch das Rauschen der ganzheitlich-mannigfaltigen Eindrücke der Sinne. Beide Wege werden von der Erscheinungsweise eines Bauwerkes, ästhetischen Suggestionen und kulturellen Bedeutungen der am Bau verwendeten Materialien gleichsam »beschildert«. Diese Beschilderungen verwirren beide Wege, aber sie hinterlassen auch Spuren im Denken wie im synästhetischen Erleben gebauter Räume. Der Versuch des Verstehens von Architektur ist generell ein stolpernder und potentiell irrender. Aufgrund der Beiläufigkeit, mit der profane Architektur wie die eines Parkhauses wahrgenommen wird, verschärft sich diese Problematik noch einmal. Aus dieser Schwierigkeit resultiert das Programm einer tentativen Interpretation von Architektur, deren Verstehen sich nie in der Erklärung vordergründiger Funktionen erschöpfen kann. Jeder Versuch fruchtbarer Annäherung versagt sich in der frontalen Auseinandersetzung. Mit anderen Worten: Verkehrsarchitektur kann nie allein aus der Perspektive nüchterner Praktikabilität des funktionalistischen Ortes begriffen werden. An ihren Fronten (der Funktionen wie der Fassaden) wird nicht verständlich, was hinter und in der gebauten Substanz aus Beton, Stahl und Glas narrativ verschlüsselt ist. Um diese Verstehensaufgabe ein Stück voranbringen zu können, werde ich auf ein fragmentarisches Konzept von Michel Foucault zurückgreifen, mit dem er »andere Räume« in der Gesellschaft zu identifizieren versuchte, deren Aufgabe darin besteht, neben einem evidenten Zweck auf einem mythischen (Erzähl-)Niveau das symbolische Verhältnis von Utopie und Realität zu regulieren.

4. Ambivalente Architekturen

Die ersten Hochgaragen, die in Frankreich in den frühen Jahren des 20. Jahrhunderts und in Deutschland, Italien sowie anderen europäischen Ländern in den 20er Jahren errichtet worden sind, waren weit davon entfernt, als profane Bauten der Verkehrsarchitektur angesehen zu werden. Die Ästhetik ihrer Gestaltung dokumentierte einen ihnen eigenen kulturellen Status. Die errichteten (zum Teil auch nur geplanten) Bauten waren zum einen Ausdruck einer ingenieurswissenschaftlichen Lösung für das Garagieren von Automobilen. Zum anderen waren sie aber, wie die Casa dell' Automobile in Rom (1929) oder der Kant Garagenpalast in Berlin-Charlottenburg (1930), auch Monumentalbauten mit hohem symbaolischen Anspruch, womit nicht zuletzt der Besonderheit eines neuen städtischen Ortes Ausdruck verliehen werden sollte.

Von den Neubauten, die in Deutschland in der Nachkriegszeit errichtet worden sind, konnten nur wenige diesen Status des Außergewöhnlichen erreichen. Erneut – oder wieder – sollte die Architektur von Großgaragen mehr als nur Funktionalität symbolisieren. Doch schon in den frühen 1960er Jahren zog sich jeder ästhetisch-programmatische Anspruch nahezu ganz hinter funktionalistische Fassaden zurück. Die neuen Parkhäuser der 60er bis frühen 80er Jahre wurden unscheinbar. Weiterhin blieben sie aber hoch im physischen Stadtraum aufragende Bauwerke.

Mit dem Verschwinden *ostentativer* Symbolik und bildhafter Eindrucksmächtigkeit traten aber nicht zugleich die Bedeutungen von der Bühne der Architektur ab. Sie gingen in der Immanenz des Ganzen der Architektur auf, *sickerten* gewissermaßen in Konstruktion und Material ein. Die Utopie des technischen und gesellschaftlichen Fortschritts durch das Automobil mußte nicht mehr erzählt werden, sie war in konkreten Gestalten längst Wirklichkeit geworden, wenn auch in einer spannungsreichen Widersprüchlichkeit. Was die Parkhäuser von nun an bedeuteten, stand ihnen nicht mehr ins Gesicht ihrer baulichen Physiognomie geschrieben. Am Ende des 20. Jahrhunderts kehrt schließlich der Wille zur Ästhetisierung zurück. Es entstehen neue (z.T. gläserne) Hymnen an den Individualverkehr. Nach einem lange auch in Gestalt von Parkhäusern gebauten gesellschaftlichen Selbstzweifel am freiheitsstiftenden Segen individueller Automobilität kehrt – im Moment der unübersehbar werdenden ökonomischen Krise des Sozialstaats – die Lust am Schönen zurück. Quasi-kristalline Parkhäuser, die im Prinzip nach wie vor nur Zwischenlager für kurzfristig nicht bewegte Automobile sind, stehen wieder (wie in den 1920er Jahren) symbolisch für ein Bekenntnis zur Freiheit durch Konsum. Im Medium des Autos eutrophiert das spätkapitalistische Repräsentationsbedürfnis – allen ökologistischen Dementis zum Trotz. Das Parkhaus ist wieder, nach langen Jahren der Maskerade durch stilistische Nacktheit, eine gebaute Erzählung vom schönen und guten Leben. Eine ihm eigene Ambivalenz bleibt indes bestehen. Selbst die ekstatischste Ästhetisierung findet ihren Kontrast in einer unverändert banalen Funktion, die die neuesten Parkhäuser weit mehr charakterisiert als die ersten Bauwerke vor fast 100 Jahren, in denen es nicht selten noble Casinos und Hotels, wenigstens aber Waschanlagen, Werkstätten, Fachgeschäfte für Ersatzteile und Tankstellen gab.

Architektur schießt in ihrem präsentativen und symbolischen Erzählcharakter immer über das hinaus, was sie als funktionierender Ort zu leisten vermag. Das war zu allen Zeiten so. So produzieren neben Parkhäusern auch Festhallen und Müllverbrennungsanlagen einen narrativen Überschuß, der in aller Regel stumm bleibt und keine öffentliche Thematisierung dessen evoziert, was an Bedeutung über die in der Physiognomie eines Bauwerkes ablesbare Funktion hinausgeht. Die überschüssigen Bedeutungen sickern auf diffusen Wegen verdeckter Kommunikation in den Zeitgeist ein. In ihrem Erscheinen erzählt Architektur auf eine stumme – der wörtlichen Rede sich entziehenden – Weise im Metier der Sinnlichkeit ihre Geschichten. Sie werden auf keinem diskursiven Niveau öffentlich gemacht wie die (kultur-)politische Rede; sie rumoren und gären im Leib der Gesellschaft. Zum Anlaß kulturpolitischer oder -theoretischer Debatten werden Parkhäuser nun in seltenen Fällen – im Unterschied zu kulturpolitisch beachteten Bauwerken. Doch wirft das Gären kulturelle Blasen, und die Narrative schleichen unter der Sprache hindurch – kein Nach-Denken von Praxen der kommunikativen Verräumlichung von Subjektivität, keine Reflexion von Geist und Utopie einer Gesellschaft. Mehr noch, die symbolischen Formen suspendieren neben der Erfahrung das Nach-Denken mythischer Verhältnisse zum Realen.

So *inszeniert* man das Parkhaus im Film als einen unwirtlichen, grauen und häßlichen Ort – einen »Urort« der Gewalttat. Es wird zur *Kulisse* des Bösen, nicht zu dessen Thema. Parkhäuser sind keine vitalen Orte im Raum der Stadt. Sie sind – jedenfalls für die längste Zeit zwischen den 1960er und 90er Jahren – morbid und verdreckt, zwielichtig und gemieden. Zugleich sind sie aber doch auch Reifikationen der Ordnung selbst. Der Raum eines Parkhauses ist anders als der öffentliche Raum (z.B. eines Platzes), in dem sich die Lebensbahnen der Menschen kreuzen. Er ist anders als jene Orte, an denen mannigfaltige Formen kulturellen Lebens entstehen. Parkhäuser sind gebrochene Gestalten. Neben einem distanzierten und befremdenden Verhältnis, das man zu ihnen hat, sind sie in Folge der Unumgänglichkeit, in der sie benutzt werden müssen, zugleich auch anziehend wie etwas Unangenehmes, dem man wegen seiner unangenehmen Wirkung eine gewisse Aufmerksamkeit schenkt. Aber sie sind keine Orte, die die wörtliche Rede herausfordern. Sie werden gesehen, taktil (über die Fortbewegungstechnik des Wagens) erlebt, wider Willen (nach olfaktorischer Imprägnierung neuerdings auch genußvoll) gerochen oder mit den Füßen durchquert. Aber sie werden in ihrem So- oder Anders-Sein nicht besprochen, es sei denn teurer Entgelte wegen beargwöhnt. Im alltäglichen Leben wird das Parkhaus bestenfalls zu einem beiläufig aufflackernden und flüchtigen Thema.

Bemerkenswert ist der Umstand, daß Parkhäuser weder in den Kulturwissenschaften noch in der Architekturtheorie vernehmliche diskursive Spuren hinterlassen haben. Da Wissenschaft keinen lebensweltlichen Sprechimpulsen, sondern systematischen Regeln und theoretischen Kategorien der Reflexion gehorcht, deutet der Sachverhalt der Auslassung eines Typs Architektur darauf hin, dass das wissenschaftliche Verhältnis zu Parkhäusern *affektiv* durch ein diffuses Moment der Irritation unterströmt ist. Das System der Wissenschaften ist gegenüber symbolischen Destabilisierungen anfällig, die als Folge forschenden Tuns Einzelner besonders an den »Rändern« der Disziplin eintreten können; deshalb bleiben solche »Verfehlungen« letztlich auch nicht konsequenzenlos, sondern werden nicht selten mit subtilen, systematisch verdeckten *persönlichen* Sanktionen »bestraft«. Ein wirkmächtiges Set *symbolischer* Anpassungszwänge ist von den Mitgliedern der sogenannten »Community« so weit inkorporiert, daß Selbst- und Fremddisziplinierung durch die Disziplin i.S. eines autopoietischen Regelkreises funktioniert. So entscheidet ein inkorporiertes Filtersystem darüber mit, *was* thematisch in den Fokus forschender Aufmerksamkeit gelangt und damit auf die Ebene eines potentiell öffentlichen Gegenstandes gehoben wird. Dieses die wissenschaftliche Aufmerksamkeit orientierende Filter hat nicht zuletzt die wissenschaftspsychologische Aufgabe eines affektiven *und* verstandesrationalen Selbstschutzes gegenüber drohenden Ausgrenzungen der Community als Folge thematischer, paradigmatischer, methodologischer etc. »Wahlfehler«. In den Wissenschaften hat die Unterwerfung der sprechenden Subjekte unter die Diskurse und die Unterwerfung der Diskurse unter die Gruppe der sprechenden Individuen« (Foucault ODisk: 29) einen nachhaltig wirksamen Mechanismus zur Sicherstellung wissenschaftlicher »Hygiene« herausgebildet. Die Einsicht ist nicht neu, daß das Wissenschaftssystem zu einem bedenklichen Teil von Macht- und Herrschaftsinteressen kolonisiert ist, die hinter »Sachargumenten« maskiert sind. Ich gehe aber davon aus, daß die nicht zu übersehende Ausklammerung einer kulturwissenschaftlichen und architekturtheoretischen Thematisierung von Parkhäusern nur zu einem Teil Resultat wissenschaftssoziologischer und

-psychologischer Selbstdisziplinierung ist, sich vielmehr aus der Struktur der räumlichen Mikrologie des Architekturtyps »Parkhaus« erklärt. Zu fragen ist daher: Welcher Art ist die Andersartigkeit dieses Typs Architektur, daß selbst die Wissenschaften ihn umschweigen? Welcher Grad der Beunruhigung geht von jenen Objekten aus, die scheinbar keinem anderen Zweck dienen, als ein Nichts zu organisieren – den Stillstand innerstädtischen Verkehrs?

4.1 Parkhäuser sind »erzählende« Orte

Einen Ansatz zur Analyse von Orten, die mehr narrativ als funktional quer zu dem sie umgebenden Raum liegen, liefert Michel Foucault mit seinem skizzenhaften Konzept einer Heterotopologie. Die medizinische Herkunft des Begriffs »Heterotopie« macht auch die geisteswissenschaftliche Richtung klar, in die Foucault denkt. Als »heterotop« bezeichnet man Gewebestrukturen am falschen Platz (Geschwüre, Tumore, Geschwulste etc.). Während diese im lebenden Organismus bestenfalls keine, oft aber eine die Gewebeumgebung und schließlich den ganzen Organismus auflösende oder zerstörende Funktion entfalten, spielen Heterotopien im gesellschaftlichen »Organismus« eine andere Rolle. Niemals haben sie keine Funktion. Sie »funktionieren« auf zwei Ebenen: auf einer pragmatisch-zweckgebundenen und auf einer symbolisch-mythischen Ebene. Ich gehe im folgenden davon aus, daß Parkhäuser heterotope Räume sind und in zwei Richtungen funktionieren: In rein zweckgebundener Hinsicht dienen Parkhäuser dem Parken von Autos wie Justizvollzugsanstalten der Isolierung Verurteilter aus der Gesellschaft und Zoos der Ausstellung exotischer (Wild-)Tiere. Am konkreten Ort entfaltet sich die jeweilige pragmatische Funktion aber nicht allein. Sie ist von einem narrativen Geflecht durchdrungen, das im Medium des Räumlichen über Gesellschaft »spricht«. Es gibt kein Parkhaus, das *nur* Parkhaus ist; es ist immer zugleich eine Architektur, die mit ihrem präsentativen Bild, den mit ihr verbundenen Handlungen wie ihren Atmosphären eine vielschichtige und -stimmige Geschichte erzählt, in deren Mitte Bedeutungen stehen, die über ästhetische Eindrücke kommuniziert werden, welche von Baumaterialien (Beton, Stahl, Glas, Farben, Kunststoffen etc.) ebenso ausgehen wie von technischen Strukturen und Artefakten (Schranken, Videoüberwachungsanlagen etc.), rechtlichen Institutionen (Ordnungen, Satzungen etc.), architektonischen Gestaltungsformen (Wendelrampen, Anzahl der Garagenetagen, Anordnung der Stellplätze etc.) und Atmosphären (via Illumination, Colorierung etc.). Auch der Standort eines Bauwerkes im Raum der Stadt (an einem repräsentativen Ort oder in einem »dunklen« Viertel) sagt neben verkehrsplanerischen Überlegungen etwas über die Bedeutung aus, die der Automobilität im Raum der Stadt zugewiesen wird. In den Mittelpunkt der Raumanalyse von Parkhäusern rücken damit weder verkehrspolitische Konzepte für die Standortplanung von Parkhäusern, noch die zu deren Errichtung verwendeten Baustoffe oder Konstruktionsprinzipien, sondern die sich auf dem Niveau einer komplexen Synthese in den kulturellen Raum der Gesellschaft gleichsam freisetzenden Erzählungen.

Welche Erzählungen kommuniziert Architektur? Wer sind ihre Autoren, wer ihre Zuhörer? Wovon erzählen die monumentalen Garagenpaläste der 1920er Jahre, die funktionalistischen Betonkästen der 70er Jahre und die nobilitierten Glasvitrinen der Gegenwart? Die Fragen stellen sich auf einem *allgemeinen* kulturtheoretischen Niveau. Was Architektur über Stile und Bautraditionen »sagt«, mag Anhaltspunkte des Verstehens liefern, bleibt aber zu unspezifisch, um die vielschichtige narrative Funktion eines besonderen Typs Architektur verstehbar zu machen. Die Interpretation von Parkhäusern als narrativen Orten soll deshalb im folgenden auf dem Hintergrund des Foucaultschen Konzepts »anderer Räume« erfolgen. Umrisse einer theoretisch noch nicht kategorisierten »Andersartigkeit« von Parkhäusern hatte ich bereits in einer besonderen Spannung, Widersprüchlichkeit und Gebrochenheit charakterisiert, die diesem Typ Architektur im Raum der Stadt zueigen ist. Vielleicht muß man sie als schizophrene Orte begreifen, um ihre doppelte Rolle in Verkehr *und* Kultur zu verstehen. Der Grat ihres schizophrenen Dilemmas verliefe dann auf einer Grenze zwischen Introvertiertheit und Extrovertiertheit. Introvertiert ist ihre narrative Dimension, extrovertiert ihr ästhetisches Erscheinen. Die Narrative sind introvertiert, weil sie von den Bau- und Nutzungsformen verdeckt sind. Sie gehören zur unsichtbaren kulturellen Binnenstruktur des materiellen Baukörpers. Sie sind aber auch deshalb introvertiert, weil sie (etwa feuilletonistisch) nur in raren Ausnahmefällen be-sprochen werden; vielmehr artikulieren sie sich auf einem präsentativen Wege an den Rändern der wörtlichen Rede ästhetisch. Die Narrative von Parkhäusern werden nicht von der Stofflichkeit eines Bau-Körpers verkündet, vielmehr durch den »Leib des Baukörpers« im Sinne einer Art Bauchrede gesellschaftlich (abermals im Leib der Stadt) kommuniziert. Als Leib der Stadt habe ich an anderer Stelle (vgl. Hasse 2002) jenes spürbare Mitsein im gelebten Raum der Stadt beschrieben, in dem die Grenzen zwischen steinerner Stadt und fleischlich-körperlichem Selbst in Situationen leiblicher Selbstgewahrwerdung verlaufen. Deshalb be-*deutet* die ästhetische Fassade eines Bauwerkes auch nie allein einen extrovertierten Ausdruck. Die Wechselwirkung von Oberflächen- und Tiefenästhetisierung weckt in geschmacksästhetischer Hinsicht Empfindungen, vermittelt auf einem mythischen Niveau aber auch, was sich nicht (expressis verbis) *sagen* läßt.

Hinter ihrem schönen oder häßlichen Erscheinen sind Parkhäuser mediale Orte mythischer Erzählungen. Sie erzählen auf stumme Weise eine Geschichte zum Verhältnis von Gesellschaft und Individualverkehr, um eine real existierende Asymmetrie (u.a. Ökologie vs. Bequemlichkeit) zu ordnen. So halten sie als gebrochene Orte zusammen, was sonst im Raum der Stadt als offene Wunde der Gesellschaft aufbrechen und zum Gegenstand eines politischen oder ethischen Diskurses werden könnte. Narrative Überschüsse sind Voraussetzung für solches mythische Ordnen von Beziehungen. Diese entstehen gleichsam zwangsläufig, indem neben der *Ästhetik* eines Parkhauses (wie jeder anderen Nutzarchitektur) die bautechnische *Konstruktion*, die verwendeten *Baustoffe*, die *Baustile* und die *Lage* des Bauwerkes im Raum der Stadt Narrative »emittieren«. Diese Narrative sind weder für sich genommen linear programmiert, noch ergibt sich aus dem Zusammenwirken der verschiedenen medialen Ebenen eine einstimmige Geschichte. Die einem Objekt anhaftenden Bedeutungen sind vielstimmig, und bestimmte Stile der Interpretation dürften sich von Zeit zu Zeit mit dem Wandel kultureller Wahrnehmungs- und Erlebnisvoraussetzungen verändern. Mit dem Konzept »anderer Räume« lieferte Michel Foucault ein rudimentäres Konzept zum Verstehen solcher Orte und Räume im Wandel der Gesellschaft.

4.2 Heterotopien

Erste Umrisse eines heterotopologischen Konzepts skizziert Michel Foucault 1966 in »Die Ordnung der Dinge«. Ein Rundfunkvortrag aus dem Jahre 1966 widmet sich eigens dem Thema der »Heterotopien« (vgl. Foucault Het). Es folgt im Jahre 1967 ein universitärer Vortrag vor Architekten. Unter dem Titel »Andere Räume« erscheint aber erst 1984 eine schriftliche Veröffentlichung; Foucault hatte das Manuskript erst dann zum Druck freigegeben (vgl. Chlada 2005: 11). Die Texte von 1966 und 1967 bzw. 1984 sind in großen Abschnitten identisch. Der größere Textumfang und die in einzelnen Punkten differenziertere Thematisierung einiger Aspekte dürfte auf eine mehr oder weniger punktuelle Erweiterung der 1966er Version zurückzuführen sein. Einerseits könnte der fragmentarische Charakter des relativ kurzen Textes Foucault darin gehindert haben, ihn frühzeitiger freizugeben, andererseits mag ihn die darin steckende Rätselhaftigkeit aber auch gerade zur Freisetzung in ein offenes Diskursfeld bewogen haben. Der an verschiedenen Stellen immer wieder nachgedruckte Text »Andere Räume« (AR) ist eher ein Torso als eine ausgearbeitete Theorie. Das hat die Rezeption aber eher angeregt als gehemmt. Immer wieder wird der Text zum Anlaß neuer Interpretationen und Anwendungen auf historische oder aktuelle Konstellationen genommen, in denen das mythische Muster »anderer Räume« vermutet werden kann. Vor allem in Soziologie und Philosophie hinterläßt der Text nicht verhallende Resonanzen. Sein offener Charakter hat aber auch immer wieder zu experimentellen Auslegungen verführt, die den Foucaultschen Bogen überspannt haben. Das war vor allem dann der Fall, wenn die diskutierten Beispiele den von Foucault dargelegten Kategorien nicht gerecht wurden. Jeder Zugriff auf die Foucaultsche Heterotopologie ist und bleibt schon deshalb theoretisch riskant, weil sie ein theoretisches Fragment ist. Das Denken mit Foucaults Heterotopologie schwimmt gleichsam zwischen Risiko und Gefahr der Fehldeutung. Das mögliche Scheitern mag im einen Fall der Fehldeutung angelastet werden, im anderen Fall aber eben auch nur eine Folge der Offenheit des Fragments sein. Nur im Wissen um diese Gratwanderung kann überhaupt die Arbeit mit dem Ansatz einen Erfolg versprechen.

Den Raum, in dem die Menschen leben, faßt Foucault nicht als einen wohlgeordneten und rational durchstrukturierten Raum auf, sondern als einen »Raum, der mit Qualitäten aufgeladen ist, der vielleicht auch von Phantasmen bevölkert ist« (AR: 37). Das ist ein chaotischer Raum, »ein leichter, ätherischer, durchsichtiger Raum, oder es ist ein dunkler, steiniger, versperrter Raum«, ein Raum der Höhe, der Gipfel wie ein Raum der Niederung und des Schlammes (AR: 37f). Im ersten Vortrag von 1966 heißt es sehr nachdrücklich: »Wir leben, wir sterben und wir lieben nicht auf einem rechteckigen Blatt Papier. Wir leben, wir sterben und wir lieben in einem gegliederten, vielfach unterteilten Raum mit hellen und dunklen Bereichen, mit unterschiedlichen Ebenen, Stufen, Vertiefungen und Vorsprüngen, mit harten und mit weichen, leicht zu durchdringenden, porösen Gebieten.« (Het: 9f) Der Raum, in dem die Heterotopien ihren realen und mythischen Ort finden, ist damit für eine Dimension konzeptualisiert, die zwischen dem liegt, was Karlfried Graf Drückheim 1932 (phänomenologisch) als »gelebten Raum« beschrieben hatte und dem, was sich (poststrukturalistisch) im Machtgefüge der Gesellschaft autopoietisch gleichsam *von selbst* konfiguriert und schließlich in einem physischen Sinne eine Ordnung der Dinge im mathematischen Raum konstituiert. Foucaults Raumverständnis ist von grundlegender Bedeutung für sein heterotopologisches Denken, sind die Heterotopien doch zu ihrer materiellen Hälfte im geodätischen Raum, zu ihrer mythischen Hälfte aber in einem schillernden imaginären Raum – in einem gefühlten, codierten, verführerischen, dissuasiven und in all dem rauschenden Raum. Die materiale Substanz einer Heterotopie läßt sich kartieren; die am kartierten Ort freigesetzte mythische Erzählung dagegen hat einen ätherischen Charakter – sie flottiert zwischen den Köpfen und den »Bäuchen« der Leute, sie oszilliert in den feeling maps des Zeitgeistes.

Michel Foucault spricht Heterotopien auch als »andere Räume« mit *Orts*-Charakter an: »Es gibt [...] wirkliche Orte, wirksame Orte, die in die Einrichtung der Gesellschaft hineingezeichnet sind, sozusagen Gegenplazierungen oder Widerlager, tatsächlich realisierte Utopien, in denen die wirklichen Plätze innerhalb der Kultur gleichzeitig repräsentiert, bestritten und gewendet sind; gewissermaßen Orte außerhalb aller Orte, wiewohl sie tatsächlich geortet werden können.« (AR: 39) Heterotopien existieren doppelt – in der relationalräumlichen Ordnung der Dinge als Orte mit profanen Funktionen und als (mythische) Funktion im Prozeß der *Herstellung* dieser Ordnung: »Heterotopia do not exist in the order of things, but in the ordering of things.« (Hetherington 1997: 46) Ihre ordnende Funktion erfüllen sie im Medium des Mythischen. Als verborgene Erzählungen (Beschwichtigungen, Ermutigungen etc.) stehen sie in einer Beziehung zu Utopien, die fern von wirklichen Orten in den Imaginationen zu Hause sind. Zum Wesen »anderer« Orte gehört das Imaginative, dessen Anker auf dem Grund wirklicher Orte liegt. Als wirkliche Orte sind sie die Bühnen, auf denen sich die Utopien realisieren. Insofern sind sie maskierte Orte.

Die Heterotopien stehen in einem Spannungsverhältnis zu allen *anderen* Orten, die frei sind von der mythischen Aufgabe, den Fortbestand des Glaubens an die Utopien medial sichern zu müssen. Als Folge ihrer spannungsreichen Verankerung im sozialen und physischen Raum sind die Heterotopien von Brüchen und Widersprüchen durchzogen, die der Verbergung bedürfen. Gegen ihre mögliche Desavouierung sind sie durch die Masken ihrer Äußerlichkeit geschützt. Der mythisch verklärte Blick in die ästhetisch versteckte Janusköpfigkeit heterotoper Orte bleibt nur so lange erhalten, als die heterotopen Orte im Meer nüchterner lebensweltlicher Realitäten nicht zu schlingern beginnen. Nur wenn der lebensweltliche Hintergrund nicht durch Irritationen rissig wird, bleibt das narrative Rauschen von Architektur gegenüber ihrer Problematisierung abgeschirmt. Die Heterotopologie impliziert zwei Aufgaben: zum einen die Analyse dessen, wovon heterotope Räume auf eine Gesellschaft bezogen »sprechen« und zum anderen die Analyse dessen, was sie beredt verschweigen (vgl. Brauns 1992: 164). Eine Heterotopie markiert keine Grenze in der räumlichen Ordnung der Gesellschaft. Im Gegenteil – sie verwirrt jede *vordergründige* Ordnung, indem sie eine hintergründige Ordnung konsolidiert. Diesem Sinn folgend, transportiert sie in aller erster Linie – in der black box von Ort und Architektur – Bedeutungen, die diese systemimmanenten Brüche zu schienen vermögen: »Heterotopia are a major source of ambivalence and uncertainty, thresholds that symbolically mark not only the boundaries of a society but its values and beliefs as well.« (Hetherington 1997: 49)

Heterotopien verhindern in ihrem gleichsam ostentativen Schweigen, »daß dies *und* das benannt wird« (OD: 20). Wenn Edward Soja die Heterotopien als »hidden signifiers« bezeichnet, dann kommt darin dieses doppelte Verstecken einer machtvollen Geste der situativen Kommunikation von Bedeutung zur Geltung. Der systemische (und darin zu wesentlichen Teilen kulturindustrielle) Sinn dieses Versteckspiels läuft darauf hinaus, möglichem Verstehen-Können des Ästhetischen durch die Verwirrung der Codes zuvorzukommen. Eine Nähe zu Baudriallards Simulakren drängt sich auf: »We thus approach becoming eye-less, I-less and aye-less.« (Soja 1995: 31) Den Effekt der Unsichtbarkeit des heterotopen Charakters eines anderen Raumes sieht Helmut Willke in den Wirkungen einer kunstvoll aufgebauten Indifferenz gegenüber Unterschieden (Willke 2003: 8). Die Heterotopien sind eine »zugleich mythische und reale Bestreitung des Raumes, in dem wir leben« (AR: 40). Darin liegt der Kern dessen, was Foucault »Realisierung« der Utopien nennt. Der Friedhof ist ein solcher heterotoper Raum. Er bestreitet die Endlichkeit des Lebens, indem der reale Raum des Friedhofes vom übrigen Raum der Stadt durch eine Mauer abgetrennt ist. Es gibt ein Drinnen und ein Draußen. Drinnen ist *tatsächlich* alles anders als draußen. Der Friedhof ist ein Garten mit einem eigenen Naturzyklus, weil Menschen exotische Bäume und Sträucher auf ihn gepflanzt haben. Draußen bahnt sich das (biologisch) endliche Leben seine Wege. Draußen ist der Lärm der Stadt, der Raum, in dem man das Leben verlieren kann. Der Friedhof bestreitet die Endlichkeit dieses Lebens, indem die tatsächlichen Mauern atmosphärische Grenzen ziehen, in deren Binnenraum die Übergänge zwischen einem irdischen Diesseits und einem göttlichen Jenseits mythisch geordnet sind. Mannigfaltige Allegorien verbildlichen den auf vielfache Weise vorstellbar gemachten Übergang in eine göttliche Welt (halb geöffnete Türen, Schiffe, Engel, Schmetterlinge und andere transversale Symbole).[1] Der Friedhof ist wegen der Evidenz seines heterotopen Charakters ein häufig in der Diskussion von Foucaults »anderen Räumen« herangezogenes Beispiel.

Die sechs heterotopologischen Grundsätze

Am Leitfaden einer Reihe von Grundsätzen (einer heterotopologischen Wissenschaft) skizziert Foucault charakteristische Merkmale von Heterotopien. In dem Text von 1967 gliedert er diesen Aufriß nach sechs Grundsätzen, während es in der 1966er Version nur fünf waren. Ich gehe hier nach der ausführlicher gegliederten Version vor, komme aber auf die Differenz weiter unten zu sprechen.

Erstens kommen Heterotopien in allen Kulturen vor; sie haben einen ubiquitären Charakter. Krisenheterotopien gibt es schon in Urgesellschaften, etwa in Gestalt des Zeltes, in das sich menstruierende Frauen für die Dauer ihrer »Unreinheit« zurückziehen müssen. Das Zelt ist als anderer Ort in der spezifischen Situation der Frau der ihr gemäße Ort. Bis in die Mitte des 20. Jahrhunderts war auch die Hochzeitsreise eine solche Krisenheterotopie; die Krise war die Defloration der jungen Braut,

1. Zur mythischen Bedeutung der Friedhofsmauer vgl. auch Hasse 2006.

ein Vorgang der nicht im eigenen Haus stattfinden durfte. Deshalb steht das Beispiel zugleich für eine ortlose Heterotopie, deren idealster Un-Ort das Schiff war.

Zweitens machen Heterotopien im Laufe der Geschichte eine Transformation durch, denn sie können in einer Gesellschaft ihre Aufgabe (als symbolisches Gegenlager) nachhaltig nur erfüllen, wenn sie sich semiotisch gleichsam fließend an verändernde Bedeutungssysteme anpassen. So war die räumliche Struktur des christlichen Friedhofes im 19. Jahrhundert samt der sepulkralkulturellen Rituale und Symbole Ausdruck der Bedeutungen jener Zeit. Zeitgemäße Friedhöfe (etwa in Form eines Waldfriedhofs für anonyme Begräbnisse) erfüllen *heute* ihre Aufgabe mit eigenen Ausdrucksmitteln bzw. veränderten Bedeutungen. Der Charakter des Friedhofs als heterotoper Raum ist indes geblieben, wenn sich seine symbolische Ordnung auch fortgeschrieben und die architektonische Gestalt verändert hat. Heterotopien kommen nicht in bestimmten Zeiten vor und in anderen nicht. Sie gehören zu allen Zeiten zu allen Kulturen, deren Bedeutungssysteme hohe Komplexität aufweisen. Deshalb versteht Hartmut Hirsch ein essentielles Merkmal heterotoper Räume auch von Grund auf falsch, wenn er die Heterotopie (im Gegensatz zur Utopie) als Zeichen der *Postmoderne* auffaßt und mit Tom Moylan anmerkt: »[...] the heterotopia is to post-capitalist, post-modern, post-Enlightenment society as utopia was to capitalist, bourgeois society« (zit. bei Hirsch 1997: 304).

Drittens vermag die Heterotopie »an einen einzigen Ort mehrerer Räume, mehrere Plazierungen zusammenzulegen, die an sich unvereinbar sind« (AR: 42). Darin kommt das wohl grundlegendste Merkmal einer Heterotopie zum Ausdruck, die Bedingung ihrer Funktionsfähigkeit im allgemeinen. Ein »anderer Raum« kann nur eine relationale Beziehung zum »Rest« des Raumes konstituieren, wenn er in diesem seinen Ort hat. Der Friedhof ist am Rande der Städte oder durch das historische Wachstum mittlerweile auch in deren Mitte. Aber er ist und bleibt ein Raum, der aufgrund seiner architektonischen Form wie seiner mythisch-atmosphärischen Besonderheit »zwischen den Welten« nicht in den realen Raum der lebendigen Stadt passt, aber *dennoch* in ihr ist.

Viertens sind Heterotopien an Zeitschnitte gebunden (Heterochronien). Im Binnenraum einer Heterotopie konstituiert sich damit eine zeitliche Geltung, die es im übrigen Raum jenseits der Heterotopie nicht gibt. In Museen wird die Zeit gespeichert, in Feriendörfern (die Freizeit zelebrierend) eingerahmt, auf dem Friedhof der Glauben an die ewige Dauer der (Nach-)Lebenszeit genährt.

Fünftens ist ein heterotoper Ort nicht ohne weiteres von jedermann betretbar. Er unterliegt Regeln, die definieren, wer ihn wann unter welchen Bedingungen betreten und wieder verlassen darf. Solche Regeln sind in einem Gefängnis anderer Art als in einem Freizeitpark. Der unfreiwillige Weg in eine Justizvollzugsanstalt ist, wie die Entlassung aus den weniger bergenden als bezwingenden Mauern, juristisch definiert (ausgehend von einer Kultur der Vergeltung, der Sühne, aber auch einer Sozialpolitik der Resozialisierung). Sicherheitstechnische Vorkehrungen sind nur die Folge der Umsetzung eines moralischen Normensystems. Im Unterschied dazu ist der Aufenthalt in einem Ferienpark durch ökonomische Merkmale und solche der Freiwilligkeit definiert. In vielen Ferienparks herrschen dennoch differenzierte Verhaltensregeln, die selbst die Kleiderordnung betreffen oder eine Phantasie-Währung in Kraft setzen, um das Leben für das Erlebnis eines »Drinnen« (auf Zeit) an einem zentralen Nervenstrang, z.B. der Ordnung des Geldes, umzuformen.

Sechstens unterscheidet Foucault in der relationalen Funktion, die eine Heterotopie bezogen auf den realen gesellschaftlichen Lebensraum erfüllt, zwischen einer Illusions- und einer Kompensations-Heterotopie. Die Illusions-Heterotopie konstituiert einen paradiesischen Raum, dem etwas Irreales anhaftet. Die Kompensations-Heterotopie verwirft dagegen den Restraum als ungeordnet, wirr und mißraten, um in das Innere der Heterotopie Ordnung einkehren zu lassen. Beispielhaft nennt Foucault das Bordell für die illusorische und die Kolonie für die kompensatorische Variante. Die Grenzen zwischen beiden Typen relationaler Beziehungen zum tatsächlichen Raum der Gesellschaft schwimmen aber. So läßt sich der Friedhof beiden Typen zuordnen. Er illusioniert ein Paradies, in dem das Leben über den Tod hinaus weitergeht. Zugleich schafft er kompensatorisch (über seinen illusionären Sonderstatus) eine mythische Ordnung, die es »draußen« im naturwissenschaftlich-humanbiologischen Leben nicht gibt. Diese Differenzierung ist wenig trennscharf und zieht Abgrenzungsprobleme nach sich. In der Version von 1966 nennt Foucault nur *fünf* Grundsätze. Die Differenz zwischen Illusions- und Kompensations-Heterotopien spricht er zwar als »eigentliches Wesen der Heterotopien« an, jedoch nach der Skizzierung der damals noch fünf Grundsätze. Als übergreifendes Moment steht hier die Illusions-Heterotopie im Vordergrund, die Foucault beispielhaft an den Kolonien des 17. und 18. Jahrhunderts erläutert: »In der Kolonie haben wir eine Heterotopie, die gleichsam naiv genug ist, eine Illusion verwirklichen zu wollen.« (Vgl. Het: 21) In der 1967er Version benutzt er die Kolonie ausdrücklich *nicht* als Beispiel der Illusions-, sondern der Kompensations-Heterotopie (vgl. AR: 45). Betrachtet man eine Illusion als eine Form der Kompensation, löst sich der scheinbare Widerspruch zwar auf; die Abgrenzungsprobleme im theoretischen Umgang mit beiden Typen von Heterotopien bleiben jedoch bestehen.

4.3 Parkhäuser als »andere Räume«

Parkhäuser sind aus der Perspektive alltäglichen Erlebens als eigenartige, seltsame, ästhetisch spannungsreiche, gebrochene und üblicherweise eher langweilige Orte beschrieben worden. Im folgenden soll in der Anwendung der sechs Foucaultschen Grundsätze der Architekturtyp Parkhaus als heterotoper Raum skizziert werden. Ich werde die sich in der Diskussion historischer Gruppen von Parkhäusern und Hochgaragen zeigende Struktur in den weiteren Kapiteln i. S. von räumlichen Mikrologien differenzieren.

Parkhäuser sind *(erstens)* ubiquitär; sie kommen in Städten mit hohem Motorisierungsgrad vor, in denen das kurzzeitige Abstellen eines PKW am Rande innerstädtischer Straßen aus Gründen der Behinderung des fließenden Verkehrs ebenso wenig möglich ist, wie das Parken auf großflächigen Plätzen (etwa wegen zu hoher Bodenpreise oder aus Platzmangel). Die Notwendigkeit zur Schaffung spezieller Bauwerke für das Parken/Garagieren von PKW resultiert aus einer bestimmten Dichte von Fahrzeugen pro Einwohner und Fläche einer Stadt. Deshalb überschreitet die Kultur der Automobilität mitsamt ihren Verkehrsarchitekturen auch ohne besondere Barrieren den Raum des westlich geprägten christlich-kapitalistischen Kulturkreises (s. Abb. 4.1). Die mit der Verbreitung des PKW verbundenen Infrastrukturen und Institutionen tendieren zur Bildung einer ubiquitären Kultur des Automobils.

Abb. 4.1: Parkhaus (2006) in Mashad für einen internationalen Basar (Iran). Bild: Pooya Khaniani

Im ersten Grundsatz unterscheidet Foucault die Krisenheterotopie von der Abweichungsheterotopie. In modernen Gesellschaften kommt die Krisenheterotopie meistens in Gestalt der Abweichungsheterotopie vor. »In sie steckt man die Individuen, deren Verhalten abweichend ist im Verhältnis zur Norm.« (AR: 40) Foucault denkt hier in erster Linie an Gefängnisse, Altersheime, Erholungsheime u.a. Orte, an denen eine (krisenhafte) Abweichung von der Norm institutionell in einer Weise behandelt wird, daß das normale Leben ungestört weiterfließen kann. Parkhäuser lassen sich in gewisser Weise als solche Abweichungsheterotopien verstehen. Zwar sind sie nicht dazu geschaffen, *Individuen* abzusondern, aber sie dienen der geregelten Trennung der Individuen von ihren krisenevozierenden Fahrzeugen. Das Krisenhafte erweist sich aber als ambivalent. So inakzeptabel die Flutung der Städte mit Kraftfahrzeugen auch sein mag, so ist doch ohne diesen Verkehrsdruck kein modernes – und »normales« – städtisches Leben mehr vorstellbar.

Die Überfüllung der Städte mit Automobilen ist daher auch nicht nur eine Krise des fließenden Verkehrs, sie ist vor allem eine Krise im Fluß städtischer und gesellschaftlicher Funktionen. Das Parkhaus ist – neben anderen Parkbauten – ein Ort, dessen Zweck darin besteht, die drohende Krise aufzufangen, indem die Individuen mit ihren Automobilen an speziellen Orten versammelt werden, an denen sie von ihren Fahrzeugen getrennt werden, um sich wieder in den Raum der Stadt zerstreuen zu können. Parkhäuser fungieren wie Weichen im Mobilitätsverhalten der Stadtbewohner und -benutzer. Sie funktionieren wie ein Katalysator in einem Verhaltensfluß, der das technische Medium der Mobilität aus dem Fluß des Mobilitäts-*Verhaltens* herausfällt. Die Krise der Organisation der Gesellschaft und die darin begründete Krise des Mensch-Natur-Metabolismus, bleiben von dieser Problemlösung unberührt.

Nach dem zweiten Grundsatz (der historischen *Wandlung*) können Heterotopien nur lebendig bleiben, wenn sie in all ihren Formen, Erscheinungsweisen und pragmatischen Funktionen an die Struktur allgemeiner gesellschaftlicher Verhältnisse angepaßt sind; nur dann kann ein »anderer Ort« über seine pragmatischen Funktionen im täglichen Leben seine mythische Rolle als Heterotopie in einer komplexen gesellschaftlichen Situation spielen. Deshalb verändern sich Heterotopien in der Zeit. Für die aktuelle Verkehrssituation in den meisten Großstädten bedeutet dies, daß ein Parkhaus als Heterotopie nur funktionieren kann, wenn es wirkungsvoll auf das soziale und technologische System des Individualverkehrs bezogen ist. Da für die Kultivierung und Weiterentwicklung städtischer Lebensweisen das individuell genutzte Automobil (jedenfalls noch am Beginn des 21. Jahrhunderts) unverzichtbar erscheint und auch die Organisation nahezu aller gesellschaftlichen Aktionsfelder von der Voraussetzung individueller Automobilität ausgeht, läßt sich das Verkehrs-*Verhalten* in seiner Wandlung nicht von anderen kulturellen Prozeßfeldern trennen.

Parkhäuser sind einem historischen Wandel unterworfen, der sich in veränderten konstruktiven Formen, Architekturstilen, Baustoffen, betrieblichen Unternehmensformen etc. ausdrückt.[2] Die mythische und

2. Das erste Kapitel hatte einen kurzen Überblick über die Transformation dieser Verkehrsarchitektur gegeben.

reale Bestreitung des Raumes, in dem wir leben, kann ihre Wirkung nur entfalten, wenn die »Sprache« der narrativen Medien via Material, Konstruktion, Technik, Nutzungsmuster etc. die Menschen *affektiv* auch trifft. Deshalb folgt die Wandlung der *Architektur* von Parkhäusern nie allein einer technologischen, konstruktiven oder ökonomischen Spur; sie ist stets auch eine mimetische Anverwandlung an die Gemengelage kulturgebundener Bedeutungen einer Zeit. Mit anderen Worten: technologische und konstruktive Neuerungen in der Gestaltung sowie ökonomische Veränderungen in der Nutzung eines Parkhauses setzen mindestens Akzeptanz, eher noch empathische Zustimmung voraus. Daher geht es nicht nur um vordergründige Akklamation. Auch die in das äußerlich Neue einprogrammierte Ordnung der Bedeutungen muß affektiv (und nicht allein praktisch) angenommen werden. Schon fortschrittsbedingt wandeln sich die technologischen Voraussetzungen des Bauens und in der Folge mit ihnen die Arten des Bauens. Indem diese Wandlungen gesellschaftsimmanent sind, vollziehen sie sich nicht jenseits des Fühlens und Denkens der Menschen, sondern als integrales Moment eines (immerwährenden) Umbaus von Erlebnis- und Deutungsmustern. Von diesem Wirkungszusammenhang ist auch die Architektur von Parkhäusern betroffen.

Eine Heterotopie legt *(drittens)* »an einen einzigen Ort mehrerer Räume, mehrere Plazierungen zusammen«. Das Parkhaus ist ein Raum des Stillstandes inmitten eines vom Kfz-Verkehr in wechselnden Amplituden durchströmten Raumes. Es ist ein lebloser Raum im Zentrum der maximalen Intensität städtischen Lebens, ein wüster, weißer Raum des Nichts im städtischen Kernbereich kultureller Eutrophie.

Parkhäuser sind *(viertens)* als heterochrone Räume an Zeitschnitte gebunden. Der funktionale Sinn von Parkhäusern liegt in der Überführung fließender Verkehrsströme in den Stillstand. Das Durchfahren der Schranke kündigt den Wechsel an. Im Inneren des Parkhauses kommt der Rhythmus des städtischen Lebens zum Erliegen. Während im pulsierenden Raum der Kernstadt die Zeit zwischen der lustvollen Kompression der Erlebnisse und der schnellen Folge kleiner und großer Transaktionen in einer Verkettung der Ereignisse gleichsam aufgefressen wird, gibt es im »Drinnen« der Parkhäuser im Prinzip keinen spürbaren Zeitrhythmus mehr. Der Stillstand dient der Ermöglichung einer im Zentrum der Stadt intensivierten Zeit – als wäre die eine durch die andere Zeit zu nähren. Es stehen sich eine leere Zeit (von jedem bewußten Erleben abgekoppelt) und eine überlaufende Zeit (von einer Beschleunigung der Verrichtungen gekennzeichnet) gegenüber – weiße versus gelebte Zeit. Die Rechnung für die im Parkhaus (von niemandem) »verbrachte« Zeit wird nach Minuten, Stunden und (bei Dauerparkern) nach Tagen abgerechnet. Genau genommen wird damit aber kein Preis für eine *Zeit,* sondern eine *Dienstleistung* fällig.

Fünftens unterliegt der Gebrauch eines jeden Parkhauses Regeln. Mit der Entgegennahme des von einem Automaten ausgespuckten Parkchips kommt »mit dem Einfahren in das Parkhaus [...] ein Vertrag über einen Einstellplatz für ein Kraftfahrzeug (Kfz) zustande«.[3] Jenseits des Schlagbaumes beginnt ein eigener Rechtsraum. Indes greift das differenzierte Regelwerk fast immer blind, denn jeder Benutzer dürfte sich dem je geltenden Rechtsrahmen ohne konkretes Wissen unterwerfen, denn schon das diffuseste Wissen um die geltenden Regeln setzt die Lektüre paragraphenreicher Benutzungsordnungen oder -satzungen voraus. In diesen sind neben der Definition von »Benutzungsbestimmungen«, »Benutzungsentgelten«, »Haftungsfragen« und »Zwangsmaßnahmen« auch diverse Verbote detailliert aufgelistet. Die Satzung der Stadt Ingelheim am Rhein weist z.B. ganze 18 »Ordnungswidrigkeiten« auf und kündigt für den Verstoß Verwarnungsgelder an.[4] Mehr oder weniger explizit steht in allen Ordnungen: »Das Parkhaus darf nur von den Insassen der dort parkenden Fahrzeuge betreten werden.«[5] Aus den nicht selten verklausulierten §§ ergibt sich auch, daß der »Aufenthalt von Personen und Tieren über die Zeit des Abstell- und Abholvorganges hinaus« untersagt ist.[6]

In der relationalen Funktion, in der eine Heterotopie auf den realen gesellschaftlichen Lebensraum bezogen ist, unterscheidet Foucault *(sechstens)* Illusions- und Kompensations-Heterotopien. Die Illusions-Heterotopie stellt den realen Raum in Frage, indem sie einen paradiesischen (Illusions-)Raum schafft. Die Kompensations-Heterotopie schafft einen wohlgeordneten Raum, der sich vom chaotischen Raum der Realität abhebt (vgl. AR: 45f).

Die frühen Hochgaragen der 1920er Jahren lassen sich als Illusions-Heterotopien auffassen. Sie dienten in einer Zeit, die noch weit entfernt war vom großen Verkehrschaos, wie man es in den 1950er und 60er Jahren kennenlernen sollte, weniger der Verkehrsberuhigung und -regelung, als der kulturellen Hervorhebung des Automobils bzw. der Akzentuierung des soziokulturellen Sonderstatus des PKW-Besitzers. Der Garagen*palast* fungierte also nur scheinbar *ausschließlich* als Sonderraum des Automobils. In einem diese profane Ebene überschreitenden narrativen Verständnis waren die Garagen*paläste* ein Milieu für Fahrzeug *und*

3. Stadtwerke Lingen (Hg. 1991): Parkhaus-Einstellbedingungen i.d. Fassung vom 19.12.1991, zul. geändert am 23.09.1999, S. 3.

4. Stadt Ingelheim am Rhein: Satzung über den Betrieb der städtischen Parkhäuser vom 15.06.2000 (zul. geändert am 21.04.2005); vgl. § 8 Abs. 1.

5. Stadtwerke Lingen, s. Fußnote 3, S. 3.

6. Stadt Paderborn (Hg. 1996): Benutzungsordnung für das Parkhaus Neuhäuser Tor vom 30.09.1996, zuletzt geändert am 01.01.2004; § 1 Abs. 8f.

Fahrer, das so paradiesisch war, wie es im realen Restraum der Stadtgesellschaft keinen Raum gab (s. Abb. 4.2).

Abb. 4.2: Großgarage Autorimessa/Venedig (1935) – Kuppel über der Spindel. Bild: Roland Zillmann

Diese Situation hatte sich in Europa nach dem Zweiten Weltkrieg endgültig verändert. Seit der PKW zum Massenverkehrsmittel einer breiten Arbeitnehmerschaft geworden ist, verlor auch das Parkhaus seinen kulturellen Status als besonderer Ort. Es wurde aus verkehrsplanerischen Erwägungen notwendig und damit ein profanes Objekt der Architektur. Es sicherte den fließenden Verkehr und die störungsfreie Nutzbarkeit der Innenstädte. Das Parkhaus erfüllte damit aber auch eine neue *mythische* Funktion. Es erzählte nicht mehr die Geschichte eines besseren Lebens *mit* dem Automobil, deren Bühne der Innenraum des Parkhauses war. Das bessere Leben mit dem Auto fand nun draußen im urbanen Raum statt. Diesem neuen Verständnis konnte das Parkhaus nur als Raum einer Hyperordnung gerecht werden – indem es eine Ordnung symbolisierte, die es im Restraum des die Innenstadt überflutenden Individualverkehrs nicht gab. Dieser Raum war ungeordnet, wirr und mißraten,[7] ein verkehrsplanerischer Krisenherd und Ausgangspunkt sich fortan verschärfender Steuerungsprobleme. Die in der Nachkriegszeit (besonders ab den 1960er Jahren) gebauten Parkhäuser sind daher nicht den Illusions-, sondern den Kompensations-Heterotopien zuzurechnen, denn sie verwerfen den Restraum der Stadt als unzureichend. Ihre heterotope Funktion besteht darin, den ungeordneten, störanfälligen und zeitweise tatsächlich in seinen

7. Zur Differenzierung von Illusions- und Kompensations-Heterotopie vgl. auch Chlada 2005: 86ff.

Verkehrsströmen gestörten Stadtraum dadurch aufrecht zu erhalten, daß seine Dysfunktionalität dem Nach-Denken entzogen wird. Inwieweit es in der Gegenwart der Ästhetisierung der Parkhäuser zu innerstädtischen Objekten der Repräsentation abermals zu einem Wandel kommt, sich Kompensations-Heterotopien wieder mit *neuen* Illusions-Heterotopien überlagern, werde ich an späterer Stelle diskutieren (vgl. Kap. 8).

4.4 Heterotoplogische Ergänzungen

Die sechs annotierten Grundsätze konkretisieren tragende Merkmale von Heterotopien und geben Antworten auf die Frage nach der Wirkungsweise heterotoper Räume im realen und mythischen Raum. Wenn Architektur auch kein unmittelbares Medium der Macht ist, so bewegen sich die von ihr ausgehenden Eindrücke doch in einem kulturellen Kräfteverhältnis, das Foucault in einer direkten Beziehung zu den Mechanismen der Macht sieht.

Für die Architektur von Parkhäusern gilt, was auch für Klassenzimmer, Gerichtsgebäude und Sitzungsräume zutrifft: sie entfalten ihre heterotope Wirkung in einem *dispositiven* Kontext. Mit dem Begriff des Dispositivs beschreibt Foucault ein heterogenes Ensembles, das »Diskurse, Institutionen, architekturale Einrichtungen, reglementierende Entscheidungen, Gesetze, administrative Maßnahmen, wissenschaftliche Aussagen, philosophische, moralische oder philanthropische Lehrsätze« (Foucault DM: 119f) umfaßt. »Das Dispositiv ist also immer in ein Spiel der Macht eingeschrieben«. (ebd.: 123). Die Macht ist in diesem Denksystem keine *personale* Potenz, sondern ein Gesamt-*Effekt* gesellschaftlicher Kräfteverhältnisse (vgl. Sarasin 2005: 151). Deshalb geht der systemische Sinn einer Heterotopie auch nicht in irgendeinem *individuellen* Machtkalkül auf und Herrschaft nicht in persönlichen Interessen. Die Macht, aus der und in die hinein eine Heterotopie als dispositive Kraft wirkt, ist nicht auf der Seite des Guten oder Bösen. *Wie* sie letztlich in einem komplexen gesellschaftlichen System wirkt, ist amoralischen Kräfteverhältnissen geschuldet. Dispositive konfigurieren Kräfteverhältnisse in einem strategischen Sinne. Positionswechsel und Funktionsveränderungen dispositiver Elemente können in einer abgestimmten Weise in diese Kräfteverhältnisse eingreifen.

Wie ein Dispositiv, so wirkt auch eine Heterotopie amoralisch. Sie verändert nichts »für« oder »gegen« jemanden; sie *steuert* – indem sie verführt, etwas erzählt, sich in der Gestalt eines Bauwerkes maskiert und in all dem das Schweigen laut werden läßt. Architektur zeigt vielleicht mehr als andere gesellschaftliche Medien, daß die Elemente eines Dispositivs nicht nur mit sprachlichen Explikationen »gefüllt« sind, sondern auch durch das Be-deuten von Ungesagtem, das sich durch sinnliche Eindrücke vermittelt, virulent werden. Präsentativ »ausgesetzte« Bedeutungen werden nicht kommuniziert wie die wörtliche Rede; sie springen schlagartig in den Wirkungskreis eines »anderen Raumes« oder quellen aus ihm hervor. Die ästhetische Beziehung zum heterotopen Raum eines Parkhauses reguliert sich nicht geschmacksästhetisch; sie konstituiert sich in einem offenen ästhetischen Prozeß der Wahrnehmung (Aisthesis). Die Situationen, in denen von Architektur Eindrücke ausgehen, sind so vielfältig, daß jede Zielplanung letzten Endes auf eine Quadratur des Kreises hinausliefe. Das heißt aber nicht, daß das Spiel ohne Regeln verläuft. Wie die Mode ihre lebenspraktischen Agenten nicht zufällig, sondern nach einer kulturökonomischen Strategie und einem dissuasiven wie suggestiven Kalkül »trifft«, so fällt auch Architektur in gesellschaftlich immer schon entwickelte (und in der Zeit entwicklungsfähige) Muster kollektiver Subjektivität. Auf welche Weise bestimmte Materialien, Baukonstruktionen, Atmosphären, Farben, Licht, Schatten etc. »entschlüsselt« werden, ist aufgrund sich fortwährend mehr oder weniger stark verändernder kultureller Bedeutungssysteme (auf der Objektseite) wie schwankender persönlicher Stimmungen (auf der Subjektseite) nie im einzelnen im voraus zu bestimmen, dennoch auf dem Hintergrund professionellen Wissens über die Konstituenten ästhetischer Arbeit in Bahnen zu lenken. Raum- und Architekturerleben folgt zum einen je herrschenden geschmacksästhetischen Moden bzw. symbolischen Sprachen, die aus dem Bedeutungshintergrund einer Zeit die Ästhetik einer Architektur wie ein Generalschlüssel erschließen. Zum anderen straucheln die ästhetischen Emissionen aber auch zwischen konventionellen Decodierungsroutinen – und erregen die Gemüter.

Architektur vermittelt Eindrücke, derer man sich im sinnlichen Erleben gewahr wird (aus Distanz in anderer Weise als aus der Bewegung *im* Raum). Dennoch besteht eine brüchige Beziehung zu jenem diskursiven Gefüge, innerhalb dessen sich Architektur auch *»ereignet«*. Am fünften heterotopologischen Grundsatz (dem der geregelten Zugänglichkeit eines heterotopen Raumes) habe ich gezeigt, daß es kein ursprüngliches Architekturerleben geben kann, das nur (sinnlich) vom gebauten Objekt ausgeht. Vielmehr steht Architektur in systemischer Sicht wie in ihrem alltäglichen Erleben in einem Dickicht von Normen, die nicht zuletzt die Benutzung (hier eines Parkhauses) auf verschiedenste Weise regulieren. Die Nutzungspraxis eines Parkhauses kann über Regeln aber tatsächlich nur gesteuert werden, wenn eine »Übersetzung« sprachlicher und textlicher Normen in architekturale Anweisungen, Verhaltensappelle, eindeutige Gebote, Zwänge oder andere *Formen* visualisierter Imperative erfolgt. Das im Hintergrund eines heterotopen Raumes stehende Gewirr diskursiver (i.S. sprachlich explizierter) Regeln kann seine Wirkung nur zu einem kleinen Teil im Medium der Sprache/des Textes (über plakative Worte z.B. auf Schildern) entfalten. Der größere Teil der Regeln konfiguriert einen hintergründigen, der Alltagserfahrung unzugänglich bleibenden Rechtsrahmen, der nur im Falle eines Rechtsstreites virulent wird. Juristische Programme müssen als versteckte Diskurse angesehen werden, die entweder gar nicht oder sektoral und vermittelt (über Signale, Hinweistafeln etc.) über die Schwelle des Ästhetischen ins Sichtbare gehoben werden.

Die sinnliche Seite des Architekturerlebens und die sprachliche Seite der Kommunikation von Architektur über die wörtliche Rede bilden zwei Formen der Äußerlichkeit, die in einem disjunktiven, nicht isomorphen Verhältnis zueinander stehen (vgl. Deleuze 1992: 92). Mit dem Begriff der »Inkommensurabilität« heteromorpher Sprachspiele und Rationalitäten umschreibt Jean-Francois Lyotard das Signum postmodernen Wissens (vgl. 1982). Es sind zwei Rationalitäten, die sich in der Form des Sinnlichen und des Sprachlichen in der lebensweltlichen Aneignung von Architektur begegnen wie zwei Fremde, die sich kennen. »An einer bestimmten Schwelle knüpfen sich zwischen beiden Allianzen und lösen sich wieder auf, entstehen Überkreuzungen und verschwinden wieder.« (Ebd.: 90) Die Verbindungen bleiben aber jeder Verbindlichkeit, Beständigkeit und Dauer fern; es gibt keine Verkettung, keine endgültige Überbrückung. In der Äußerlichkeit *architektonischer* Heterotopien gewinnt das leibliche Erleben die Oberhand über das Gesprochene, zu dem nicht nur das unmittelbar *am Ort* der Architektur Gesagte/Geschriebene sowie die Kodifizierungen im juristischen Hintergrund gehören, sondern auch das in den Feuilletons über bestimmte Objekte *im allgemeinen* Geschriebene. Die sinnlichen Beziehungen zum heterotopen Raum verteilen sich über ein breites Spektrum der Aneignungen, das nur von schmalen Rinnsalen sprachlicher Explikation gequert wird. Diesen Charakter der Heterotopien betont auch Foucault: »Die Heterotopien [...] trocknen das Sprechen aus, lassen die Wörter in sich selbst verharren, bestreiten bereits in der Wurzel jede Möglichkeit von Grammatik.«(OD: 20)

Die Heterotopien setzen dem Diskurs ein Ende und wirken doch wie eine tektonische Spannung auf ihn ein. Sie wirken vom »Außen« des Diskursiven »als Erfahrung des Leibes, des Raumes, der Grenzen des Wollens« (Foucault DA: 51) auf den Diskurs. Das Außen ist für Foucault ein Abgrund, der sich jenseits rationalistischer Denk- und Erfahrungsordnungen auftut – nicht als dunkle Spalte der Unvernunft, sondern als eine *eigene* Rationalität, in der die Vernunft Orientierung findet. Die Rationalität der Affekte erinnert daran, daß Rationalität nicht mit *Verstandes*-Rationalität gleichgesetzt werden kann, sondern für ein Muster steht, dessen Maschen Richtungen der Orientierung in systemische und in gelebte Welten weisen. Dieses Außen der Affekte ist Kraft und Grenze zugleich (vgl. Deleuze 1992: 159). Es ist Weg *und* Ressource der Bewältigung einer lebbaren Welt, die sich deutlich unterscheiden kann von der logisch erschlossenen, kulturell sanktionierten Welt mit ihren an Konventionen geeichten Bedeutungen (vgl. Waldenfels 1991: 282ff).

Das Sinnlich-Äußerliche der Architektur wirkt im Sinne eines »schweigenden Werdens« unter der dünnen Oberfläche des Diskurses auf diesen ein. Architektur steht – vor allen Worten – in einem prädiskursiven Wirkungsfeld, in einer Zone der Ungewißheit und Unordnung. Zwischen Sichtbarkeit und Unsichtbarkeit wirkt sie auf den und im Diskus. Die Materialien und Formen eines Bauwerkes sind dank ihrer physischen Existenz sinnlich wahrnehmbar. Die Verbindungen der sichtbaren Dinge mit unsichtbaren kulturellen Bedeutungen werden erst in der denkenden und assoziativen Annäherung »sichtbar«. Der Foucaultsche Weg der reflexiven Annäherung geht zum einen über die Rekonstruktion der Diskurse und Dispositive, zum anderen über die Rekonstruktion der Wissensformen und Machtgefüge, in denen das Wissen hervortritt und sich neu schöpft. Foucault erschließt am Ende seines Lebenswerkes – aus der Perspektive der »Technologien des Selbst« – einen weiteren, diesen Weg qualitativ gleichsam querenden Pfad über das Befinden und Selbsterleben.[8]

Der Sinn der Heterotopien gärt weniger im Medium des sprachlich Ausgesagten, als an den Grenzen von Architektur, so daß er über die ästhetischen wie szenischen Ränder von Architektur ins Freie fällt, um in einem Niemandsland reflexiver Auseinandersetzung als eine Art »Verriegelung des Denkens« zu fungieren. Foucault spricht mit Blick auf die pragmatischen Effekte einer heterotopen Raumes wie seines narrativen Überschusses von einer »mythischen oder realen Negation des Raumes, in dem wir leben« (Het: 11). Ein »anderer Raum« ist ein Gegenraum, der eine »reinigende« (ebd.: 10) Funktion erfüllt. Sie schützt die Utopien und die Realität gegenüber dem Einbruch der Fragen ins aporetische Stutzen. Der alltäglich dahingleitende Gebrauch übertüncht in seiner unentdeckten Einbettung in mythische Erzählstrukturen Brüche, Dehnungen und Risse in der Realität. So schöpfen sich die Heterotopien als autopoietische Regulative aus der Dynamik der Kraftfelder eines Dispositivs gleichsam von selbst. Sie werden von niemandem in einer bestimmten (ideologischen) Absicht in die Welt gesetzt. Auf der Schwelle des Ästhetischen oder/und der Sprache erzeugen sie im Metier eines dimensionalen »Zwischen« eine eigene Realität. Auf dieser Grenze »spricht« Architektur weniger in einem semiotischen Sinne gebauter Signifikanten. Sie dampft

8. Im Spätwerk Foucaults rückt die poststrukturalistische Analyse der Diskurse und Dispositive in einen weiteren Rahmen. Die »Hermeneutik des Selbst« greift das griechische Motiv der Sorge um sich selbst (Alkibiades) auf und fügt es in den Rahmen einer aktuellen Aufgabe der Selbstkultur. Das Ziel der Sorge um das Selbst ist nicht die gnostische Selbsterkenntnis, sondern die Entfaltung einer Kultur des Auf-sich-selbst-Achtens. In deren Dienst stehen bestimmte Techniken (»weiche« Techniken wie man heute sagen würde) wie Selbstbesinnung, Erinnerung, Katharsis sowie diverse Formen des (Nach-)Denkens (vgl. Foucault, HS: 27 sowie Foucault TS).

vielmehr im Metier des Ungesagten und Ungedachten atmosphärisch in ein »Zwischen« gleichsam hinein – über einen bequemen (oder widerborstigen) Gebrauch oder einen antönenden (oder aversiven) sinnlichen Kontakt.

Das Parkhaus ist als funktionales Objekt der Verkehrsarchitektur ein berechneter, wohlkalkulierter und in seinen Leistungen optimierter Ort. Um dieses pragmatische Thema der Nützlichkeit und Effizienz drehen sich fast alle Schriften über Parkhäuser – in den 1910er und 20er Jahren, wie am Beginn des 21. Jahrhunderts. Als Heterotopie dagegen funktioniert das Parkhaus nicht als Folge einer expressis verbis formulierten und operationalisierten Programmatik, sondern stumm durch seine verkehrsinfrastrukturelle Funktion in einer Stadt »freier automobiler Bürger« und seine ästhetische Präsenz. Der narrative Gehalt von Parkhäusern entfaltet sich in der Spannung von evidenter Nützlichkeit und ästhetischer Präsenz. Die dabei aufkeimenden Erzählungen sichern der automobilen Großstadt(gesellschaft) ihren systemischen Fortbestand als sozialer, politischer, kultureller, ökonomischer und technologischer Kosmos. Eine Architektur für den fließenden innerstädtischen Verkehr (und eine ertragreiche Ökonomie) spielt ihre Rolle als diskursive Kraft jenseits der Sprache. Hetherington sieht hierin zu Recht eine gewichtige Kraft der Heterotopien (vgl. Hetherington 1997: 46f). Deshalb konstituieren die Heterotopien im allgemeinen ebenso wenig wie die Parkhäuser im besonderen öffentliche Räume, wären sie doch als solche diskursiven »Gefahren« ihrer Thematisierung und Reflexion ausgesetzt, so daß ihr heterotoper Charakter aufs Spiel gesetzt wäre (vgl. Marchart 2006: 9). Ohne komplexe Regelwerke der Benutzung könnte keine Heterotopie als mythische Sonderwelt jenen Sinn produzieren, den sie an das Machtgefüge im Ganzen »abzuliefern« hat. In der Offenlegung des verborgenen aber essentiellen Sinns der Heterotopien (m.a.W. in einer Heterotopologie i.S. Foucaults) sieht Ballhausen deshalb auch ein starkes theoretisches und methodisches Instrument der Kritik (vgl. Ballhausen 2002: 174). In der Perspektive solcher Kritik kommt die Heterotopie von außen in den Blick; im Rahmen der Lebenswelt bleibt sie dagegen (notwendig) stumm. Ihr Stummbleiben ist die Bedingung ihrer Funktion in der Produktion eines die Brüche der Realität kittenden Sinns.

5. Großgaragen als Kathedralen der neuen Automobilität

In Europa und den USA sind die ersten Großgaragen zu Beginn des 20. Jahrhunderts errichtet worden. Sie waren noch nicht Ausdruck verkehrsplanerischer Notwendigkeiten, denn die Ausbreitung des PKW ging bis in die 1920er Jahre relativ langsam voran. Der Beginn einer Massenmotorisierung setzte in Europa, mit deutlichen nationalen Unterschieden, in den 1930er Jahren ein, erreichte aber erst in 1960er Jahren einen Höhepunkt, der eine lösungs- und zugleich zukunftsorientierte Verkehrspolitik herausforderte. In den USA war der Fahrzeugbestand schon in den 1920er Jahren als Folge einer früher einsetzenden Serienproduktion von PKW vergleichsweise dicht. Nach 1908 setzte dort eine recht schnelle Verbreitung des PKW ein.

Innerhalb Europas hinkte Deutschland beträchtlich hinter der Entwicklung von Frankreich her. Während in Frankreich die Zahl der PKW zwischen 1895 und 1900 von 300 auf 2.897 anstieg und 1907 schon 31.295 PKW gezählt wurden (vgl. Merki 2002: 49, 61), gab es in Deutschland 1907 erst 8.918 PKW (vgl. ebd.: 66).[1] Da der Siegeszug des Verbrennungsmotors zunächst zu einer rasanten Verbreitung von Motorrädern führte, sagt die Relation von Motorrad zu PKW qualitativ mehr aus, als die absolute Zahl der registrierten PKW. Dieses Verhältnis lag im Jahre 1907 in Frankreich bei 47: 53, in Deutschland dagegen nur bei 64: 36 (vgl. ebd.). Die Zahlen lassen aber aufgrund ihres nationalen Bezuges eine regionale geographische Differenzierung vermissen. Aufgrund der schnelleren Ausbreitung von (kostenintensiven) Innovationen in den Zentren war die Motorisierungsdichte in den Metropolen ungleich höher als in den ländlichen Gebieten und der Provinz. Im Jahre 1905 waren in Frankreich 20.623 PKW registriert; davon entfielen mehr als 20 % (4.600 PKW) auf

1. Vorher fanden keine Zählungen statt, was darauf hindeutet, daß man die mit der Ausbreitung des Kfz verbundenen neuen Aufgaben für Politik und Planung in der Anfangsphase dieser Entwicklung in ihrer Bedeutung für die Zukunft noch nicht gesehen haben dürfte.

die Agglomeration Paris (vgl. ebd.: 49). Als in Frankfurt a.M. 1956 eines der ersten deutschen Parkhäuser nach dem Zweiten Weltkrieg eröffnet wurde, gab es 48.407 PKW in der Stadt.

Die Grossgarage in der Rue Ponthieu

In Paris wurde 1905 in der Rue Ponthieu die erste (mechanische) Großgarage errichtet (s. Abb. 0.1 und 0.2). Für den Bau dieser Garage dürfte aber kein dringender Bedarf bestanden haben, der in einer entsprechenden Verkehrssituation begründet gewesen wäre. Vielmehr konkretisiert sich hier ein erstes Mal die technologisch bedingte Nachfrage nach einem Ort der sicheren Unterstellung und Pflege noch anfälliger und kostbarer Fahrzeuge. Daneben spiegelt der Bau der Garage in der Rue Ponthieu ein (sub-)kulturelles Bedürfnis nach Distinktion durch das Medium »Automobil« wider. So war der seinerzeit spektakuläre Neubau auch kein »normaler« Verkehrsbau. Zunächst war die Garage ein gebautes architekturtheoretisches Programm der Distanzierung vom historischen Stilcharakter, denn das Bauwerk brach mit einer Baukultur des Ornaments und zugleich mit dem Historismus. Die Garage war Ausdruck des Könnens und Wissens der Ingenieure. Ihr Charakter sollte von der Sichtbarkeit der Konstruktion geprägt sein.

Auguste Perret, der Architekt der Garage, war neben Henry van de Velde, Peter Behrens u.a. ein namhafter Repräsentant einer neuen rationalistischen Auffassung des Bauens (vgl. Neumeyer 2002.2: 56). Seinen in Eisenbeton errichteten Bau verstand er als erste Annäherung an eine »Betonästhetik« (vgl. Kruft 1985: 456). Dauerhafte ästhetische Wertschätzung könne ein Bauwerk nach Perret grundsätzlich nur finden, wenn es in erster Linie »Bedingungen der Permanenz« folge (durch Statik, Materialeigenschaften, Haltbarkeit und optischen Eindruck). Erst in zweiter Linie kommen »temporäre Bedingungen« zum Zuge (praktische Nutzbarkeit, Mode) (vgl. Kruft 1985: 455f sowie Freigang 2003: 314). Die Betonarchitektur ist Perrets erste Wahl in der Umsetzung dieses Denkens. Die konstruktiven Möglichkeiten, die Beton in Verbindung mit Eisen eröffnet, lassen ihn Parallelen zur antiken Tempelarchitektur ziehen, zu einem Bauen ohne Ornament, das er insbesondere im Baustil der Renaissance eutrophieren sieht. Es geht ihm aber nicht um historisierende Rückgriffe auf die antike oder gotische Baukunst. Vielmehr will er den in der Antike zum Ausdruck kommenden Grundsatz aktualisieren, mit einem Minimum an Material ein Maximum an Technik zu erreichen. Mit dem Werkstoff (Eisen-)Beton glaubte er, dieses Prinzip in seiner Zeit vollenden zu können.

Dank seiner Werkstoffeigenschaften erscheint ihm der Beton als ideales Material zur Realisierung seines ersten Grundsatzes zur Schaffung guter Architektur. Die mit wahrer Architektur angestrebte dauerhafte Poesie verdanke sich der Eigenschaft des Betons, dem Zahn der Zeit nicht zum Opfer zu fallen, sondern immer härter zu werden (vgl. Freigang 2003: 315). Daß er in einer Großgarage einen Bau für die »Ewigkeit« schaffen wollte, drückt etwas über die Wertschätzungen gegenüber einem Werkstoff aus, ohne den es keine Hoch- oder Großgaragen gegeben hätte. Die Erwartungen an den Werkstoff gingen aber auch in dem Ziel auf, eine ästhetische Einheit aus Konstruktion und Ausdruck zu realisieren (vgl. Giedion 1969: 272). Die Garage in der Rue Ponthieu sollte (sinnlich wie symbolisch) ihre funktionale Konstruktion und Struktur sichtbar machen. Darin ist der Bau der Garage zugleich Artikulation eines architektonischen Programms.

Der Beginn rationalistischen Bauens erklärte das Ornament für überwunden. Perret setzte einen geradezu dogmatischen Akzent (s. Kap. 5.5): »Wer ein struktives Element verdecke, begehe einen großen Fehler; wer aber eine nichttragende Stütze verwende, ein Verbrechen.« (Freigang 2003: 315) Daß er zur Manifestation dieses Denkens, das später u.a. für die Arbeit von Le Corbusier charakteristisch sein sollte, einen Garagenbau wählt, hat mehrere Gründe. Zum einen machte die statische Bauaufgabe »Großgarage« die Verwendung von Eisenbeton notwendig. Zum anderen bietet sich die in den Baustoff Beton gesetzte »Ewigkeits«-Erwartung als symbolische (und zugleich synästhetische) Brücke zur kulturellen Stilisierung des Automobils an. Der Eisenbeton wird damit zum medialen Träger eines Fortschrittsglaubens und einem bautechnischen Zukunftssymbol. In der verdeckten Verklammerung der Bedeutungen kommt der mythische Charakter als narrative Dimension von Heterotopien zum Ausdruck. Die in der Rue Ponthieu entstandene Garage ist aufgrund ihres absolut innovativen Charakters Medium der Architektur *im allgemeinen*. Als solches drückt sie einen allgemeinen Stil aus, für den August Perret steht (und später Le Corbusier, der sich eine Zeit lang Perret anschließt). Die Garage ist aber als Bau für eine bestimmte Nutzung zugleich Medium, das durch das allgemeine Versprechen der Architektur auf eine große Zukunft der Automobilität anspielt. Das universelle Fortschrittsversprechen springt vom Stil des Bauens auf den kulturellen Nutzungswert eines Artefaktes über, für das der Bau errichtet wurde. Die Ordnung der Dinge erweist sich als ein Ordnen symbolischer Verhältnisse.

An Beispielen von Hochgaragen, die in den 1920er und 30er Jahren in Berlin, Leipzig, Halle und Chemnitz gebaut worden sind, wird sich im Detail zeigen lassen, daß profane Bauwerke als »andere Räume« die Aufgabe von Medien der räumlichen Vergesellschaftung des Menschen erfüllen, indem sie bestimmte Nutzungen ermöglichen und *zugleich* – auf unbemerkte Weise – Geschichten erzählen, die das Leben (gegen den Strich seiner Widersprüche) glätten.

5.1 Großgarage »Goldene Laute« in Leipzig

Der in den 1920er Jahren modernste Garagenkomplex in Deutschland wurde 1927 in Leipzig nach einem Entwurf des Architekten Adolf Warnsdorf aus Leipzig fertiggestellt (s. Abb. 5.1). Im ältesten Siedlungsgebiet der Stadt wurde auf dem Grundstück des Gasthauses Goldene Laute, das zu einer Bebauung aus dem 16. Jahrhundert gehörte, der Übergang von der Pferdekutsche zum Automobil vollzogen. Das historische Ensemble wurde 1926 zugunsten des Neubaus aufgegeben und auf dem Grundstück des ehemaligen Ausspann- und Gastwirtschaftsbetriebes ein moderner Kombinationsbau aus Bürohaus, Hotel und Parkhaus errichtet. Im funktionalen Zentrum stand die Großgarage. Da Warnsdorf die Garage in der Hofbebauung realisierte, war die Fassade an konstruktive Vorgaben der Garagenarchitektur nicht gebunden. Die dem Ranstädter Steinweg zugewandte Front wies daher wenig Beziehungen zu einer Aufzugsgarage auf; lediglich die Zufahrt zur Garage erfolgte durch eine Einfahrt im rechten Gebäudeteil.[2]

Abb. 5.1: Großgarage Goldene Laute in Leipzig; Gebäude nach der Fertigstellung. Bild: Stadtgeschichtliches Museum Leipzig; Foto: Atelier Walter

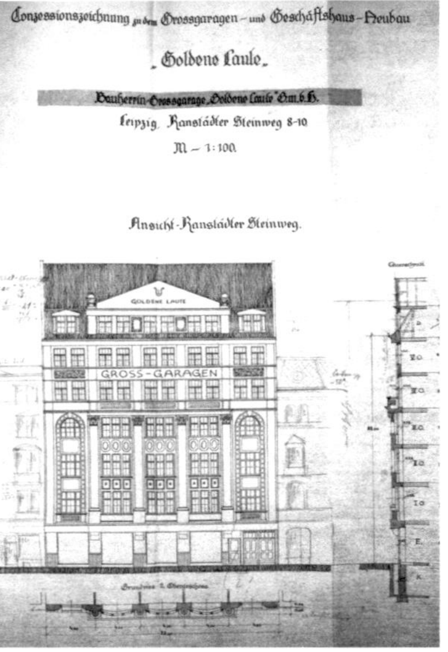

Abb. 5.2: Konzessionszeichnung Großgarage Goldene Laute im späten Jugendstil. Bild: Stadtarchiv Leipzig, BauAkte 502 Bl. 9

2. Der Ranstädter Steinweg hieß zu DDR-Zeiten Straße der III. Weltfestspiele, später Jahnallee; erst seit kurzem trägt sie im vorderen Teil wieder ihren historischen

Die Stadt zeigte sich gegenüber den historisch frühen Planungen für einen in der damaligen Zeit noch völlig neuen Architekturtyp aufgeschlossen. Mit dem Hinweis auf Zustände in den USA, »wo die Kraftwagen zu Hunderten obdachlos in der City herumstehen«, sei die »Schaffung von Unterstellmöglichkeiten für die zeit- und energiesparende Verkehrskraftmaschine, das Auto und das Motorfahrrad« eine Bedingung für deren Entwicklung.[3] Diese positive Grundhaltung darf nicht darüber hinwegtäuschen, daß der Bau der Leipziger Großgarage von erheblichen Schwierigkeiten begleitet wurde; die Finanzierung war von Anfang an nicht sicher. Im April 1934 kam es vor der Strafkammer des Leipziger Landgerichts zu einem Aufsehen erregenden Schmiergeldprozeß um die Goldene Laute, in den auch die Stadtbank verwickelt war. Das Verfahren endete mit der Verhängung von Geld- und Gefängnisstrafen (vgl. Leipziger Abendpost 12./13.05.1934).

Im Zuge der Planungen zur Errichtung einer Großgarage sind im Jahre 1926 erste Entwürfe der neuen Goldenen Laute vorgelegt worden. Eine »Konzessionszeichnung zu dem Großgaragen- und Geschäftshaus-Neubau«, die von der »Großgarage ›Goldene Laute‹ GmbH« als Bauherrin eingereicht wurde, zeigt eine späte Jugendstilfassade (s. Abb. 5.2). Ein Modell des geplanten Ensembles sowie Abbildungen des realisierten Bauwerkes dokumentieren dagegen eine Art Déco-Fassade; auch die Inneneinrichtungen der Gesellschaftsräume und Hotelzimmer sind in diesem Stil erfolgt. Das Gebäude ist schließlich in die Baugeschichte eingegangen, weil Art Déco-Bauten zu jener frühen Zeit eher in den USA als in Deutschland zu finden waren. Der erst seit Mitte der 1960er Jahre als »Art Déco« bezeichnete Stil kam im Jahre 1925 in Frankreich als »Style moderne« oder als »Paris 1925« im Rahmen der Kunstgewerbeausstellung »Exposition Internationale des Arts Décoratifs et Industriel Modernes« auf (vgl. Dempsey 2002: 135). Es kann also davon ausgegangen werden, daß der ursprüngliche Entwurf nach dem Bekanntwerden des neuen Stils zugunsten einer völlig neuen Fassade im »Style moderne« verworfen wurde.

Die mechanische Großgarage hatte 380 Stellplätze auf sieben Geschossen. Auf jeder Etage gab es 36 Einzelboxen sowie Sammelboxen für 3 bis 5 Wagen. In den einzelnen Geschossen befanden sich nicht nur Waschplätze, sondern auch Zapfstellen für Kraftstoff. Im Dachgeschoß war eine Werkstatt, in der 30 Wagen gleichzeitig repariert werden konnten (vgl. Müller 1937: 166). Wie in anderen Großgaragen

Namen (vgl. Böhme 1995: 62 sowie schriftliche Information Dr. Ralf Eschenbrücher, Denkmalamt der Stadt Leipzig vom 15.08.2006).

3. Stellungnahme der Baupolizeiamts-Direktion Leipzig aus dem Jahre 1926, zit. bei Böhme 1995.

der 1920er Jahre befanden sich neben diversen Werkstätten und einem Autosalon auch Fahrerunterkünfte, ein Restaurant und im Garagenhotel ein Billardsaal mit 12 Tischen (vgl. Böhme 1995: 62). Im gesamten Baugenehmigungsverfahren spielt der Brandschutz eine große Rolle. Die baupolizeilichen Vorgaben waren so einschneidend, daß sie die gesamten Planungen (konstruktiv wie ästhetisch) geprägt haben.[4]

Die Leipziger Garage richtete sich besonders an »Herrenfahrer«[5] und hatte ihren Standort deshalb in der Nähe eines gehobenen Wohnviertels. In der Festschrift von 1928 anläßlich der Fertigstellung der Goldenen Laute heißt es:

»Gerade die [...] Forderung des Herrenfahrers nach einem guten, bequemen, mit allen Annehmlichkeiten und technischen Hilfsmitteln einer Pension ausgestatteten Garage für ein Auto, das er zwar selbst lenkt und leitet, im übrigen aber fachmännischer Pflege, sachgemäßer technischer Nachprüfung und Instandhaltung anvertrauen will, war bei dem Bau der Großgarage Goldene Laute von besonderer Bedeutung.« (Zit. bei Böhme 1995: 61f)

Am 04.12.1943 wird das historische Stadtviertel stark zerstört. Vorder- und Seitengebäude der Goldenen Laute wurden erheblich beschädigt. Das weitgehend zerstörte Hauptgebäude wurde nach dem Krieg abgerissen, obwohl die Fassade weitgehend unversehrt blieb und eine Rekonstruktion des Bauwerkes möglich gewesen wäre. An seiner Stelle entstand 1950 ein Wohngebäude des volkseigenen Wohnungsbaus (s. Abb. 5.3). Das Mittelgebäude mit der Garage erlitt am Dach erhebliche Beschädigungen, der Garagenbetrieb konnte aber weitergeführt werden (vgl. Stadtarchiv Leipzig, im folgenden: StadtAL [1] 9712, Bl. 107). Auch nach dem Krieg sollte sich aufgrund eines Beschlusses des Rates der Stadt Leipzig vom 13.06.1947 daran nichts ändern (vgl. ebd.: 9716, Bl. 91). Im April 1950 wird die Großgarage Goldene Laute dann zu einem Dienstgebäude des Amtes für Verkehrswesen der Stadt Leipzig (als Mieterin) umgenutzt; von nun an dient die Garage der Unterbringung von Krankenwagen (vgl. ebd.: 9716, Bl. 50). Diese Nutzung wird bis in die Gegenwart fortgeführt (vgl. Böhme 195: 63). Das Garagengebäude in der Hinterbauung ist heute als technisches Baudenkmal geschützt (s. Abb. 5.4).

4. Mehrere Akten aus dem Bestand des Stadtarchivs handeln ausschließlich von der Feuersicherheit der Tankanlagen.

5. Der Begriff des »Herrenfahrers« kommt aus der Zeit der um die Jahrhundertwende stattfindenden Autorennen. Herrenfahrer lenkten ihre Rennwagen selbst, etwa im Gegensatz zum Gefahren-Werden in einer (Motor-)Droschke (vgl. auch 1.1).

Abb. 5.3: Großgarage Goldene Laute (Leipzig); Fassade 2006
Abb. 5.4: Großgarage Goldene Laute; Durchfahrt zur Garageneinfahrt nach der Fertigstellung. Bild: Müller 1937: 163

5.2 »Stern-Garagenhof« in Chemnitz

Im Oktober 1928 wird in der Zwickauer Str. 77 der von den Architekten Schindler/Luderer & Schröder entworfene Stern-Garagenhof eröffnet. Er gilt mit 300 Pkw-Stellplätzen, wovon sich 120 in Boxen hinter Metallrolltoren (zu einer aktuellen Umnutzung s. Abb. 3.2) befinden, als eine der ersten Großgaragen in Deutschland (s. Abb. 5.5). Im Unterschied zur Berliner Kant-Garage von 1930 (s. Kap. 5.4) ist sie keine Rampengarage. Die PKW werden mit drei Aufzügen, die von der Zwickauer Straße aus angefahren werden können, auf eines der fünf Obergeschosse befördert. Für Personen gab es, wie bei der Konstruktion mechanischer Garagen üblich, separate Fahrstühle. Die Ausstattung mit Dienstleistungsangeboten war reichhaltig. Neben dem üblichen Nutzungsmix gab es eine Großtankstelle mit 6 Zapfsäulen mit 24-Stunden-Service und eine »Reparaturanstalt« im 6. Geschoß.[6] Wagenwaschräume, die mit Druckluftanlage sowie fließend kaltem und warmem Wasser versorgt wurden, befanden sich auf jeder Etage; insgesamt existierten 15 Waschräume in der Garage. Jedes Geschoß war außerdem mit Waschräumen (samt Duschen) für die Wagenführer ausgestattet. Zur Großgarage gehörten schließlich Ersatzteilfachgeschäfte, Batterieservice, Vulkanisierwerkstatt, Aufenthalts- und

6. Zum Spektrum der üblichen Reparaturen gehörte auch die Ausbesserung kleinerer Lackschäden, die als Folge schlechter Straßenzustände häufig waren. Zur Wiederherstellung des Lackes standen deshalb Spritzpistolen zur Verfügung (vgl. Wiesel 1929: 141).

Garderobenräume, sowie Zimmer für Chauffeure. Daß sich der Bau an die »besseren Kreise« der Gesellschaft wandte und mit einem Parkhaus unserer Tage nicht im entferntesten verglichen werden kann, zeigt auch die bauliche Integration von Hotel und Kasino in den Garagenhof (vgl. Wiesel 1929 sowie Wilfert 2000). Der Stern-Garagenhof ist mehr als eine nur zweckdienliche Garage; er ist ein »Kraftfahrzeugunterkunfthaus«, das sich an die stetig wachsende Zahl von Selbstfahrern wendet. Die angebotenen Dienstleistungen gingen über manches hinaus, was knapp 100 Jahre später als Standard angesehen werden sollte. So können die Wagen auf den Waschplätzen tags von den Fahrzeughaltern gewaschen werden; während der Nacht werden die in Wartung gegebenen Wagen dagegen vom Personal der Garage gereinigt (N.N. 1928.1: 328). Die Garage war aber auch zu ihrer Zeit in ihrem komfortablen Dienstleistungsangebot ein herausgehobener Ort, der sehr schnell eine große Nachfrage auslöste. So gibt das die Vermietung der Boxen organisierende Chemnitzer Grundstücks- und Hypothekeninstituts bekannt: »Mit der Vermietung der Wagenboxen sind wir beauftragt. Weitere Mietsinteressenten für Einzelboxen wollen nunmehr ihre Adressen recht bald bei uns niederlegen; auch können jetzt noch besondere Wünsche Berücksichtigung finden.« (Ebd.: 327)

Abb. 5.5: Stern-Garagenhof Chemnitz von der Rückseite, die zur Vorderseite werden sollte. Bild: StadtArchiv Chemnitz, Bildarchiv, Foto: Häsler

Die kulturelle Bedeutung, die mit der Chemnitzer Hochgarage verbunden wurde, steht im Mittelpunkt eines Berichtes über »Ein sechsstöckiges Auto-Hotel«, der wenige Wochen vor der Eröffnung der Garage in der Lokalpresse erschien. Darin werden die reichhaltigen und für die Zeit ungewöhnlich luxuriösen Ausstattungsmerkmale der Garage mit einem nicht übersehbaren lokal- wie regionalpatriotischen Stolz erwähnt. Mit Blick auf die steigende ökonomische Bedeutung der Stadt heißt es:

»Das Garagen-Hochhaus wird aber nicht nur dem Autofahrer dienen, es wird zugleich das Straßenbild verschönern. Dieser Kolossalbau mit seiner Zehn-Fenster-Front wird den Ruf Chemnitz' als Industriemetropole Sachsens und aufstrebende Großstadt, die allen Anforderungen unserer bewegten Zeit gewachsen ist, weiter festigen [...] Und triumphieren wird dieses Hochhaus über all die Häuser und Häuschen in seiner Umgebung.« (N.N. 1928.2)

Ähnlich betont Wiesel die Bedeutung der Garage für die Stadt: »So stellt der Garagenhof Chemnitz einen Betrieb dar, wie er wohl in Deutschland in dieser Art bisher einzig dasteht.« (Wiesel 1929: 141)

Die Vorderfassade des Bauwerkes weist zur Zwickauer Straße (s. Abb. 5.6); die Rückseite ist verglast (s. Abb. 5.7). »Es dürfte bisher wenig Garagen mit so gut belichteten und daher auch gut entlüftbaren Unterkunftsräumen für die Wagen geben«, kommentiert Wiesel den Neubau (Wiesel 1929: 141). Ursprünglichen Stadtplanungen zufolge sollte die Straßenführung nach Abschluß der Baumaßnahme geändert werden, so daß die Rückseite zur Vorderseite geworden und damit an der Hauptverkehrsstraße gelegen hätte. Auf diese räumliche Situation, die sich spiegelbildlich zur zunächst gebauten Variante verhielt, war die Planung von Anfang an ausgerichtet. Auch das Modell der Garage zeigt die Rückseite des Bauwerkes als repräsentative Hauptfassade (s. Abb. 5.5 und 5.7). Die Verkehrsführung ist aber geblieben, wie sie zur Zeit der Eröffnung der Garage war, so daß die Rückseite heute am Ende eines toten Weges liegt. Der am Beginn des 20. Jahrhunderts symbolisch so hoch mit Bedeutung beladene Baustoff Glas konnte seine Wirkung nie entfalten. Was einst für das Stadtbild entworfen wurde, sollte eine bald schon der Vergessenheit anheimfallende Rückseite bleiben (s. Abb. 5.7).

Abb. 5.6: Stern-Garagenhof Chemnitz in der Zwickauer Str. 77 mit den Zufahrten zu den PKW-Fahrstühlen (2006)

Abb. 5.7: Stern-Garagenhof Chemnitz von der Rückseite 2006 (s. Abb. 5.5)

»Die neue Aesthetik im Stadtbau und der Baukunst an sich wird die Aesthetik der Linie, des großen Zuges und der Masse sein; nicht der Zerteilung der Massen und Linien durch Vor- und Rücklagen ohne innere Berechtigung.« Darin kommt eine Absage an jede Form von Romantik im Städtebau zur Geltung, »wie sie leider heute noch so oft Architekten, die sich zu den modernen zählen«, angewendet wird (Feistel 1929: 63). In einem Beitrag über die Stadt Chemnitz dokumentiert Maushagen ein Fortschrittsdenken, das von einem geradezu euphorischen Verhältnis zur Industrialisierung geprägt war. Es kann als allgemeines kulturelles Wahrnehmungsmuster aufgefaßt werden, das auch dem Empfinden gegenüber neuen (Verkehrs-)Bauten, zu denen der Stern-Garagenhof maßgeblich gehörte, zugrunde gelegen haben dürfte:

»Ein grandioser Gärungsvorgang, der die letzten beiden Jahrzehnte vor dem Kriege erfüllte. Daß er sich vom ersten Augenblicke an im Stadtbilde bemerkbar machte, ist klar. Die innere Geschäftsstadt sprengte ihre kleinstädtischen Fesseln, man möchte sagen: hörbar. Die gewaltig emporwachsende Industrie räumte den Stadtkern fast vollständig. Großartige Fabrikbauten entstanden an der Peripherie der Stadt und in den Vororten. Die kleinbürgerlichen Häuser mit ihren wenigen Stockwerken und ihren gemütlichen kleinen Fenstern verschwanden aus den Geschäftsstraßen immer mehr und machten imponierenden Geschäftshäusern Raum.« (Maushagen 1924: 6)

Mit weniger Pathos bekräftigt der Architekt M. Feistel (Mitglied im BDA und BDW) diesen historischen Blick auf die Veränderung des physiognomischen Gesichts der Stadt. Auch Feistels Position entsteht auf dem Hintergrund persönlicher Teilhabe an der Stadtentwicklung von Chemnitz. Damit zeichnet sich ein historischer Bedeutungs-*Rahmen* ab, innerhalb dessen neue Industrie- und Verkehrsarchitektur in den späten 1920er Jahren erlebt und verstanden wurde. In diese *allgemeinen* Aneignungsschablonen sind die von einer *konkreten* Architektur ausgehenden Narrative eingeschrieben. Stile der Architektur sind auf die Geisteshaltung einer Zeit bezogen und werden – wie das Zitat von Maushagen zeigt – im sozialräumlichen Spiegel konkreten Baugeschehens erlebt und verstanden. Die Stern-Garage in Chemnitz ist als gestalterisches Moment eines sich schnell und einschneidend verändernden Stadtbildes Symbol für den Fortschritt. Die sich häutende Physiognomie sowie die sich damit abzeichnende neue Ästhetik der Stadt bilden ein symbolisches Gefüge, das den Prozeß der aufstrebenden Industriemetropole bekräftigt. In der Situation der boomenden Stadt Chemnitz hat der Stern-Garagenhof das Automobil magnetisch in einen Fortschrittsmythos hineingezogen, der durch einen Lokalpatriotismus ebenso gestützt wurde wie durch die Erfolge der Regionalökonomie. Die Garage ist in ihrer noblen Ausstattung mehr Hymne an einen Lebensstil, als Ausdruck (verkehrs-)technischer Planungszwänge. Der illusionsheterotope Charakter, der den Garagen der 1920er und 30er Jahre zueigen war, zeichnet sich im Falle der Chemnitzer Garage durch seine besonders klare Adressierung an die »upper class« aus, die von den Segnungen der erstarkenden deutschen Industriemetropole profitierte.

5.3 Großgarage in der Pfännerhöhe (Halle an der Saale)

Nach zweijähriger Bauzeit wird im Jahre 1929 in Halle (Saale) die mehrgeschossige, mechanische Großgarage in der Pfännerhöhe eröffnet (auch »Großgarage Süd«). Die Zufahrt in das Kellergeschoß erfolgt über eine Rampe, die Obergeschosse werden über Fahrstühle erreicht. In der Großgarage gibt es Boxen für 150 PKW. Erbauer und Eigentümer der Garage war der Bauingenieur und Betreiber eines Baugeschäfts Walter Tutenberg.

Die neue Garage in Halle symbolisiert eine mobile Gesellschaft, die es zuvor nicht gab. Die Halleschen Nachrichten sprechen die Garage am 23.02.1929 anläßlich ihrer Eröffnung als »moderne, großstädtische Karawanserei« an. Der Bau nimmt in Deutschland als einer der ersten eine noch eher junge Tradition auf, die in Paris 1906 mit dem Bau einer ersten Parkgarage begonnen hatte. Wie bei allen anderen Großgaragen sind Eisen, Beton und Glas die bestimmenden Baumaterialien.

Abb. 5.8: Lichthof der Fahrzeughalle in der Großgarage Süd in Halle 2001. Bild: Landesamt für Denkmalpflege Sachsen-Anhalt; Foto: Gunar Preuß

Im Erdgeschoß befindet sich eine Autowerkstatt, im Untergeschoß eine Wagenreinigungsanstalt. Wie in der Leipziger Goldenen Laute fehlt es auch hier nicht an komfortablen Einrichtungen. Mit dem Bau wurden nicht nur Stellplätze für PKW geschaffen, sondern auch Schlaf- und Aufenthaltsräume für Chauffeure, »Herrenfahrer« und Monteure, moderne Toilettenanlagen, Waschräume, Bäder und Duschen, Verkaufsräume für Reifen, Treibstoff und Autozubehör, ein amerikanischer Frisiersalon, eine moderne Telefonanlage, mit deren Hilfe die Chauffeure gerufen werden konnten und Büros zur Verwaltung der verschiedenen Betriebe (vgl. Stadt Halle 2002 sowie Lüsch 1997). Sämtliche Einrichtungen (incl. zweier Tankstellen) waren Tag und Nacht geöffnet (vgl. Lüsch 1997: 118).[7] Zum Komfort der Anlage gehörte sogar ein Abholservice: »Fremde werden evtl. durch Lotsen eingeholt, durch die Stadt geführt oder auf die richtige Landstraße geleitet.« (Tutenberg o.J.: 2) Diese geschäftstüchtige Idee des Garagenbetreibers Tutenberg dürfte aus einem allgemeinen Defizit an Verkehrsinformationen entstanden sein – in einer Zeit, in der Hinweisschilder und Wegweiser noch rar waren, so daß auch die Garage für Ortsfremde schwer zu finden war. Der von Tutenberg initiierte Lotsendienst läßt sich in gewisser Weise als früher (personalisierter) Vorläufer moderner Parkleitsysteme auffassen.

Die Vermietung einer Box kostete zwischen 35 und 40 Mark im Monat. Der höhere Betrag schließt einen Anteil der im Winter anfallenden Heizkosten ein. Wer in den 1920er Jahren als Selbstfahrer einen Wagen kaufen und unterhalten konnte, für den bedeuteten diese relativ hohen Ausgaben keine ernste Belastung. In einem Faltblatt, das Tutenberg kurz vor der Fertigstellung der Garage herausgibt, ruft er wegen der bereits bestehenden regen Nachfrage zum möglichst baldigen Abschluß von Mietverträgen auf. Dabei läßt er erkennen, daß die Mietpreise seine Kosten keineswegs decken werden. Daher strebt er eine gewisse »Monopolisierung« seiner eigenen Garagendienstleistungen an: »Ich setze voraus, daß ich einen Teil der Unkosten decke, daß meine Mieter ihren Bedarf an Brennstoff, Oel, Reifen usw. meiner Verkaufsstelle entnehmen, wo ich zu Konkurrenzpreisen anbieten werde. Diese Pflicht ist ein Bestandteil der Mietverträge.« (Tutenberg o.J.: 2) Schon gegenüber der Baupolizei verleiht er seinem Bauantrag auf Errichtung von drei Benzintankstellen (im Vorgarten an der Pfännerhöhe) Nachdruck, indem er darauf hinweist, die Einnahmen aus dem Gewinn des Betriebsstoffverkaufs wie anderer Produkte (»Ersatzteile, Gummi pp«) zu benötigen, um den Mietpreis für die Boxen möglichst niedrig gestalten zu können.[8]

Beträchtliche Kosten sind auch durch die Beheizung der Garage entstanden. »Ausreichende Zentralheizung erwärmt nicht nur die Stände,

7. Sogar noch Mitte der 1950er Jahre gab es zur Sicherstellung des 24-stündigen Betriebs in der Großgarage Schichtbetrieb (vgl. N.N. 1955).

8. Vgl. Akten des Magistrats Halle, Pfännerhöhe 71-72, Bd. I von 1927: 101.

sondern gleichzeitig die ganze Halle, so daß der Aufenthalt auch bei dem Reinigen und Instandsetzen der Fahrzeuge im Winter selbst bei größter Kälte äußerst angenehm ist.« (Tutenberg o.J.: 1) Die Luxusausstattung der Garage war in der Situation der 1920er Jahre eine betriebswirtschaftlich notwendige Bedingung des rentablen Betriebes, zumal man in der Bewirtschaftung derartiger moderner Multifunktionsgebäude noch keine Erfahrungen hatte.[9] Daß die komfortablen Dienstleistungen, die in der Großgarage angeboten wurden, für ihre Kunden eine Steigerung luxuriöser Lebensstile bedeutete, war die lebensweltliche Seite einer verkehrsarchitektonischen und ökonomischen Innovation, die gleichwohl nur einem kleinen Kreis der Stadtgesellschaft nützlich werden sollte und zur Verschärfung soziokultureller Differenzen beigetragen haben dürfte.

Die Architektur der Garage hat in einem unmittelbaren Sinne zwei Seiten. Zum einen folgt sie in ihrer ästhetischen Gestaltung dem zeitgemäß-sachlichen Ausdruck eines gerade fertiggestellten Neubaugebietes. Zum anderen steht sie in der noch jungen Tradition Neuen Bauens. Danach sollte die Funktion eines Gebäudes die Leitlinien für seine Formgestaltung bestimmen; jedes Bedürfnis nach ornamentalem Ausdruck hatte zurückzustehen (vgl. Dietrich 2002: 137). Die als Folge dieser Gestaltungsaufgabe entstandene Synthese war aber brüchig. Eine geradezu kategoriale Unterschiedlichkeit drückt sich in den Fassadengestaltungen aus. Die nördliche Hauptfassade mit der Einfahrt an der Pfännerhöfe symbolisiert mit ihrer großflächigen Verglasung das Grundverständnis Neuen Bauens und setzt einen Kontrapunkt zur alten Stadt mit ihrer historischen Architektur (s. Abb. 5.8). Das Licht spielte in der Symbolik des Neuen Bauens metaphorisch eine wichtige Rolle. »Die Menschheit sollte aus den dunklen Kerkern der steinernen Mietskasernenstadt, den Klauen des Staates und der Geißel des rechten Winkels befreit und ans Licht geführt werden.« (Neumeyer 2002.2: 63) In der konkreten Baugestalt der Großgarage Süd kommt eine »Glasarchitektur« zur Geltung, die in den 1910er Jahren im Kontext mythisch überladener Metaphern der Beschwörung einer besseren Gesellschaft aufkommt (s.u.). Im krassen Gegensatz dazu steht die Fassade an der Liebenauer Straße, in die die Ausfahrt integriert ist. Sie nimmt die formale Struktur der Wohnbebauung auch in der Wahl der Materialien auf (s. Abb. 5.9). Auf den ersten Blick ist ihr noch nicht einmal anzusehen, daß sie überhaupt etwas mit einer Großgarage zu tun hat.

9. Wie andernorts sollte sich auch in Halle die Bewirtschaftung einer Großgarage dennoch als große Herausforderung darstellen. Aus Finanznot des Erbauers und bisherigen Betreibers übernimmt im Jahre 1930 die Firma Curt Köhler & Co die Garage (vgl. Dietrich 2002: 139).

Abb. 5.9: Großgarage Süd in Halle (Ansicht Liebenauer Straße, 2006)

In der Architektur der Garage spielt der großflächig verwendete Baustoff Glas eine symbolisch und ästhetisch zentrale Rolle. In der Kommunikation zwischen dem Bauherrn und den Behörden entsteht dagegen der Eindruck, das Glas diene lediglich praktischen Zwecken. Zur Glasüberdachung des Hofes stellt Tutenberg in einem Brief vom 7. März 1928 gegenüber der städtischen Baupolizei ganz profan fest: »Das Glasdach soll ledigl. den Auto's Schutz vor Niederschlägen und Rost bieten.« (Akten des Magistrats Halle, Pfännerhöhe 71-72, Bd. I von 1927: 85) In der Außenwahrnehmung werden dagegen ästhetische Akzente gesetzt. So heißt es in einem längeren Artikel der Halleschen Nachrichten kurz vor der Eröffnung des *»repräsentativen«* Baus: »Das größte Transparent aber wird die gläserne Halle selbst sein, die tagsüber das Licht aufnimmt und nachtsüber Lichtmassen ohne Unterbrechung ausstrahlt und so gewissermaßen die Unruhe und die Intensität des modernen Verkehrs gleichnisartig ausdrückt« (N.N. 1929). Eine zeitgenössische Skizze stellt die gläserne Hauptfassade räumlich überhöht und atmosphärisch dramatisiert als leuchtenden Kristall dar (s. Abb. 5.10). Tatsächlich ist die »über vier Geschosse greifende Eisen-Glas-Konstruktion, die als riesiges Fenster vor die ebenso hohe und breite, von den Boxengeschossen flankierte Halle gehängt ist« (Lüsch 1997: 120), 9 Meter breit und 15 Meter hoch.

Obwohl nach innen wie nach außen eine illuminierende Wirkung durch die Verwendung der Glasflächen angestrebt worden ist, man also ein nachvollziehbares Interesse am Einsatz möglichst transparenten Glases gehabt haben dürfte, ist ausschließlich mit Gußglas (in Form von Drahtglas) gearbeitet worden. Diese eher restriktive Materialwahl geht auf lange Zeit übliche Forderungen der Baubehörde zurück. Tutenberg und

Abb. 5.10: Großgarage Süd in Halle; zeitgenössische Darstellung in der Tagespresse kurz vor der Eröffnung der Garage. Bild: Hallesche Nachrichten vom 23.02.1929

die Feuerpolizei einigen sich lt. Protokoll vom 5. September 1927 darauf, »die gesamte Überdachung des Schiebebühnenhauses, der Oberlichter und der seitlichen Wände der Halle« mit Drahtglas zu versehen (Akten des Magistrats Halle, Pfännerhöhe 71-72, Bd. I von 1927: 31). Auch das Preußische Gewerbeaufsichtsamt verlangt am 20. Oktober 1927 in einem Schreiben gegenüber der städtischen Baupolizeiverwaltung: »Für Glasüberdachungen ist Drahtglas zu verwenden.« (Ebd.: 24)

Die Planungs- und Bauphase ist von schwierigen und langwierigen Auseinandersetzungen um Fragen des Brandschutzes gekennzeichnet. Zum Beispiel werden in der Planung wie in der Phase der Umsetzung konkrete Standorte von Zapfsäulen für Benzin abgelehnt, variiert, erneut beantragt und bleiben dennoch für längere Zeit umstritten.[10] Eine Vereinbarung zwischen Tutenberg und der Feuerpolizei legt anläßlich einer Grundstücksbesichtigung (Protokoll vom 5. September 1927) u.a. die folgenden brandschutztechnischen Maßnahmen fest: Anbringung von selbsttätig ertönenden Sirenen, die Verwendung rauchdichter und feuerbeständiger Türen, Entlüftungsvorrichtungen, Notausgänge, Steigleitungen mit Wandhydranten, Schaumfeuerlöscher, Rauchverbot außerhalb von Aufenthalts- und Wohlfahrtsräumen sowie Büros, Verbot der Auf-

10. Seitens der Baupolizei wird die Errichtung von drei Benzintankstellen im Vorgarten an der Pfännerhöhe (s.o.) abgelehnt; der Deutsche Benzol-Vertrieb schaltet sich mit dem Vorschlag eines veränderten Standortes in die Verhandlungen ein (vgl. Akten des Magistrats Halle, Pfännerhöhe 71-72, Bd. II von 1927: 30).

füllung oder Entleerung von Karbidbehältern der Laternen in Wagenräumen (vgl. Akten des Magistrats Halle, Pfännerhöhe 71-72, Bd. I von 1927: 31ff.). Auf Forderungen des Brandschutzes geht auch die Verwendung von Stahljalousien zum Verschließen der Boxen zurück (i.d.S. vgl. auch das Beispiel des Garagenhofes Chemnitz). Neben den Vorzügen für den Brandschutz haben sie – im Vergleich zu Klapptoren, wie sie in der Kant-Garage verwendet worden sind (vgl. Kap. 5.4) – den Vorzug, daß sie wenig Platz beanspruchen und beim Rangieren nicht im Wege sind.

Das Gebäude wird im Zweiten Weltkrieg nicht durch Bomben zerstört. Dennoch folgt der Niedergang in den 1950er Jahren als Folge mangelnder Instandhaltung. Der Garagenbetrieb floriert aber zunächst weiter. »So ist die Großgarage in ihren Ausmaßen die größte in der DDR«, heißt es am 30.11.1955 in einer Tageszeitung (N.N. 1955). Der Tankstellenbetrieb läuft noch bis in die 1960er Jahre, wird dann aber nach Übernahme durch den Staatsbetrieb VEB MINOL eingestellt. Enteignung und staatliche Verwaltung beschleunigen den Verfall des Gebäudes. Nach der Wende sperrt der TÜV (1992) den Aufzug, womit das vorläufige Ende für den Betrieb der Garage gekommen ist. Mit der Stillegung der Garage wird der Bau unter Denkmalschutz gestellt. Da die kostenaufwendige Sanierung von Baudenkmalen ohne national-repräsentative und politische Bedeutung schon lange nicht mehr als Staatsaufgabe angesehen wird, liegt die bevorstehende Sanierung der Großgarage Süd seit 2001 in den Händen des Bauvereins für Kleinwohnungen, der als Eigentümer die Revitalisierung des Bauwerkes mit dem Ziel der Wiederaufnahme seiner Funktion als Parkhaus anstrebt.[11]

5.4 »Kant-Garagenpalast« in Berlin (Bezirk Charlottenburg)

Die Kant-Garage ist die erste Hochgarage in Berlin, die 1930 für 300 Autos eröffnet wird. Architekten sind Hermann Zweigenthal und der später als DDR-Architekt bekannt gewordene Richard Paulick (s. Abb. 5.11 u. 5.12). Paulick erregte mit der Planung und Errichtung der Kant-Garage, die »als Symbol für die autogerechte Zukunft der Stadt gefeiert« wurde, nachhaltiges Aufsehen (Bernau 2003: 10). Die erste Großgarage in Berlin sieht Wolfgang Pehnt als Zeichen einer neuen automobilen Zeit: »Das Auto erobert sich die Stadt, erfüllt sie mit Lärm und Abgasen und zog seine Infrastruktur nach sich: Tankstellen, Reparaturbetriebe, Abstellplätze, Garagen.« (Pehnt 2005: 158) Die Kant-Garage wird in der Kantstraße 126/127 auf sechs Geschossen errichtet. Von den 300 Stellplätzen befin-

11. Vgl. http://www.bauverein-halle.de/garage.html (vom 05.02.2006) sowie Stadt Halle 2002.

den sich 200 in Einzelboxen. Aus feuerschutztechnischen Gründen waren die Boxen nicht offen, sondern mit eisernen Toren versehen, die aus vier Platten bestanden und sich auf Schienen (aus Platzgründen) nach innen öffnen ließen (s. Abb. 5.13). Eine Neuheit war die getrennte Auf- und Abfahrrampe, deren Vorteil im Wegfall der Wartezeiten lag, wie man sie von mechanischen Garagen kannte. Der in der Mitte der Rampe verbleibende freie Raum konnte für die Unterbringung von Autowaschplätzen (die es auf jeder Etage gab, s. Abb. 5.14) und Abstellplätzen genutzt werden (vgl. Eckhardt 1930: 1350). Auf einigen Entwurfsplänen wird die Garage auch als »Serlin Rampenhaus« bezeichnet (nach dem Namen des Geschäftsführers der »Garagenpalast-Betriebs-Gesellschaft m.b.H.« und späteren Besitzers Ing. Louis Serlin). »Der Garagenbau ist eines der jüngsten baulichen Attribute des modernen Stadtbildes«, heißt es in den Bilderläuterungen eines 1932 erscheinenden Heftes über Garagenbauten der Werkbund-Zeitschrift »Die Form«. »Gegenüber dem Fabrikbau hat die Garage einen Vorteil in der Entwicklung, sie ist noch nicht belastet mit architektonischer Tradition.« Die Kant-Garage wird als Beispiel für eine »sehr zweckhafte und rein konstruktive« Lösung dokumentiert und die gläserne Rückseite des Gebäudes wegen »ihrer konstruktiven Einfachheit« und Schönheit hervorgehoben (N.N. 1932). Die Verglasung wurde aus Gründen des Feuerschutzes auch hier mit Drahtglas ausgeführt (s. Abb. 5.15 und 5.16). Müller hält die Rückseite der Garage auch für ästhetisch gelungener als die Vorderseite (vgl. Müller 1937: 262).

Abb. 5.11: Kant-Garagenpalast bei der Fertigstellung 1930, Ansicht Kantstraße; vgl. auch Abb. 5.17. Bild: Die form, 7. Jg. 1932, H. 8, S. 251

Abb. 5.12: Kant Garagenpalast 1930, Rückansicht vom Bahndamm. Bild: Die form, 7. Jg. 1932, H. 8, S. 252

Die Kant-Garage ist wegen ihrer konstruktiven Besonderheit eine Rarität unter den alten Großgaragen. Sie verfügt über eine doppelgängige Wendelrampe, zwei ineinandergeschlungene Spiralen, die eine für die Auf- und die andere für die Abfahrt. Das System ermöglicht einen begegnungsfreien Verkehr. Kritik an dieser konstruktiven Lösung wird aber schon 1930 vom damaligen Garagenexperten Georg Müller geäußert. Die

Rampen beanspruchen zu viel Fläche, dies mit der Folge, daß der Garagenbetrieb nur schwerlich rentabel bewirtschaftet werden könne. Müller stützt sich in seiner Kritik auf Erfahrungen in der Planung von Großgaragen und sein Wissen über Stockwerksgaragen, die man in den USA gebaut hatte; insgesamt gibt es 1930 aber erst sieben Rampengaragen, die seit 1914 gebaut worden sind (vgl. Müller 1930: 1413). Müllers Kritik an der Kant-Garage steht auch vor dem allgemeinen wirtschaftlichen Hintergrund der Zeit der Weltwirtschaftskrise, weshalb Fälle verfehlter Planung von Großgaragen »in einer Zeit schwerster, wirtschaftlicher Not« besonders schwer wiegen (vgl. ebd.: 1414).

Abb. 5.13: Kant-Garage 2006; ehem. Einzelboxen mit Stahltüren

Daß die Garagen dieser Zeit weniger verkehrsplanerischen Zwängen folgten, als die Besonderheit des Autos in kultureller Hinsicht auszudrücken, kommt auch in dem 1930 von Eckhardt für die Garage verwendeten Begriff »Autohotel« zur Geltung (vgl. Eckhardt 1930: 1350). Charakteristisch für die damaligen Großgaragen war die Multifunktionalität der gewerblichen Nutzungen unter einem Dach. Auch in der Kant-Garage befanden sich mehrere Werkstätten, eine Polsterei, eine Lackiererei, eine Vulkanisierwerkstatt, Reparaturwerkstätten und eine Großtankstelle. In der Bewertung der Frage, inwieweit die neuen Garagenbauten verkehrsplanerisch notwendig waren, gehen die Meinungen der Experten auseinander. Während Müller schon 1925 einen drängenden Bedarf an Großgaragen sieht (vgl. Müller 1925: II), merkt »Wasmuths Lexikon der Baukunst« fünf Jahre später an, daß das Bedürfnis nach Abstellgaragen noch nicht »brennend« sei (zit. bei Büttner 1967: 111). Die Situation sollte sich schnell ändern. Am 29.04.1938 wendet sich die Reichsstelle für Wirtschaftsmoral e.V. in einem Brief an den Oberbürgermeister und fordert eine Untersuchung der baupolizeilichen Verhältnisse in der Kant-Garage: »Die Überfüllung der Garage in den Gängen und Ausfahrten besonders am Sonnabend und Sonntag soll derart sein, daß bei Ausbruch eines Feuers ein unabsehbarer Schaden entstehen muß.« (Bauaktenarchiv des Bezirksamtes Charlottenburg-Wilmersdorf/Berlin, Kantstraße 126/127 [künftig: Arch. Kantstr.]/Bd. 15: 1) Ob mit einer solch punktuellen Frequentierung der Garage ein genereller Bedarf an Garagen zum Ausdruck kommt oder nur die zeitweise konzentrierte Inanspruchnahme eines bestehendes Angebotes in einer Zeit zunehmender Motorisierung, sei dahingestellt. Daß der Besitzer der Kant-Garage *seine* Hochgarage schon kurz nach der Eröffnung als »Notwendigkeit unserer Zeit« bezeichnet, dürfte eher in persönlichen Gründen als am überbordenden Verkehr liegen.

Wie die anderen frühen Großgaragen, so war auch die Kant-Garage ein kultureller Ort. Geradezu mit Nachdruck zeigt sich die Garage im Namenszusatz *Palast* als sub-kultureller Ort. Der Ingenieur und *technische* Garagenplaner Georg Müller kritisiert diese Namenswahl als Verfehlung, weil sie die Differenz, die zwischen dem Leben der »kleinen Leute« und dem wohlhabender Großbürger klaffte, betone und verstärke: »Schon das Wort ›Palast‹ ist ein Wort, das nicht mehr in die Zeit paßt, in der der Grad der Lebensführung ständig sinkt.« (Ebd.)

Abb. 5.15: Kant-Garage 2006; erhaltene Verglasung im Dachgeschoß (Kfz-Werkstatt), Rückseite

Wie schon in den vorausgegangenen Beispielen hatten auch in der Realisierung der Kant-Garage die Auseinandersetzungen zwischen Bauherr und Baupolizei um die Erfüllung von Brandschutzvorschriften ein großes Gewicht. Angesichts dessen ist es bemerkenswert, daß Müller schon 1930 bei den Behörden immer freiere Anschauungen zum Feuerschutz bemerkt. Die feuerpolizeilichen Vorschriften hatten aber in der Praxis noch lange eher restriktive Rückwirkungen auf die Gestalt eines Bauwerkes.[12] Der vom Berliner Oberbürgermeister am 14.01.1930 ausgestellte Bauschein zur Errichtung der Kant-Garage macht z.B. folgende baupolizeiliche Auflagen: Anlage einer besonderen Treppe vom Keller bis zum Dach ohne Umschließungswände und außerhalb des Gebäudes (s. Abb. 5.15), Einbau feuerbeständiger Schiebetüren auf den einzelnen Etagen, Verwendung von feuerbeständigem Glas »mit Metallrahmen« (d.h.

12. Noch in den 1960er Jahren weist Oskar Büttner auf die Bedeutung des Brandschutzes bei der Planung von Parkhäusern hin (vgl. Büttner 1967: 280).

Drahtglas), Bau feuerbeständiger Wände und Türen um die innerhalb der Rampenanlage befindlichen Räume zur Unterstellung von Kraftwagen (Arch. Kantstr./Bd. 13: 27f.).

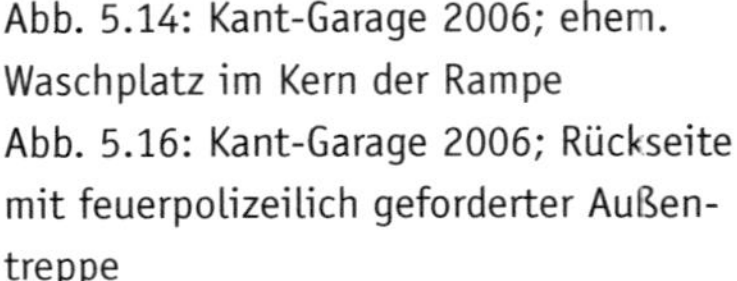

Abb. 5.14: Kant-Garage 2006; ehem. Waschplatz im Kern der Rampe

Abb. 5.16: Kant-Garage 2006; Rückseite mit feuerpolizeilich geforderter Außentreppe

Damit wird die gesamte Architektur des Gebäudes (innen und außen) konstruktiv wie ästhetisch in hohem Maße durch feuerpolizeiliche Vorgaben geprägt. Dies sollte für die Auswahl geeigneter Gläser folgenreich sein. Da die Fassade der Kant-Garage zu zwei Drittel und die Rückseite vollständig verglast ist, wird die behördliche Verpflichtung auf eine bestimmte Glasart in architektonischer Hinsicht konsequenzenreich (s. Abb. 5.15-5.17). Glas ist in seiner konstruktiven wie ästhetischen Verbindung mit klaren statischen Eisenstrukturen und großen Fensterflächen Merkmal des International Style, den die Kant-Garage repräsentiert. Die Beschränkung auf Gußglas (in der Form von Drahtglas) dürfte insofern eine essentielle Beschränkung ästhetischer Ausdrucks- und Symbolisierungsmöglichkeiten bewirkt haben, als Drahtglas zwar lichtdurchlässig aber nicht durchsichtig ist. Der Unterschied zwischen Drahtglas und transparentem Glas wird im Vergleich der Glasfassade der Kant-Garage mit dem Dessauer Bauhausgebäude von Walter Gropius (in Zusammenarbeit mit Adolf Meyer) besonders deutlich. Das in Dessau verwendete Glas ist nicht nur lichtdurchlässig, sondern auch durch-*sichtig* und zieht die Aufmerksamkeit von Passanten in den Innenraum des Gebäudes, läßt die Vorübergehenden zu visuellen Teilhabern eines sozialen Geschehens werden, das sich dennoch in einem geschützten Innenraum ereignet.

In der Architektur von Bürohochhäusern steht z.B. Emil Eiermann für eine Architektur der Durchsichtigkeit, deren Ästhetik (und Ethik) sich kategorial von den postmodernen Versicherungs- und Bankenpalästen mit ihren den Außenraum der Stadt wegspiegelnden silbernen oder goldenen Glasfassaden unterscheidet. Die Differenz zwischen Transparenz und Intransparenz einer Glasfassade ist keine ästhetizistische Marginalie, sondern für die sinnliche Präsenz, symbolisch kommunizierte Programmatik, wie den von einem Bau insgesamt ausgehenden Eindruck von zentraler Bedeutung. Es wird sich an anderen Beispielen und am praktischen Einsatz von Drahtglas in der Fassadengestaltung von Parkbauten später zeigen, daß dieser frühe Standard ohne technischen Zwang bis in die Gegenwart lebendig geblieben, zum anderen aber auch vor 50 Jahren im Bau von Hochgaragen zugunsten neuer ästhetischer Gestaltungswege durchbrochen worden ist.

Abb. 5.17: Kant-Garage 2006; Ansicht Kantstraße (Baudenkmal)

Der Bau der Kant-Garage sollte sich in der Zeit der Wirtschaftskrise als waghalsiges Unternehmen herausstellen. Das Baugeschäft Kell & Loeser AG (Leipzig) geht während des Baus der Garage bankrott, und der Geschäftsführer und Ingenieur Louis Serlin setzt als ehemaliger Bauleiter des Unternehmens die Arbeiten in eigener Regie und als künftiger Besitzer der Garage fort. Die Mittelknappheit führt zu Sparmaßnahmen bei Löhnen und Material. Die »äußerste Sparsamkeit« sollte sich aber nachteilig auf die Qualität der Bauausführungen auswirken. Die Garagengesellschaft teilt der Baupolizei am 29.12.1930 mit, sie habe wegen diverser Baumängel (bes. Schwitzwasser in der Decke des obersten Geschosses) Klage gegen Serlin eingereicht (vgl. Büttner 1967: 176f.). Auch der rentable Betrieb der Garage durch notwendige gewerbliche Nutzungen wird immer wieder, auch nach Aufnahme des Garagenbetriebes, durch baupolizeiliche Forderungen erschwert. Nachdem wegen technischer Mängel die Schließung der Tankstelle baupolizeilich gefordert wurde, wendet sich die Garagengesellschaft am 08.06.1931 an die Baupolizei: »Wir sind nicht in der Lage, einen Garagenbetrieb aufrecht zu erhalten, wenn uns nicht die Genehmigung für eine Servicestation erteilt wird.« (Ebd.: 219)

Ausdruck der Bemühungen um eine wirtschaftliche Optimierung der Garagenbewirtschaftung sind auch die verschiedenen Initiativen des Betreibers zur Aufstockung der Garage. Louis Serlin beklagt sich schon 1931 beim Oberbürgermeister, daß er in schweren Zeiten nur vier anstatt der ursprünglich geplanten sechs Etagen nutzen könne. Architekt Richard Paulick beantragt bei der Baupolizei am 16.04.1931 die Genehmigung eines 9 m hohen Dachaufbaus, »der die architektonische Gestaltung des Baues nicht beeinträchtigt, sondern steigert. Es ist beabsichtigt, den dadurch gewonnenen Raum als Tennishalle zu benützen.« (Arch. Kantstr./Bd. 12: 1) Nachdem dieser Antrag am 19.06.1931 abgelehnt worden ist, wird 1932 abermals ein Dachaufbau beantragt, in dem nun eine Kegelbahn eingerichtet werden soll. Im Hintergrund dieses Antrages steht eine Unterstützung der Ausbaupläne durch den Berliner Sportkegler-Bund e.V. vom 29.06.1932: »Wir begrüßen es außerordentlich, daß man endlich den Wünschen weiter Bevölkerungskreise Rechnung trägt und den Sportkeglern freie, von Licht und Luft durchflutete Sporthallen schafft.« (Ebd.: 110) Der Plan kann dann aber wegen der notwendigen Finanzierung einer Werkstatt nicht realisiert werden und der baupolizeiliche genehmigte Ausbau wird nicht in Angriff genommen.[13]

Die Kant-Garage ist eine der wenigen Bauten, die – wenn auch eingeschränkt – heute noch genutzt werden. Die Boxen sind an Dauerparker vermietet, im Dachgeschoß wird (trotz schwerer gebäudeklimatischer Bedingungen) eine Autowerkstatt betrieben (s. Abb. 5.18), und im Bereich der Garageneinfahrt befinden sich neben einer Tankstelle kleinere Werkstätten (s. Abb. 5.19).

Abb. 5.18: Kant-Garage 2006; Kfz-Werkstatt im Dachgeschoß

Abb. 5.19: Kant-Garage 2006; Tankstelle im Bereich der Einfahrt

13. Ebd.: 121. Eckhardt berichtet indes von den Planungen zur Errichtung eines Dachgartens (vgl. Eckhardt 1930: 1351).

5.5 Frühe Großgaragen als heterotope Inseln einer neuen (auto-)mobilen Welt?

Die Beispiele beleuchten in unterschiedlichen Facetten den Charakter »anderer Räume«, der alle frühen Großgaragen auszeichnet. Orte des Besonderen waren sie in ihrer Zeit schon deshalb, weil sie als ein neuer Bautyp der Verkehrsarchitektur dem Automobil als einem Kulturartefakt galten. Das Automobil kam nicht in die Garagen, weil es wegen problematischer Verkehrsdichten *von* der Straße mußte; es war eher umgekehrt. Es wurde in die besonderen Orte der Großgaragen hineingefahren, damit es als technisches und kulturelles Medium *auf* die Straße kommen konnte. Das individuell gefahrene Automobil war noch lange kein profaner Gegenstand, den man einfach auf der Straße herumstehen ließ. Wer etwas auf sich hielt, tat dies jedenfalls nicht. Die Einhausung der Autos hatte schließlich einen *internen* soziokulturellen Clubeffekt. Die an Dienstleistungsangeboten reich ausgestatteten Großgaragenkomplexe waren noch lange nicht die zweckmäßigen Orte, an denen man auf die Erledigung einer Reparatur oder Wagenreinigung warten konnte. Die Verrichtung solcher Tätigkeiten beanspruchte Zeit und bot damit Anlässe des symbolischen Tausches. Die große und subkulturell spezialisierte Vielfalt der Dienstleistungsangebote in der Großgarage-Süd in Halle (s. Kap. 5.3) illustriert, inwieweit die Garagen soziale Orte der Distinktion (nach außen) waren und zugleich als soziale Orte der Konsolidierung »sozialen Kapitals« (Bourdieu) fungierten.

Im folgenden werde ich die sechs von Foucault formulierten Grundsätze von Heterotopien auf die frühen Großgaragen beziehen, um der These Nachdruck zu verleihen, daß sie als »andere Räume« verstanden werden können.

Illusions-Heterotopien

Die Großgaragen waren Illusions-Heterotopien. Sie illusionierten in einem abgeschlossenen und in seiner Zugänglichkeit kontrollierten Innenraum den realen Vorschein eines besseren Lebens, das es in dieser Form im gesellschaftlichen Draußen nicht einmal ansatzweise gab. Dort war die Wirtschaftskrise und die Armut vieler, deren Argwohn man sich im Innenraum der Garagen nicht aussetzen mußte. Wenn die Garagen-*Boxen* auch überwiegend dem profanen Zweck der PKW-Unterstellung dienten, so war in diesen im Prinzip rein funktionalen Zonen des Gebäudeinneren wenigstens marginal doch auch ein Moment habitueller Repräsentation wirksam (s. Abb. 5.20), wenn dies im Unterschied zu den symbolischen Orten ostentativer Repräsentation auch eher Bühnen der Beiläufigkeit gewesen sein mögen. Während die uns heute bekannten

Parkhäuser zwingende Konsequenz verkehrsplanerischer Bestandsanalysen und Prognosen sind, folgten die frühen Großgaragen neben einem wartungstechnischen noch einem soziokulturellen Grund. Die ersten Großgaragen des frühen 20. Jahrhunderts befinden sich deshalb auch in den wohlhabenderen Zentren der deutschen Industrie und nicht in unbedeutenden Städten.

Abb. 5.20: Szene in der Halle einer Berliner Garage. Bild: Gescheit 1931: 170

Im übrigen entwickelten sich die Boxen schnell zu Medien der Repräsentation. Zwar war in den meisten oben besprochenen Hochgaragen die Unterstellung der Wagen in Boxen eine Normalität, die aber auch seinerzeit schon nicht für alle Wagen galt. Bereits 1926 stellt Georg Müller fest: »Die Einzelbox kann man für den Luxuswagen mit Chauffeur gelten lassen. Für den Selbstfahrer ist sie nicht erforderlich, sondern eine volkswirtschaftliche Verschwendung.« (1926: 94)

Raum im Raum

Als »andere Räume« waren die Großgaragen auch vor fast 100 Jahren schon durch imaginäre Barrieren von der übrigen Welt der Stadt abgegrenzt. Im Inneren waren sie – ungleich mehr als in der Gegenwart – aufgrund ihrer kulturellen Besonderheit gehütete Orte. Zwar gingen die meisten Regeln des Aufenthalts im Innenraum der Großgaragen auf technische Gründe zurück und hatten in ihrer praktischen Umsetzung auch die Inkraftsetzung einer ganzen Reihe von Verhaltensvorschriften zur Folge (s. Abb. 1.7 und 1.8). In diesem Zusammenhang ist an die nahezu zahllosen baupolizeilichen Vorschriften zu denken, die in der Planung wie beim Bau einer Großgarage zu beachten waren. Die Garagen waren aber daneben auch abgeschlossene *soziale* Räume. Am Beispiel der Großgarage-Süd (Halle) konnte gezeigt werden, wie der Zugang zur Garage über den Service eines Lotsendienstes, mit dessen Hilfe Fremde im Bedarfsfalle vom Rand der Stadt die Garage fanden, geregelt werden konnte. Auch die gelotste »Rückführung« dieser Garagenkunden in das Straßensystem der Stadt dürfte eher Ausdruck einer subkulturellen »Club«-Geste gewesen sein, als daß pragmatische Zwecke diesen Dienst veranlaßt hätten.

Die alten Hochgaragen hatten auch im mythischen Sinne eine ordnende Funktion. Sie trennten über das neue Medium des Automobils soziale Schichten in räumlicher Hinsicht durch Verinselung und Einkapselung. Die Ordnung der Dinge im Raum der Stadt spiegelt auf einem mythischen Niveau eine (vorübergehende) Ordnung sozialer Verhältnisse wider. So kommunizierten auch die Großgaragen als architektonische Medien der Vergesellschaftung in zweifacher Hinsicht soziokulturell segmentierte Bedeutungsfelder. Zum einen be-deuteten sie eine systemkonstitutive Ordnung sozioökonomisch disparater Verhältnisse, zum anderen sicherten sie dieses Bedeutungs-*Wissen* als implizites. Indem die Kommunikation über die Medien der Architektur prädiskursiven Charakter hat, vermitteln sich präsentative Symbole (diesseits explikativer sprachlicher Aussagen) sprachlos. Der Effekt dieser Art der (leiblichen) Kommunikation von Bedeutungen ist evident. Soziale und gesellschaftliche Ordnungen, die habituell in eine Welt des Selbstverständlichen gleichsam »implantiert« werden, entfalten weitaus nachhaltigere und damit systemstabilisierendere Effekte als sprachlich-explikative Anweisungen.

Heterochronie

Die ersten Großgaragen brachten zwei unterschiedliche Zeitrhythmen zusammen. Die Garagen waren chronologische Inseln im Raum der Stadt, auf denen die menschlichen Aktivitäten der Logik einer eigenen »Zeitzone« folgten. Neben dem sozialen Zeittakt des städtischen Lebens waren sogar die *natürlichen* Rhythmen der Zeit außer Kraft gesetzt. Für die in den Garagen angebotenen Dienstleistungen gab es im allgemeinen keine Öffnungszeiten, weil keine Ladenschlußzeiten existierten. Wo in einem 24-Stunden-Takt Dienstleistungen (im amerikanischen Frisiersalon wie an der Tanksäule) angeboten werden, stellt sich das Leben im Innenraum der Garagen außerhalb aller Zeitrhythmen.

In der Großgarage-Süd hatte man der Gültigkeit einer anderen Chronologie repräsentativ zur Sichtbarkeit verholfen. Die zentrale Fahrzeughalle war dauerhaft illuminiert; dank ihres verglasten Daches strahlte sie ein mythisches Leuchten in den nächtlichen Stadthimmel ab und insistierte auf diesem präsentativen Wege auf der Besonderheit des Ortes. Die alten Großgaragen standen innerhalb des großstädtischen Realraumes nicht nur in einem »anderen« Draußen; sie hatten auch die im normalen städtischen Leben herrschende Chronologie entkräftet. »Im« Raum und »in« der Zeit stellten sie sich »über« den Raum und »über« die Zeit. Damit standen sie aber nicht außerhalb der Kräfteverhältnisse, die die gesellschaftlichen Ordnungen rekonfigurierten und konsolidierten. Vielmehr wirkten die begehbaren ästhetischen Bilder in einem dispositiven Sinne von einem »Außen« auf subkutanen Wegen leiblicher Kommunikation stützend auf die herrschenden Strukturen einer ungleichen Gesellschaft ein.

Historische Metamorphosen

Foucault betont, daß Heterotopien einem historischen Wandel unterliegen. Schon der undifferenzierte Vergleich zwischen den von den meisten Menschen nur notgedrungen aufgesuchten Parkhäusern der Gegenwart und den Großgaragen der 1920er Jahre macht auf eine facettenreiche Geschichte der Wandlungen von Parkbauten aufmerksam. Die alten Großgaragen hatten vielfältige Funktionen, die es in den 1950er Jahren nur noch vermindert und heute in aller Regel gar nicht mehr gibt. Auch müssen die heutigen Parkhäuser in den Innenstädten keine technischen Aufgaben der Fahrzeugwartung mehr erfüllen, noch dienen sie einem kulturellen Zweck der soziokulturellen Distinktion, denn das Auto ist kein Medium sozial Privilegierter mehr; in großer Pracht und Vielfalt ist es lange schon auch in den Zonen eines gesellschaftlichen »Unten« angekommen. Heute dienen die Parkhäuser scheinbar ausschließlich der Isolierung stehender PKW aus dem fließenden Verkehr. Daß sie auf einer ästhetischen Tiefenschicht aber auch in der Gegenwart wieder mythische Funktionen und solche einer neuen Distinktion erfüllen, wird sich an späterer Stelle im Detail darlegen lassen.

Selbst die alten Garagen der 1920er Jahre haben, soweit sie als Bauwerke noch existieren, ihre mythische Funktion verändert. Damit hat sich auf einer ästhetischen Tiefenschicht eine Metamorphose ihrer Bedeutungen vollzogen. Da sie als (ehemals) »moderne« Parkbauten nicht mehr genutzt werden, haben sie auch ihren Charakter als Illusions-Heterotopien aufgegeben. Mit dem beginnenden und fortschreitenden baulichen wie technischen Verfall und dem damit einhergehenden Ende ihrer Benutzbarkeit haben sie sich zu Kompensations-Heterotopien verändert. Die alten Großgaragen sind heute fast ausnahmslos Baudenkmale und als Anachronismen *nach* ihrer Zeit wieder heterotope Orte. Zwar dienen sie nicht mehr dem Garagieren. Aber sie sind reale *Dokumente* solcher Bauwerke, die es als reale Bauwerke *in Funktion* nicht mehr gibt. Sie sind zu ästhetischen Orten der Erinnerung umgeschrieben worden. Diese Aufgabe können sie selbst in ihrem Verfall noch erfüllen, der sich sogar als performativer »Ästhetisierungsverstärker« erweist. Aber auch der programmatische Versuch, den Verfall – wie am Beispiel der Großgarage-Süd in Halle – durch Rekonstruktion mit dem Ziel der Revitalisierung des Gebäudes umzukehren, läuft auf eine Ästhetisierungsbeschleunigung hinaus. Im Verfall wie in seiner restaurativen Umkehrung entstehen museale Orte, anachronistische Erlebnis-Orte.

Kein Garagendenkmal ist ein kulturgeschichtliches Objekt, alle sind technische Denkmale. Gegenstand der Musealisierung sind mechanische Transportsysteme (in vertikaler und horizontaler Richtung) oder, im Falle der Kant-Garage in Berlin, eine der ersten zweiläufigen Wendelrampen. Die Rolle der Bauwerke als komplex codierte und diffizil kommunizierte Medien der Vergesellschaftung ist nirgends explizites Thema der Musealisierung. Es geht *oberflächlich* um das Alte, das vom Zahn der Zeit Gezeichnete und viel weniger (wenn überhaupt) um die mit dem Alten verbundenen sozialen und (sub-)kulturellen Bedeutungen. »Hinter« den *konkreten* ästhetischen Fassaden anachronistisch-technizistischer Milieus raunt das *allgemeine* Metanarrativ der Musealisierung, das insbesondere in den Metropolen, den Zentren ökonomischer, technologischer, administrativer und institutioneller Abstraktionen den »Verlust eines symbolischen Systemzusammenhangs« (Müller/Dröge 2005: 187) ästhetisch entschädigen soll. In den Baudenkmalen wird »verständlich«, was strukturell in der überkomplexen Gesellschaft unverständlich bleibt.

In der Erfindung von Superlativen, die sich in der Sache schnell als falsche Behauptungen erweisen, sind Feuilletonisten und Lokalpatrioten als »Turbo-Musealisierer« am Werke. In Zeiten schwindender Authentizität und schwimmender Inseln des Heimatlichen läßt sich das Kaputte in der musealisierenden Exotisierung symbolisch noch zu einem kulturellen Artefakt veredeln und nach innen wie nach außen nutzen: nach innen als Katalysator nostalgisierender Heimatlichkeit und nach außen als touristisches Gütesiegel einer wenigstens noch kommerzialisierbaren »Authentizität«. So stattet die Stadt Halle die Parkhausruine in der Pfännerhöhe mit dem Signum des »ältesten erhaltenen Parkhauses in Deutschland« aus (vgl. Stadt Halle o.J.). Indes sagt Wiesel über die Chemnitzer Großgarage, sie sei eine der ältesten in Deutschland, wenn nicht *die* älteste, obwohl die Garage der Nachbarstadt Leipzig bekanntermaßen die ältere von beiden ist. In der Lokalpresse der Stadt Frankfurt wird das Nachkriegs-Parkhaus an der Hauptwache aus dem Jahre 1956 (das ebenfalls unter Denkmalschutz steht) gern als das älteste dargestellt, das nach dem Zweiten Weltkrieg in Deutschland gebaut worden ist, obwohl in Düsseldorf schon 1953 die Haniel-Garage nach einem 1951 bereits veröffentlichten Entwurf entstanden ist (s. Kap. 6.1). Die ideologisierende Zuschreibung historisierender Attribute kommt der Konstruktion alter Gebäude zu Inseln des Besonderen im ästhetischen Einheitsbrei der Globalisierung unmittelbar zugute; dabei scheint der Gebäudezustand nahezu keine Rolle mehr zu spielen (s. Abb. 5.21 und 5.22).

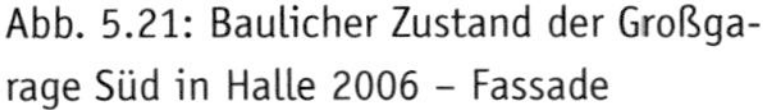

Abb. 5.21: Baulicher Zustand der Großgarage Süd in Halle 2006 – Fassade

Abb. 5.22: Baulicher Zustand der Großgarage Süd in Halle 2006 – Mauerwerk

5.6 Baustoffe und Baustile

Architektur kommuniziert die in ihr liegenden Bedeutungen u.a. durch den medialen Charakter ihrer Baustoffe, mit denen sich bestimmte Atmosphären verbinden. Die vom Material ausgehenden Eindrücke verbinden sich über spezifische synästhetische Brücken mit symbolischen Bedeutungshöfen. Bei Holz sind die Bedeutungen wie die sinnlichen Suggestionen von Grund auf andere als bei Beton, Stahl oder Glas. Auch innerhalb der Werkstoffgruppen gibt es Unterschiede. Architekten kannten zu allen Zeiten die Wirkungen, die sich mit den von ihnen verwendeten Baustoffen verbanden. Deshalb spielten sie in bestimmten Baustilen auch nicht zufällig die Rolle von Leitmedien. Zumindest machten sich die großen Architekten die symbolischen und sinnlichen Wirkungsimplikationen neuer Stoffe bewußt, die ihnen irgendwann erstmals zur Verfügung standen und neue gestalterische Möglichkeiten eröffneten. Die Beispiele hatten gezeigt, daß und auf welche Weise Baustoffe über ihre reinen Funktionen hinaus narrativ auf die Ordnung der Dinge wirken. Aus der Synthese von Stoff und Stil konstituieren sich auf einem metanarrativen Niveau abermals symbolische Ordnungen, die das Gebaute in die implizite Geisteshaltung einer Zeit einschreiben und das konkrete Objekt einer Garage zu einem spezifischen kulturellen Ort formatieren.

Stile und die zu ihrem Ausdruck eingesetzten Materialien werden in der Architektur (die sich am Beginn des 20. Jahrhunderts in großer Nähe zur Kunst sah) oft explizit in verschiedenen Diskursen (Architekturtheorie, Urbanismus, Materialikonographie u.a.) zum Thema gemacht und im Zusammenhang mit programmatischen Selbstverortungen der Baukunst mitunter heftig umstritten. Diese Debatten, in denen expliziert wird, was in der alltäglichen Benutzung stumm bleibt, richten sich aber – in der Vergangenheit wie in der Gegenwart – nie an den durchschnittlichen Stadtbewohner und -benutzer. Sie sind zu allen Zeiten vor allem kommunikative Prozeduren der gruppeninternen Selbstvergewisserung, Abgrenzung sowie Selbst- und Fremdzuschreibung von Identität, blieben und bleiben also in gewisser Weise »bei sich«. In der sehr allgemeinen und in der Sache wenig differenzierten öffentlichen Rezeption bleibt das »schwere Kommunikationsmedium« »Architektur« (Delitz 2006: 8) auch am Beispiel »Großgarage der 1920er Jahre« eher diffus und in prädiskursive Symbolsysteme eingeschlossen. Auf diesem Hintergrund entfaltet sich in einem metanarrativen Sinne ihre eindringlichste Wirkung, indem sich »gebaute« Bedeutungen in ihrer ästhetischen Präsenz in den sozialen Kosmos der Gesellschaft aussetzen. So fungiert Architektur als »Seismograf der Gesellschaft«, ist konstitutives Medium des Sozialen (Delitz 2006: 16) und drückt gesellschaftliche Verhältnisse als »Ordnung der Dinge« aus.

Beton als neues Medium des Bauens

Die in Europa seit 1905 errichteten Großgaragen verdanken sich in ihren baustatischen und -technischen Möglichkeiten der (Wieder-)Erfindung des Betons.[14] Seit 1920 nennt man den sog. Eisenbeton »Stahlbeton«. Die Wiederentdeckung und Optimierung des Baustoffes wird neben John Smeaton, der 1756 beim Wiederaufbau des Leuchtturmes von Edystone erstmals »nach den Römern« wieder erfolgreich Beton verwendet hatte, vor allem auf den Gärtner Joseph Monier zurückgeführt, der sich 1867 die Erfindung des Moniereisens patentieren ließ (vgl. Fehlhaber 1995: 12). Das Verdienst des französischen Bauunternehmers Francois Coignet lag Mitte des 19. Jahrhunderts weniger in der Erfindung des Eisenbetons, als in dessen Weiterentwicklung und Anwendung auf die Herstellung von Gewölben, Röhren u.a. konstruktiven Bauformen (vgl. Hilbersheimer 1928: 7). Der »neue« Baustoff wurde von da an bei der Realisierung der verschiedensten Bauaufgaben eingesetzt (vgl. Hackelsberger 1988: 68ff). Wie verschiedene Beispiele zeigen, hat der »Betonarchitekt« Perret in ihrer Konstruktion reine Eisenbetonbauten offensicht-

14. Beton ist insofern als wiederentdeckter Werkstoff anzusehen, als die Römer schon einfache Formen von Beton kannten; ohne ihn hätten sie ihre großen und statisch herausragenden Bauten nicht realisieren können.

lich aus einem Bedürfnis zur repräsentativen Geste mit historisierenden Fassaden versehen; so das Warenhaus Tietz in Elberfeld oder das Théâtre des Champs Elysées in Paris. Erst nachdem er sich ganz zum »neuen« Material bekannt hatte, sind ihm Bauten gelungen, die auch in ästhetischer Hinsicht ihre konstruktiven Voraussetzungen zu erkennen gegeben haben (vgl. Hilbersheimer 1928: 16). Hilbersheimer brandmarkt jedes »Repräsentierenwollen« als »eines der größten Verhängnisse für die Baukunst« (ebd.).

Alle Großgaragen waren Eisenbeton-Bauwerke, in deren Fassadengestaltung Glas oft mehr oder weniger großflächig zur Wirkung gebracht worden ist. In ihrem Inneren waren sie indes stets unverkennbare Betonbauwerke. Die Verwendung von Beton stützt sich auf mythische Versprechen und visionäre Erzählungen über einen neuen Baustoff; es gab eine regelrechte Beton-»Philosophie«. Für Auguste Perret war der Beton ein Symbol für die Dauerhaftigkeit der Architektur. Deshalb sollte es mit ihm auch möglich sein, den Grundsatz der »Permanenz« (s. oben) einzulösen. Prinzipiell ließ die Verwendung von Beton aber ein immens breites Spektrum zur Herstellung von Bedeutung qua Architektur zu. Beton war der essentielle Baustoff vieler Bauwerke, wurde aber in zahllosen Fällen von historisierenden Fassaden verdeckt – von bekannten Beispielen unverhüllter Präsentation des Materials abgesehen (man denke an Frank Lloyd Wright, Le Corbusier, Gottfried Böhm für den Kirchenbau, Walter Gropius und das bekannte Dessauer Bauhaus oder – überaus ästhetisiert – das Einsteinhaus von Erich Mendelsohn). Die maskierende Verwendung von Beton stößt bei Ludwig Hilbersheimer auf scharfe Kritik. Er schreibt es einer Schwäche der »mutlosen und skeptischen Zeit« zu (vgl. 1928: 14), daß sich im Bauen die »imponierende Unmittelbarkeit des konstruktiven Aufbaus« (ebd.: 14) nicht in angemessenen Gestaltungen ausdrücken konnte. Die dem Historismus geschuldeten »Maskierungen« hatten deshalb auch immer wieder zu Gegensätzen von Innen- und Außenbau geführt, die »verhinderten, daß für die neuen Konstruktionsergebnisse auch der entsprechende formale Ausdruck gesucht und gefunden wurde« (ebd.: 14).

Während es infolge nachgeordneter ästhetischer Ansprüche die Industrieanlagen waren, mit denen sich eine neue Betonästhetik zu formulieren begann, waren die Großgaragen noch lange keine Kandidaten dieses neuen Stilbewußtseins, obwohl sie als Bauten der Verkehrsarchitektur den Industriebauten sehr nahe gestanden haben. Während sich die Garagen von Chemnitz und Halle in ihrer Betonkonstruktion noch hinter Klinker- und Putzwänden versteckten und die Leipziger Goldene Laute (s. Abb. 5.1) vollkommen hinter einer glanzvollen Art Déco-Fassade verschwand, drückt von den hier vorgestellten Beispielen im Prinzip nur die Kant-Garage in Berlin ein reines Bekenntnis zu den neuen konstruktiven Möglichkeiten aus, die sich mit (Eisen-)Beton eröffneten (s. Abb. 5.11 und

5.12).[15] Angesichts der völlig neuen Perspektiven des Bauens taucht der Baustoff Beton im Architekturdiskurs des frühen 20. Jahrhunderts in der Debatte um Selbstverständnis und Aufgabe der Architektur auf – zwischen funktionalistischer Sachlichkeit und einer verdeckt weiterwirkenden Lust am Schönen. Die ästhetischen Implikationen des Bauens stärkend, forderte der Landeskonservator Eugen Gradmann 1910: »Der Betonbau soll sein Material und seine Entstehung zeigen und daraus seine Schmuckmittel, wenn es deren überhaupt bedarf, entwickeln. Ein Mittel der Flächenbelebung sind z.B. die Abdrücke der Schalbretter.« (Zit. bei Fuhrmeister 2001: 81)

Neues Bauen

Ein »Baustil« ist nach Le Corbusier eine »Wesens-Einheit, die alle Werke einer Epoche durchdringt und aus einer fest umrissenen Geisteshaltung hervorgeht«. Le Corbusier fügt aber auch hinzu: »Unsere Zeit prägt täglich ihren Stil.« (Le Corbusier 1920: 57) Damit tritt er jeder Erwartung entgegen, die auf Beständigkeit eines singulären Stils für *eine* Zeit gerichtet ist. Eine große Variabilität der Formen drückt sich schon in den Stilen der oben besprochenen Bauwerke aus. In einer Zeitspanne von nur drei Jahren (zwischen 1928 und 1930) stehen sich in den Stilen der Kant-Garage, dem ursprünglichen Entwurf für die Goldene Laute in Leipzig und der tatsächlich realisierten Ausführung drei weit auseinander liegende Formsprachen gegenüber: Die Kant-Garage in Berlin ist eine Gestalt Neuen Bauens, der Entwurf der Goldenen Laute trägt deutliche Züge eines späten Jugendstils, während in der Ausführung des Bauwerkes im Stile des Art Déco eine gänzlich andere Form entsteht. »Zuordnungen zu bestimmten ›Stilen‹ […] sind nur bedingt brauchbar, da viele Architekten weder mit ihrer Theorie noch mit ihrem Werk in sie einzuordnen sind.« (Kruft 1985: 439) Eine Architektur des Nebeneinanders unterschiedlichster Stile läßt sich mit Mies van der Rohe als Ausdruck der inneren Struktur einer Epoche auffassen. Deren Deutung bleibt damit zunächst offen. Einen Horizont undogmatischer Interpretation eröffnet Peter Behrens mit seinem Verständnis einer »rhythmischen Verkörperung des Zeitgeistes« (zit. bei Kruft 1985: 447 u. 427) in den verschiedenen Formen des Bauens.

Solchen Rhythmen sind selbst die großen Architekten zu Beginn des 20. Jahrhunderts ausgesetzt. Le Corbusier wie Mies van der Rohe und andere namhafte Repräsentanten eines wegweisenden Diskurses auf dem Weg zu einem neuen Selbstverständnis der Architektur erweisen sich zu-

15. Auch der in Rom errichtete neoklassizistische Monumentalbau der Casa dell' Automobile (s. Abb. 1.5) war ein (maskierter) Betonbau.

nächst als glühende Befürworter industriellen Bauens: »Die Maschine geht hervor aus der Geometrie. Demnach ist unsere ganze Gegenwartsepoche eine ausnehmend geometrische.« Le Corbusier ist von den Verheißungen der Automobilität, die in den Städten ein neues Leben ankündigt, begeistert. Es verwundert nicht, daß er sich gleichsam im Rausch der individuell nutzbaren Maschinen zum industriellen Bauen bekennt: »Man ist Glied dieser Gesellschaft, deren Morgen dämmert. Man faßt Vertrauen zu dieser neuen Gesellschaft: sie wird den großartigen Ausdruck für ihre Kraft finden. Man glaubt an sie.« (Le Corbusier 1925: 86) Das Menschenbild, das sowohl Gropius als auch Le Corbusier ihrem Verständnis des Neuen Bauens zugrundelegen, unterstellt den Menschen schließlich – quasi maschinistisch – *insgesamt* gleiche Bedürfnisse.[16] Dieses Denken paßt nahtlos zur industriellen Methode der Serienfertigung.

Das seit den 1910er Jahren propagierte Neuen Bauen folgt dem Bild eines Menschen, dessen identitätsstiftender Ort nicht im Regionalen und Heimatlichen, sondern im Internationalen liegen sollte. Die Architektur sollte sich nicht nur als Medium des industriellen, sondern eines gesamtgesellschaftlichen Fortschritts erweisen. Maschinen- und Licht-Ästhetik symbolisierten die Hinwendung zu einem neuen Leben, das nicht mehr in die Form der alten traditionellen Stadt paßte, deren Architektur historischen Stilen folgte. Überaus klare, programmatisch pointierte, wenn auch ideologisch überzeichnete Umrisse eines von Grund auf veränderten Lebens in den Städten skizzierte schon 1914 der Futurist Antonio Sant' Elia. Es sei eine »Architektur zu bestimmen mit einem neuen, ganz und gar auf den besonderen Bedingungen des modernen Lebens beruhendem Verhältnis für die Existenz und den ästhetischen Wert, der von uns empfunden wird. Eine solche Architektur kann keinem Gesetz historischer Kontinuität unterworfen werden. Sie muß so neu sein wie unsere Geisteshaltung.« (Sant'Elia/Marinetti 1914: 31) Das neue Denken konnte in einem neuen Bauen nur in der Verwendung neuer Materialien ausgedrückt werden, die die Möglichkeiten für neue Konstruktionen und Formen eröffneten.

Glas als Medium »Neuen Bauens«

Seit der Beton in seiner bautechnischen Verbindung mit Eisenarmierungen Dauerhaftigkeit par excellence verbürgt, steigt er zum Symbol einer universellen Zukunftsorientierung auf. Mit der Beton-Mythologie verzahnt sich die ästhetische Programmatik eines weiteren Baustoffes: Es war

16. So 1925 bei Gropius (zit. bei Kruft 1985: 445) und 1923 bei Le Corbusier (vgl. Le Corbusier 1923: 395).

das Glas, das seit dem Einsatz filigran erscheinender Eisenkonstruktionen in Verbindung mit (Eisen-)Beton immer großflächiger verwendet werden konnte. Es bot sich für eine Symbolik des Reinen, Durchsichtigen, Kollektiven und darin gesellschaftlich Neuen an. »Wir fühlen, daß wir nicht länger die Menschen der Kathedralen, der *Paläste* und der Gerichtshallen sind, sondern die Menschen der großen Hotels, der Bahnhöfe, der ungeheuren Straßen, der riesigen Häfen, der Markthallen, der erleuchteten Bogengänge, des Wiederaufbaus und der Sanierung.« (Sant'Elia 1914: 32) Als Folge der Verfügbarkeit neuer Baustoffe galt die Fortführung einer Architektur im klassischen und herkömmlichen Sinne als unmöglich (vgl. Sant'Elia 1914: 32): Eine berechenbare Architektur für ein berechnetes Leben. Die futuristische Architektur war »die Architektur des Eisenbetons, des Eisens, des Glases, des Kartons, der Textilfaser [...]« (ebd.: 34).

Einer der herausragendsten Licht- und Glas-Architekten im ersten Viertel des 20. Jahrhunderts war Bruno Taut. Aus einem Affekt gegen eine »verstaubte, verfilzte, verkleisterte Welt der Begriffe, der Ideologien, der Systeme [...]« denkt er die »gläserne« Vision einer gewaltlosen Welt: »Hoch das Durchsichtige, Klare! Hoch die Reinheit! Hoch der Kristall!« (Taut 1920: 54). In der Glassymbolik gingen mittelalterliche Bedeutungen auf, die etymologisch in der christlichen Mythologie ihre Wurzeln hatten, wonach Lichtdurchlässigkeit, Helligkeit und Klarheit für höchste Reinheit standen (Grimm 1991: 7661).[17]

Die Glassymbolik nahm ihren Ausgang in Paul Scheerbarts poetischer Glasarchitektur. Auch für ihn waren es die neuen Eisenkonstruktionen, die bis dahin unbekannte technische Wege für konstruktive und symbolische Formen der Architektur eröffneten. Aber im Unterschied zur Perspektive praktisch arbeitender Architekten sah Scheerbart das Glas als Material weniger durch die an den Bau gebundenen Zwecke, als vielmehr durch eine moralische Perspektive der Läuterung und Erziehung des »Europäischen Menschen« (vgl. Neumeyer 2002.2: 44). Glas war für ihn ein reinigender und magischer Baustoff, den er im Lichte einer »Material-Pädagogik« sah. Für Scheerbart war Glas erst in abgeleiteter Hinsicht ein Baustoff und ein Mittel zur Erreichung gestalterischer Ziele. Scheerbart dachte die Möglichkeit eines Bauens mit Glas auf dem historischen Hintergrund der Gotik, die im Mangel leichter freitragender Eisenkonstruktionen an das massive, schwere und lastende Gestein gebunden war. Spätestens seit Mitte des 19. Jahrhunderts boten die großen freitragenden

17. Eine abgeleitete Bedeutung hat ihre sinnlichen Gründe im Wissen um das optisch Gebrochene schlechter Fenstergläser, die im Mittelalter Verwendung fanden. Sie waren oft trübe oder durch herstellungsbedingte Verunreinigungen farbig geworden. So steht die sprachliche Wendung »durch Glas sehen« für die metaphorische Umschreibung einer getrübten Urteilsfähigkeit.

Hallen bedeutender Bahnhöfe aber ein beeindruckendes Bild dessen, was Eisen in seiner Verbindung mit Glas an neuen Formen und Funktionen zu ermöglichen vermochte. In der neuen Zeit sollte es nun möglich sein, die ästhetische Imagination der Gotik in gewisser Weise verspätet zur Blüte zu bringen – dank der Freiheit, die Eisenkonstruktionen vermittelten. Die Objekte, in denen Scheerbart eine illuminierte Welt sah, waren insbesondere Fabrikhallen[18], »in denen auch des Nachts das Licht durch farbige Scheiben leuchtet« (Scheerbart 1914: 140). In letzter Konsequenz sieht er in seiner Glas- und Lichtarchitektur aber eine Initialzündung für einen tiefgreifenden Umbau der Gesellschaft: »Das neue Glas-Milieu wird den Menschen vollkommen umwandeln.« (Ebd.: 141)

Natürlich verlangen auch die neuen Bauzwecke nach angemessenen und gestaltungsfähigen Materialien wie nach Ideen für deren Formung. »Deshalb erscheinen für die Lösung des Problems einer neuen Baukunst alle(Hervorhebung im Original) Regungen notwendig: die Apostel gläserner Welten, die Analytiker der Raumelemente, die Formsucher aus Material und Konstruktion.« (Mendelsohn 1919: 52) In einem schwer trennbaren Wirkungsgefüge entstehen im *Prozeß* des Bauens mit Beton, Stahl und Glas neue Perspektiven auf Formen und Nutzungen. Andererseits reklamiert der Wille, nach Wegen zum Ausdruck eines veränderten *Geistes* zu suchen, umfassende programmatische Anstrengungen zur Findung adäquater Methoden und Techniken des Bauens. Solches Denken macht sich auf die Suche nach neuem Material und konstruktiven wie ästhetischen Möglichkeiten, die aus seiner Verwendung resultieren. Die neuen Baustoffe hatten in den 1910er und 20er Jahren eine enorme Bedeutung, denn sie ermöglichten erst die Lösung neuer Bauaufgaben. Mies van der Rohe sagte deshalb: »Die Industrialisierung des Bauwesens ist eine Materialfrage.« Als neue Baustoffe rücken immer wieder Beton, Eisen (sowie Eisen- bzw. Stahlbeton) und Glas ins Zentrum der Debatten.

Das Neue Bauen steht auf einem Grat. Auf der einen Seite sind die Hoffnungen und Erwartungen, die sich mit der industriellen Methode auch für das Bauen öffnen. Auf der anderen Seite – gleichsam als Kompensation dieses technizistisch-maschinistischen Verständnisses – wird die Architektur als Leitdisziplin der Kunst in ihrer schöpferischen Rolle überhöht. Im Namen des Arbeitsrates für Kunst (zu dem u.a. Erich Heckel, Gerhard Marcks, Ludwig Meidner und Karl Schmitt-Rottluff und Walter Gropius, der die Leitung hatte, gehörten) sieht Brunon Taut die

18. Es war charakteristisch für den (experimentellen) Einsatz neuer Baustoffe, daß Industriebauten die bevorzugten Objekte der Findung neuer konstruktiver und gestalterischer Möglichkeiten waren. Das lag nicht zuletzt daran, daß an Industriebauten im allgemeinen keine besonderen ästhetischen Ansprüche gestellt wurden (zur Bedeutung von Stahl und Glas in der Architektur vgl. Eggen/Sandaker 1996: 16).

verschiedenen Künste in ihren »zerrissenen Richtungen« sich wieder »zusammenfinden unter den Flügeln einer neuen Baukunst« (Taut 1918: 38). Deutlich wird in dieser Haltung aber auch, daß die Vielstimmigkeit der Denkansätze und Programme nicht für die Vorherrschaft eines (singulären) Stiles disponiert war. Die Pluralität des Denkens zwischen Architekturtheorie und Kunst dürfte individuelle Visionäre einem beträchtlichen Druck ausgesetzt haben. So werden eigene Programme mitunter schnell wieder modifiziert und revidiert bzw. programmatisch extrem gespreizt. Selbst in die maschinistische Fortschrittsideologie so namhafter Architekten wie Le Corbusier und Mies van der Rohe werden noch solche normativen Konzepte integriert, die in einem antinomischen Verhältnis zum eigenen Denken stehen. Schon 1925 befindet sich Le Corbusier in einer idiosynkratischen Spannung zu seinem eigenen maschinistischen Menschen- und Weltbild, obwohl es doch den Bezugshorizont seines Arbeitens bildet: »[...] die Absichten weit hinter sich zurücklassend, gebildet nach den besonderen Fähigkeiten der Völker, bricht das Gefühl auf und wird Herr; es befiehlt; es legt das Verhalten und die Tiefe der Dinge fest« (ebd.: 88). Im Jahre 1926 wendet sich auch Mies van der Rohe gegen die einsilbige Vorherrschaft von Rationalisierung und Typisierung des Bauens. Man müsse »Zwecksetzung« und »Sinngebung«, »Organisation« und »Ordnung« unterscheiden. Einseitige technologische Rationalität führe zur Stärkung der Organisatoren. Damit umschreibt er eine baukünstlerische und ästhetische Aufgabe, deren Lösung in der Logik des rechten Winkels nicht gelingen konnte (vgl. Neumeyer 2002.2: 68).

Abb. 5.23: Garage Marbeuf in Paris (1929) bei Nacht. Bild: Gescheit 1931: 149

Jedes Bauen erzeugt ästhetische Gestalten, so auch das Neue Bauen, das aus einer schwierigen Selbstverortung (zwischen den Methoden der Industrie und der Kunst) der Eutrophie der Ornamente entgegentreten wollte. Der Wille zum ästhetischen Ausdruck wird insbesondere in der Diskussion und praktischen Verwendung von Glas deutlich. Deshalb wird man auch davon ausgehen können, daß sich die Profession der eingeschränkten symbolischen Ausdruckskraft undurchsichtiger Gußgläser, die aus Gründen des Brandschutzes baupolizeilich gefordert und überall in Form von Drahtglas verwendet wurden, bewußt war. Dies um so mehr, als man aus der Kenntnis anderer Objekte der Glasarchitektur wissen konnte, welche Eindrücke von transparenten anstatt halb opaken Glasfronten ausgehen. Beispielhaft zeigt sich dieser Unterschied in der von dem Franzosen Albert Laprade und dem Schweizer Léon-Emile Bazin in Paris gebauten Garage Marbeuf aus dem Jahre 1929. Wenn der Bau im verglasten Teil auch keine Großgarage im eigentlichen Sinne ist, sondern der Ausstellung von Neuwagen der Firma Citroën (s. Abb. 5.23) diente[19], so zeigt die Fassade doch mit einem Schlage und auf beeindruckende Weise, welche Gestaltungs- und damit Symbolisierungsmöglichkeiten der Architektur in der erzwungenen Beschränkung auf Drahtglas entgingen.

Mit dem Einsatz von Glas war der Werkstoff Eisen konstruktiv und ästhetisch eng verbunden. Er war das Medium der »luftigen« Konstruktionen und sollte in seiner Leichtigkeit auch präsentiert werden. Die Freiheit der modernen Architektur artikuliert sich im weiten wie offenen Grundriß und in der klaren Konstruktion (vgl. Norberg-Schulz 1996: 10). Eisen und Stahl sind prädestinierte Medien für dieses Bauen, weil sie die neue Symbolik nun auch in Seh- und Deutungsgewohnheiten übertragen konnten. Was stabil war, sah nicht mehr massig und schwer aus, sondern fragil, luftig und grazil. Leichtigkeit stand – in Verbindung mit der Stärke des (Stahl-)Betons – für Beständigkeit und Dauerhaftigkeit. Beide Werte sah man nur in Verbindung mit dem industriellen Bauen, d.h. der industriellen Produktion der Baustoffe als einlösbar. Daß gerade Auguste Perret als Repräsentant einer rationalistischen Auffassung des Bauens mit Beton, Eisen und Glas bei der Fenstergestaltung in der Fassade der Garage in der Rue Ponthieu von 1905 (s. Abb. 01) zum Mittel einer letztlich doch ornamentalen Geste greift, zeigt, daß sich auch von jenen, die einen von historisierenden Traditionen befreiten Baustil forderten, das Bedürfnis nach *Symbolisierung* mit den neuen Mitteln des Bauens verband. Der Umstand, daß Perret eines seiner frühesten Betonskelett-Wohnhäuser

19. Die Garage dient im vorderen Teil der Ausstellung neuer PKW. Im hinteren Bereich ist sie dagegen Hochgarage im engeren Sinne (vgl. Müller 1937: 144). Das Bauwerk ist 1952 wieder abgerissen worden.

(1903) in *unverhülltem* Beton baut (Fehlhaber 1995: 13), macht auf eine gewisse Dehnung seines Denkens und Schaffens zwischen extremen Auffassungen und ästhetischen Praxen aufmerksam.

Baustoffe – Stile – Mythen

Die ersten Großgaragen sind – mit verschiedenen gestalterischen Mitteln – Ausdruck Neuen Bauens, das einen Beitrag zum industriellen Fortschritt leisten und darin einen Weg aus den als beengend empfundenen regionalen und nationalen Grenzen öffnen wollte. Trotz punktuell deutlicher konzeptioneller wie gestalterischer Hinwendung zu neuen Baustoffen, Konstruktionen und ästhetischen Formen lebte ein Bedürfnis fort, zugleich an alten Bauformen festzuhalten. So bediente man sich auch weiterhin »innerhalb« des Neuen Bauens vertrauter Gesten gebauter Repräsentativität. Die vorgestellten Großgaragen stehen entweder in bewährten Bautraditionen, verwerfen diese mit neuen Gesten der Repräsentation oder schaffen (mehr oder weniger verschwommene) Synthesen. Der Tradition ist die Leipziger Garage in ihrem Entwurf (im Stil des späten Jugendstiles) wie in ihrer Ausführung (im Stil des Art Déco) verbunden. Beide Formen suchen den Anschluß an eine Kultur des Ornaments und damit an ein gesellschaftlich bereits anerkanntes Medium der Repräsentation. Die Kant-Garage in Berlin bricht mit dem Alten. Der gläserne Palast ist in seiner Transparenz, Kantigkeit, Flächigkeit und funktionalistischen Nüchternheit Symbol einer neuen Zeit. Mit den Mitteln des Stahlbetons und dem Maschinismus der Elektromechanik sind aber auch die anderen Großgaragen – wenn auch »leiser« – Hymnen an eine neue Zeit. In der Großgarage Halle verbinden sich die Möglichkeiten von Beton- und Eisenbau mit den mythischen Verheißungen Taut'scher Glasarchitektur.

Baumaterialien sind Medien der Artikulation von Stilen. Sie sind aber auch ästhetische Medien, deren ikonographische Bedeutungen kulturelle Symbolkomplexe speisen und Empfindungen wecken. Zwar sagen die alten Großgaragen als Bauten etwas über die Art einer neuen Nutzung. In ihrem Erscheinen sind sie aber zugleich in die (plurale) Erzählstruktur allgemeiner Stile einer Zeit eingebettet. Darin haben sie zunächst nichts mit dem Zweck einer Großgarage zu tun. Im (historischen) Stilrahmen von Architektur stellt sich eine Garage somit nicht nur *als Garage* dar; sie artikuliert auf einem meta-narrativen Niveau auch ein allgemeines Bild, in dem der moderne Mensch in seiner Beziehung zur (zukünftigen) Gesellschaft positioniert wird. So weckt die Architektur einer Großgarage einen mehrschichtigen Eindruck, ohne daß es möglich oder sinnvoll wäre, die Wirkung der »Schichten« analytisch zu trennen. Der Bau ist Repräsentant eines Stiles. In ihm sagt er etwas über den Geist der Zeit.

Er ist aber zugleich auch Bau *für* einen bestimmten Zweck. Darin drückt er – in gebauten Codes, die kulturelle Bedeutungen kommunizieren, eine Beziehung zum PKW und zur (Auto-)Mobilität (in der anbrechenden Zukunft) aus.

Die Benutzung einer Respekt beanspruchenden Nobelkarosse der Marke Horch, die hinter einer Art Déco-Fassade »zu Hause« war, be-deutete im repräsentativen Sinne etwas anderes als die Benutzung desselben Modells vor der Kulisse einer letztlich »nur« funktionalistischen Architektur. Die bergende Hülle der Großgaragen-Architektur fungierte als *allgemeines* Symbol der bevorstehenden glorreichen Zukunft einer automobilen und technischen Gesellschaft. Die ästhetisch aus der Mannigfaltigkeit profaner Bauten herausragende Architektur der Garagen spielt die Rolle eines Mediums der Sozialisation, zu deren Programm die Suggestion der *realisierbaren* Synthese von Altem und Neuem gehörte. Als bis in die Gegenwart ungelöste Differenz zwischen Altem und Neuem sollte sich unter historisch je spezifischen Situationen der Verkehrs-»Belastung« immer wieder das Bedürfnis nach ungetrübter städtischer Wohn- und Lebensqualitäten darstellen, nach einer tatsächlichen Realität, die nicht durch die Schattenseiten des massenhaften Individualverkehrs gekennzeichnet sein sollte. Dieser Grundwiderspruch modernen städtischen Lebens geht unmittelbar in die heterotope Wirkungsweise alter wie neuer Parkhausarchitektur ein: Die Bauten reifizieren gleichsam die Schizophrenie, nach Belieben mit dem eigenen Auto in die Mitte der Stadt hineinfahren zu können und *zugleich* den Wunsch nach einer autofreien Stadt.

Die mythische Aufgabe der Garagenarchitektur lag und liegt darin, diese Differenz durch je besondere Lösungsversuche entweder illusorisch oder kompensatorisch (bis auf weiteres) zu tilgen. Die Bauwerke erzählen mit ihren verschiedenen Fassaden, Konstruktionen und Baustoffen auf je *eigenen* (ideologischen) Wegen ihre Geschichte. Diese Wege führen über ein »Sprechen« im »Außen« der wörtlichen Rede (Foucault); und ihre Medien sind heterotope architektonische Objekte, die als ein mythischer Kitt fungieren, der den Riß zwischen einer Utopie und einer vergleichsweise defizitären Realität abdichtet: auf der utopischen Seite ist die Vorstellung eines automobilen Lebens für alle, eines guten gesellschaftlichen Lebens (insbesondere in den Städten) *mit* dem Auto und eine ungebremste Freiheit in seinem Gebrauch (Kosten und Klimafolgen). Auf der realen Seite der Nichterfüllung des Utopischen eskaliert der Zuwachs des Individualverkehrs im staubedingten Dauerinfarkt eines bestenfalls stockenden Verkehrs, kommt es in soziokultureller Hinsicht zunehmend nicht mehr auf den Besitz *irgendeines* Automobils an, sondern die Verfügbarkeit eines Fetischs, fordert der Individualverkehr (allein in Deutschland) jährlich Tausende von Todesopfern und ist beträchtlich an der Klimaerwärmung beteiligt usw. Das ästhetische Gesicht konkreter Garagen liefert *einen* narrativen Rahmen, in dem sich – tatsächlichen Verhältnissen gleichsam zum Trotz – der Mythos der Realisierbarkeit der Utopien erzählt. Das ist die Aufgabe der Heterotopien: die Verklammerung des Utopischen mit dem, was real *anders* ist, in dieser Andersheit aber nicht erkannt werden soll, damit das Nicht-Passende als gebrochene Einheit fortbestehen kann. Die Architektur von Parkhäusern und Hochgaragen erzählt einen (heterotopen) Typ »narkotisierender« Geschichten zur letztlich *ideologischen* Überbrückung tiefgreifender gesellschaftlicher Differenzen, die nur scheinbar allein in der Kultur des Individualverkehrs begründet sind.

6. Gläserne Parkhäuser der 1950er Jahre

Nach dem Zweiten Weltkrieg setzt in den 1950er Jahren allmählich eine Massenmotorisierung der Gesellschaft ein. Die Zahl der zugelassenen PKW steigt nun relativ schnell an. Ein Zuwachs an Autos bedeutete für die Innenstädte größere Verkehrsdichten. In der Stadt- und Verkehrsplanung wächst die Einsicht in die Notwendigkeit der Verkehrssteuerung (s. Kap. 1.3). Als Ausdruck eines beginnenden Wachwerdens in einer völlig neuen Verkehrssituation, die sich in Deutschland als Folge der Kriegsschäden und -lasten im Vergleich zu anderen europäischen Ländern verzögert entwickelt, setzt sich schnell der politische Wille zum Bau von Parkhäusern durch. In der ersten Hälfte der 1950er Jahre werden als Vorzeichen einer im allgemeinen weniger punktuell als strukturell angelegten Verkehrspolitik die ersten neuen Parkhäuser gebaut.[1] Nach einer Umfrage des Deutschen Städtetages gibt es 1960 in der ganzen BRD 40 Parkhäuser, die sich auf 17 Großstädte verteilen (vgl. Romeick 1960: 292). In Köln gibt es schon neun, während es in Frankfurt erst drei sind (vgl. Sill 1961: 12).

Die verkehrsplanerische und architektonische Situation der 1950er Jahren unterscheidet sich von der der 1960er und 70er Jahre. Zum einen waren Parkhausneubauten in den 1950er Jahren rar. Nicht zuletzt deshalb waren sie auch mediale Träger von Bedeutungen, deren Vermittlung viele Planer und Architekten sich bewußt gewesen sein dürften. Die neuen Verkehrsbauten symbolisierten eine Lösungsstrategie zur Beherrschung schnell wachsender Verkehrsdichten. Im architektonischen Bild der Stadt bedeuteten sie ein Novum. Als Vorboten eines neuen Typs Verkehrsarchitektur war ihnen deshalb eine anfängliche Aufmerksamkeit gewiß, die in den 1960er Jahren jedoch schnell einer ästhetischen Neutralisierung von Parkhausneubauten zu gesichtslosen Orten nackter Funktionalität wich.[2]

1. Nur in wenigen Städten sind die in den 1920er und 30er Jahren schon existierenden Hochgaragen nicht zerstört und noch nutzbar.

2. Innerhalb der Verkehrsarchitektur sollten fortan bestenfalls Brückenbauwerke eine herausgehobene feuilletonistische, kulturpolitische, hochbautechnologische und architekturtheoretische Beachtung finden. Während der Sinn von Parkbauten darin lag und liegt, ein Verkehrsproblem zu »entsorgen«, symbolisieren Brücken seit jeher

Die Aufmerksamkeit, die Parkhäuser in den 1950er Jahren fanden, sollte von kurzer Dauer sein. Die wenigen architektonisch herausragenden Bauwerke leisteten ihren verkehrspolitischen Beitrag, indem sie dem »ruhenden« Verkehr einen Ort im Zentrum der Stadt gaben und damit einen »fließenden« Auto- und Warenverkehr ermöglichten. Sie leisteten daneben aber auch einen kulturellen Beitrag, indem sie ein verkehrspolitisches Programm ästhetisch zum Ausdruck brachten. Viele der ersten Parkhäuser der Nachkriegszeit erzählten nämlich eine Vision, in der das mit dem urbanen Leben der Stadt Unverträglichste in einer stimmigen Einheit aufgehen solle: freier Individualverkehr in einer ökonomisch wie kulturell lebendigen Innenstadt. Die ästhetisierten Nachkriegsparkhäuser waren deshalb »narrative« Bauten, die nicht auf allein funktionierende ober- wie unterirdische Kisten reduziert sein sollten. Über Dekaden hinweg sollte im Bild der Stadt jedoch genau diese funktionalistische Form von Parkhäusern dominieren.

Daß der Bau von Parkhäusern auch ästhetische Anforderungen stellt, wird nach einer kurzen Episode um die Mitte der 1950er Jahre erst in jüngster Zeit wieder erkannt. Die Parkhäuser der 1950er Jahre formulierten eine architektonische Antwort auf den sich ausbreitenden Massenverkehr. Die wenigen Architekten, die sich dieser Bauaufgabe annahmen, gestalteten mit ihren Parkbauten einen Beitrag zum Stadtbild, der eine nachhallende Stimme im nonverbalen Diskurs über die Stadt hinterließ. Darin war eine optimistische Antwort auf die Frage vernehmbar, welche Rolle das Auto in der Stadt der Zukunft spielen sollte, in einer Stadt, die nicht nur als Multifunktionsraum, sondern auch als Wohnraum attraktiv bleiben sollte. Die an zentralen Orten in der Stadt errichteten Parkhäuser waren thesenhaft gebaute Programme einer optimistisch-visionären (und nicht idiosynkratischen) Integration des Autos in der Stadt. Letztlich sollten sie aber doch nur einen Weg in einen schnellen Bauzyklus öffnen, der sich als später Nachkömmling der Charta von Athen erwies. Das Bild

die Erweiterung der Stadt, die Synthese von Altem und Neuem, den Aufbruch, die Grenzüberschreitung, ein Zusammenwachsen städtischer Zonen etc. Die vielfältige symbolische Codierung eines Brückenbauwerkes läßt sich beispielhaft in der jüngeren Stadtentwicklung von Rotterdam nachvollziehen. Mitte der 1990er Jahre war die Erweiterung des Stadtzentrums in Richtung Süden in einen ehemals vor allem hafenwirtschaftlich genutzten Bereich vom Bau der Erasmusbrücke über die Maas abhängig (Stadterweiterung »Kop van Zuid«). Die Debatte um den Bau der Brücke verlief schnell im mythischen Fahrwasser einer neuen Selbstzuschreibung von großstädtischer Identität. Heute ist die Erasmusbrücke eines der Symbole der Stadt Rotterdam für Fortschrittsgeist und Weltoffenheit. Die Brücke ist ein kulturelles Symbol, das mit Erwartungen, Hoffnungen und Utopien assoziiert wird (s. Einleitung). Im Unterschied dazu haften dem Typ »Parkhaus« überwiegend negative Assoziationen an.

der (autogerechten) Stadt charakterisiert sich in einer Architektur, die der Stadt nicht als Wohnraum, sondern als maschinistisches Megasystem Gestalt gab. An zwei Beispielen werde ich Merkmale skizzieren, die die Architektur von Parkhäusern nur für kurze Zeit prägen sollten.

6.1 Die »Haniel-Garage« in Düsseldorf-Flingern

Bereits im Jahre 1951 wurde der erste Entwurf eines modernen Parkhauses, das seine Tradition zur Architektur der Großgaragen noch in seinem Namen zu erkennen gibt, der Öffentlichkeit vorgestellt. Wenige hundert Meter von einer in der Kettwiger Straße (Ecke Behrenstraße) schon 1930 gebauten Großgarage, die zum Autohaus der Firma Adam Opel gehörte,[3] wurde nach zweijähriger Bauzeit auf der Ecke Grafenberger Allee/ Lichtstraße 1953 die sog. Haniel-Garage nach einem Entwurf von Paul Schneider-Esleben errichtet. Zur viergeschossigen Garage gehört ein Nebengebäude, in dem sich ein zweigeschossiges Hotel befindet. Die Idee des Ensembles lehnt sich an die amerikanische Motelkonzeption an, für die man seinerzeit auch in Deutschland einen Bedarf sah. Im Nebengebäude befinden sich gegenwärtig Büros.

Abb. 6.1: Haniel-Garage in Düsseldorf (2006)

Die Garage zeichnet sich in ihrem Stil durch eine Wiederaufnahme des »International Style« der 1920er Jahre aus. Das Ensemble steht wegen

3. Die Garage wird auch heute noch als Parkhaus der Filiale einer nationalen Baumarktkette genutzt. Der Baumarkt befindet sich seinerseits in umgenutzten ehemaligen Garagenräumen. Das Gesamtensemble steht als seltenes Zeugnis der Architektur unter Denkmalschutz. Die Rampengarage ist ein als solcher weithin erkennbarer Stahlbetonbau.

seiner Bedeutung für die Stadt-, vor allem aber für die Architekturgeschichte seit 1982 unter Denkmalschutz. Den Beschreibungen der Denkmalliste zufolge handelt es sich um eines der ersten Parkhäuser, die in Deutschland nach dem Zweiten Weltkrieg gebaut worden sind.[4] Nach Knop ist die Düsseldorfer Garage *das* erste Parkhaus der Bundesrepublik Deutschland (vgl. 2006: 37). Es zeichnet sich durch eine Architektur aus, die für Parkhausbauten untypisch ist. Bestimmende Gestaltmerkmale sind das zu den Längsseiten auskragende, leicht wirkende Dach und die transparente Rundumverglasung. Die Garage war ein architektonisches Novum; sie erinnert am ehesten noch – wenn auch auf dem Hintergrund einer mehr als 20 Jahre fortgeschrittenen Hochbautechnik – an die Kant-Garage in Berlin. Im Unterschied zur Berliner Garage ist die in Düsseldorf-Flingern völlig durchsichtig. Bauphysiognomisch herausstechendes Merkmal ist schließlich die außenliegende Auf- und Abfahrtsrampe, die mit Stahlseilen an den Trägern des vorkragenden Daches abgehängt ist. Da die 14,5 % geneigte Fahrbahn trotz des Dachvorsprunges Wind und Wetter auch im Winter ausgesetzt ist, war sie beheizbar.

Zwar wurden auch in die Düsseldorfer Garage eine Reihe von Dienstleistungsangeboten einschließlich Restaurant integriert, jedoch insgesamt schon in einem etwas geringeren Umfang als in den Großgaragen der 1920er Jahre. Die ursprünglich im Erdgeschoß der Garage vorhandene dreispurige Tankstelle, Reparaturwerkstatt, Waschanlage, Lager und Batterieladestation (vgl. ebd.) gehörten dazu. Das Beispiel der Hanielgarage verdient auch deshalb Beachtung, weil danach keine Garage mehr eine so diversifizierte Gewerbe- und Infrastruktur, deren Konzept offensichtlich an den Traditionen der 1920er Jahre anknüpfte, angeboten hatte. Schon das wenige Jahre später in Frankfurt a.M. errichtete Parkhaus an der Hauptwache wartet mit einem deutlich eingeschränkten Leistungsspektrum auf.

Abb. 6.2: Am vorkragenden Dach abgehängte Auf- und Abfahrt

Abb. 6.3: Ehemalige Stellplätze auf einem Parkdeck nach der Umnutzung zu einer BMW-Niederlassung

4. Vgl. Landeshauptstadt Düsseldorf, Denkmalliste (No 00923), Objektbeschreibung Haniel-Garage in Düsseldorf-Flingern.

Das neben dem Parkhaus auf Stützen stehende Gebäude hatte im Obergeschoß 22 Hotelzimmer. Drei Wohnungen waren für das Personal vorgesehen (vgl. Hatje/Hoffmann 1956: 194). Das in seiner Architektur kaum veränderte Düsseldorfer Bauwerk gehört zu den international bemerkenswertesten Parkbauten. »Der Bau dürfte durch seine Einfachheit und Reife zum Besten gehören, das nach 50 gebaut wurde«, merkt Fritz Schupp über die Architektur der Garage an (Schupp 1954). Auch Friedrich Tamms sieht in der Haniel-Garage aufgrund ihrer technischen Klarheit eines der besten Gebäude der Stadt, die über ihre Zweckbestimmung hinaus architektonische Ansprüche erfüllt (Tamms 1968: 49f). Die Garage wurde Anfang der 1990er Jahre saniert und ist aufgrund ihrer Umnutzung zu einer BMW-Niederlassung in ihrem baulichen Bestand gesichert (s. Abb. 6.1 bis 6.3). Damit kann die Architektur nicht nur erhalten werden, sie erhielt eine Form der Nutzung, die der ursprünglichen Funktion nahe kommt.

6.2 Das »Parkhaus Hauptwache« in Frankfurt a.M.

In den beginnenden 1950er Jahren verlangte die Verkehrssituation in der Stadt Frankfurt durch die starke Zunahme des PKW-Individualverkehrs eine nachhaltige Lösung des Parkproblems. Im Jahre 1938 waren in der Stadt 18.000 PKW zugelassen; 1945 waren es nur noch 2.000, 1954 aber schon wieder 31.000 und 1959 mit 70.000 abermals mehr als doppelt so viel wie fünf Jahre zuvor. Um der Verkehrsüberlastung der Innenstadt

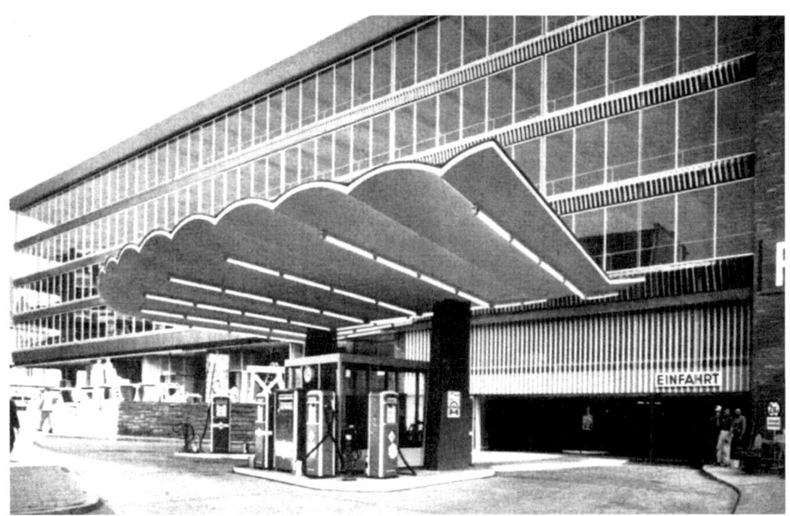

Abb. 6.4: Parkhaus Hauptwache in Frankfurt a.M. (Tankstelle) nach der Fertigstellung 1956. Bild: Hochtief 1957: 7

entgegenzutreten, führte man in Frankfurt 1955 den Parkometer ein. Eine Reihe anderer Maßnahmen zur Erschwerung und Verteuerung des innerstädtischen Parkens wurde aber nur bedingt den gesteckten Zielen einer Verbesserung der Verkehrssituation gerecht. Vor allem aber liefen die restriktiven Maßnahmen den wirtschaftlichen Interessen des Einzelhandels zuwider. Die Umsetzung eines Parkhauskonzepts sollte für Verkehrsentlastung sorgen, zugleich aber den Konsum in der Innenstadt beleben. Als erstes von acht Häusern, die in der Frankfurter City gebaut wurden, entstand das Parkhaus Hauptwache; 1959 folgte das »Parkhaus Konstabler Wache« und 1960 das »Parkhaus Stadtbad Mitte« (vgl. Hochtief 1961).

Die Architekten Max Meid und Helmut Romeick entwarfen das Parkhaus Hauptwache, das von der Frankfurter Aufbau AG (FAAG) errichtet wurde. Wie auch bei der Haniel-Garage gab es im Einfahrtbereich der Garage – die nun »Parkhaus« hieß – eine Tankstelle (s. Abb. 6.4), zu der vier Waschboxen gehörten (s. Abb. 6.5) und eine Werkstatt. Sowohl Tankstelle als auch Werkstatt wurden später aufgegeben. In einem Kontrollhäuschen saß der Kassierer, der den einfahrenden Wagen mit numerierten Blechmarken freie Plätze zuwies (s. Abb. 6.6) und bei der Ausfahrt den fälligen Betrag kassierte. Die Bewirtschaftung der Garage sollte durch die Vermietung von Erdgeschoßflächen an Inhaber von Lokalen und kleinen Läden rentabel werden. So entstanden an zwei Straßenfronten (Kleidenstraße und Kleiner Kornmarkt) gewerbliche Nutzungen im Erdgeschoß (s. Abb. 6.7), deren bis heute gewinnbringender Betrieb der günstigen innerstädtischen Lage des Parkhauses zu verdanken ist.

Abb. 6.5: Parkhaus Hauptwache in Frankfurt a.M. (Waschplatz) nach der Fertigstellung 1956. Bild: Hochtief 1957: 7

Abb. 6.6: Einfahrtprozedur in den 1950er Jahren – Karikatur in der Tagespresse. Bild: Holz 1957: 12

Der Bau des ersten Frankfurter Parkhauses bewährte sich schnell und die Einzelhandelsgeschäfte in der Innenstadt wurden spürbar besser frequentiert (vgl. N.N. 1959.2). Die rentable Bewirtschaftung eines Parkhauses setzt die Erhebung einer angemessenen Gebühr voraus, die wegen des unternehmerischen Betriebs genaugenommen keine Gebühr, sondern ein Entgelt ist (die Verwaltung der öffentlichen von der FAAG gebauten Parkhäuser obliegt der Parkhausbetriebsgesellschaft).[5] So wird die von Zeit zu Zeit erfolgte Neufestsetzung der »Parkgebühren« zu einem immer wiederkehrenden Thema öffentlichen Interesses.

Das erste Parkhaus einer Stadt stellte Gewöhnungsansprüche an seine Benutzer. Ein anfängliches Hindernis lag unmittelbar nach der Inbetriebnahme des Hauses in seiner Ablehnung. Erst nach einer Zeit der Gewöhnung stiegen die kläglichen Nutzungsfrequenzen an. Es gab aber auch technische Anfangsprobleme. So ergab sich schon in den ersten Monaten die Notwendigkeit für den nachträglichen Einbau einer Schranke an Ausfahrt und Kasse, bald wird die Optimierung der Platzzuweisung diskutiert und ein Parkscheinautomat in der Parkhauseinfahrt aufgestellt. Dagegen reichten die technischen Möglichkeiten noch nicht aus, um auch das Kassieren beim Verlassen der Garage zu automatisieren (vgl. N.N. 1964).

Das Landesamt für Denkmalpflege betrachtet das Parkhaus als »eines der ersten wirklichen Parkhäuser in der Bundesrepublik« (Kaiser 2002). Es wurde 1986 als Kulturdenkmal in die Denkmaltopographie der Stadt Frankfurt aufgenommen. Der Pressedienst der Stadt Frankfurter am Main veröffentlicht anläßlich des 50jährigen Bestehens des Parkhauses am 22.08.2006 eine Objektbeschreibung, in der es u.a. heißt: »Vor 50 Jahren, am 18. September 1956, wurde das ›Parkhaus Hauptwache‹ am Kornmarkt hinter der Katharinenkirche eröffnet. Das Stahlbetongebäude mit der großzügigen Fensterfront, auf dessen vier Parkebene 392 Personenwagen und 60 Motorräder Platz fanden, war das erste öffentliche Parkhaus in der Bundesrepublik.« In der Frankfurter Rundschau steht – vereinfacht für das »gemeine Volk« – kurz, knapp und falsch: »[...] 3,3 Millionen Mark für Deutschlands erstes Parkhaus [...]« (Schubert 2006). Ebenso wenig stimmt die Feststellung, es handele sich um das älteste noch in Betrieb befindliche »öffentliche Abstellgebäude für Fahrzeuge« (Walburg 2000). Verzerrende bis verfälschende Aussagen über historische Superlative, die keine sind, machen darauf aufmerksam, daß Garagen und Parkhäuser am Rande öffentlicher Aufmerksamkeit liegen. Anlässe der Stadtgeschichte bringen die im Alltag des städtischen Lebens in ihrem ästhetischen Erscheinen und Erleben meist ignorierten Bauwerke ins grelle Licht einer aufblitzenden Thematisierung und spannen sie für Musealisierung und symbolische Stadtpolitik nahezu beliebig ein.

5. Zwar mag die Erhöhung der »Parkgebühren« in der öffentlichen (Presse-)Wahrnehmung ein sensibles Thema sein; die Parkhausbetreiber weisen indes darauf hin, daß eine Verminderung der Gebühren keine stärkere Nutzung zur Folge habe (N.N. 1975).

Abb. 6.7: Gastronomiebetriebe in der EG-Nutzung des Frankfurter Parkhauses Hauptwache (2006)

Ende der 1990er Jahre wurde eine Sanierung des Parkhauses Hauptwache unaufschiebbar. Die Kosten beliefen sich auf ca. 20 Mio. DM. In dieser Zeit mußten zahlreiche Parkhäuser aus den 1960er und 1970er Jahren saniert werden. Große Schäden hatten rund 20 Jahre zuvor die seinerzeit in Winterreifen üblichen Spikes angerichtet. Die Betonflächen wurden von den Metallstollen der Reifen so stark abgerieben, daß im Tauwasser gelöstes Streusalz in den Beton einsickern konnte und in der Folge der Frost nicht nur den Beton löste, sondern auch die darunter liegenden Eisenarmierungen zersetzte.

In der architektonischen Würdigung des Bauwerkes wird – ähnlich wie bei der Düsseldorfer Haniel-Garage – die über drei Hauptfassaden laufende Verglasung als ästhetisches Merkmal hervorgehoben. Dies nicht erst in der historisierenden Retrospektive, sondern schon unmittelbar nach der Fertigstellung des Hauses. Die besondere architektonische Form des Bauwerkes wird bereits in einem Artikel aus dem Jahre 1957 angesprochen, »obwohl das Parkhaus als nüchterner Zweckbau geplant und gebaut wurde« (Holz 1957: 12). Die »Eleganz des Gebäudes« (vgl. ebd.: 13) wird insbesondere in dem leicht auskragenden Dach, das dem Bau den Eindruck einer gewissen Leichtigkeit sichert, und in der Verglasung der Fassade gesehen. Während das Glas der Fassade transparent ist, wurde in den beiden Rampentürmen (eine Spirale für die Einfahrt und eine für die Ausfahrt) Gußglas verwendet (s. Abb. 6.8). Die Architekten Romeick und Meid setzten bei keinem der weiteren in der Frankfurter Innenstadt geplanten Parkhäuser mehr *transparentes* Glas ein, sondern lediglich Guß- bzw. Drahtglas. Max Meid, einer der beiden Architekten, gibt hierfür finanzielle Gründe an. Nur an besonders attraktiven und zentralen Standorten in der City seien Investoren bereit gewesen, finanzielle Ausgaben auch für die *ästhetische* Gestaltung eines Parkhauses zu akzeptieren.[6] Im Rahmen der Sanierung des Gebäudes (s. Abb. 6.9) wurde die Einfachverglasung der Fensterbänder gegen Verbundsicherheits-Glas (VS-Glas) ausgetauscht (an der Südfassade blieb die matte Ornamentverglasung erhalten) (vgl. Kaiser 2002).

Abb. 6.8: Gußglas in den Rampenspiralen des Frankfurter Parkhauses Hauptwache (2006)

Abb. 6.9: Frankfurter Parkhaus Hauptwache nach der Sanierung (2006)

6.3 Die mythischen Implikationen früher Fassadenverglasungen

In den 1950er Jahren werden weit weniger Parkhäuser gebaut als in der darauffolgenden Dekade. Im Vergleich mit den später errichteten Gebäuden waren die unmittelbaren Nachkriegsbauten in ihrer Architektur oft bemerkenswert. Die wenigen in den 1950er Jahren erbauten Parkhäuser drücken mit ihren oft transparenten Fassadenverglasungen einen ästhetischen Anspruch aus. Eine durchsichtige Fassadengestaltung findet man z.B. auch bei dem in der Lange Straße in Baden-Baden errichteten Gebäude aus dem Jahre 1953 (s. Abb. 6.10).[7]

Die Beispiele aus Düsseldorf und Frankfurt a.M. zeigen, daß Gründe des Feuerschutzes nicht grundsätzlich für den Ausschluß von durchsichtigen Glassorten geführt haben. Seit Beginn der Geschichte des Baus von Großgaragen ist vor allem dann transparentes Glas verwendet worden, wenn ästhetische Gründe die damit verbundenen höheren Kosten recht-

6. Mdl. Interview mit dem Architekten des Parkhauses Hauptwache Reg. Baumeister a.D. Dipl.-Ing. Max Meid am 28.09.2006.

7. Das Gebäude wurde aufgrund einer Baugenehmigung vom 17.03.1953 nach dem Entwurf des Baden-Badener Architekten Albert Peter errichtet (briefliche Mitteilung der Stadtverwaltung Baden-Baden, Rechts- und Bauordnungsamt vom 06.09.2006).

fertigen konnten. Mit Pierre Bourdieu lassen sich solche auf den ersten Blick geldverschwenderischen Ausgaben als Ausdruck eines »strategischen Bluffs« verstehen, dessen (ökonomischer) Sinn erst aufgeht, wenn sich die kostspielige Zurschaustellung symbolischen Kapitals durch monetäre Rückflüsse im nachhinein als gute Investition erweist (vgl. Bourdieu 1976: 352). So diente die Garage Marbeuf in Paris mit ihrer prächtigen straßenseitigen Fassadenverglasung bezeichnenderweise auch nicht dem Garagieren von PKW, sondern der Verkaufspräsentation von Neuwagen des Autoherstellers Citroën. Dagegen profitierte der hintere Gebäudeteil der Garage Marbeuf, der dem normalen Parken vorbehalten war, nur indirekt von der Investition in den schönen Schein der Frontseite.

Diese Rationalität liegt der Planung öffentlicher Parkhäuser nicht zugrunde, gab es doch im unmittelbaren Sinne nichts zu verkaufen außer der Dienstleistung des Garagierens bzw. Parkens. Dennoch ist auf einem indirekten Wege auch in der Planung von Parkhäusern, die mit öffentlichen Geldern finanziert wurden, ein ästhetisches Denken am Werke. Zwar bauten die Städte ihre Parkhäuser nicht auf eigene Rechnung, sondern ließen diese Aufgabe von Tochtergesellschaften erfüllen, die sie oft nach dem Zweiten Weltkrieg mit dem Auftrag zum Stadtaufbau gegründet hatten. Damit war – gewissermaßen als integraler und impliziter Bestandteil der übertragenen Aufgaben – zugleich ein Auftrag zur Wahrnehmung von Bauaufgaben der Repräsentation delegiert. So schwang in der Errichtung von Parkhäusern nicht als erste aber doch als beigeordnete Aufgabe ein Projekt stadtpolitischer Selbstinszenierung mit, so daß auch der Bau dieser Objekte mittelbar im Rahmen einer ästhetischen Rationalität stand.[8]

Abb. 6.10: Transparent Verglastes Parkhaus am Bahnhof von Baden-Baden. Quelle: Deutsche Shell AG 1964: 73

8. Da Fotografien der in Rom 1929 gebauten Großgarage Casa dell' Automobile äußerst rar sind, kann nicht mit letzter Sicherheit gesagt werden, ob hier Guß- oder durchsichtiges Glas verwendet wurde. Es liegt jedoch bei diesem historisierten Mo-

Während fast alle Parkhausfassaden vor dem Zweiten Weltkrieg mit Drahtglas ausgestattet waren, lockerten sich später die restriktiven Vorgaben der Baugenehmigungsbehörden. Mit dem produktionstechnologischen Fortschritt in der Glasherstellung wird heute produziertes VS-Glas hohen Sicherheitsstandards gerecht. Sicherheitsglas entsteht durch die thermische Behandlung von vorgespanntem Glas nach einem Verfahren, das schon seit mehr als 30 Jahren üblich ist.[9] Daß dennoch seit den 1960er Jahren überwiegend Drahtglas verwendet wurde, dürfte vor allem (s.o.) ökonomische Gründe gehabt haben. Nur an Standorten, an denen öffentliche Aufmerksamkeit erwartet werden konnte, wurde es unter besonderen Voraussetzungen verwendet. Drahtglas ist kostengünstig und praktisch, wenn es auch im Vergleich zu VS-Glas nur niedrigen Sicherheitsstandards gerecht wird. Es ist nicht so belastbar wie VS-Glas und zeichnet sich allein dadurch aus, daß es mehr Stabilität als einfaches Fensterglas aufweist, wenn es zu Bruch geht. An den Präferenzen für den Einsatz von einfachem Gußglas hat sich im Prinzip bis heute nichts verändert.

Die kostenaufwendige Verglasung einer Parkhausfassade mit transparentem Glas plausibilisiert sich durch den entstehenden ästhetischen Wert. Die Durchsichtigkeit einer Fassade (hinter der im Prinzip nichts als abgestellte PKW zu sehen sind) vermittelt eine andere synästhetische Qualität der Wahrnehmung und in der Folge auch eine höherwertige Symbolik als undurchsichtiges Gußglas. Deshalb wird die mit der visuellen Offenheit verbundene Klarheit und Durchschaubarkeit »innerer« Geschehnisse auch in frühen Architekturkritiken der Bauwerke in Düsseldorf und Frankfurt als Merkmal von Eleganz schon angesprochen. »Gläserne« Parkhäuser konstituierten von Anfang an besondere ästhetische Orte im Stadtraum. Die Transparenz einer Fassade hat also auch einen über den profanen Gebäudezweck hinausschießenden mythischen Gehalt. Durchsichtigkeit ist nicht nur »sichtbar«; unhörbar erzählt sie eine Geschichte von Extravaganz und architektonischer Exzentrik, kurzum, vom Besonderen eines Ortes in einer immer länger werdenden Reihe kaum noch unterscheidbarer Orte. Helmut Romeick macht als einer der ersten Parkhausarchitekten der 1950er Jahre die Verglasung einer Fassade von der Einordnung in die Nachbarbebauung abhängig; damit reduziert er eine

---

numentalbau nahe, daß Bauherr und Architekt bei der Planung und Ausführung des Baus ein starkes Interesse an einem Maximum an Repräsentativität hatten. Allein die aufwendige Fassade spricht schon für die These kostenintensiven repräsentativen Bauens.

9. Für Informationen zur Glasherstellung wie zu Werkstoffeigenschaften spezieller Glassorten danke ich der Firma KWV Kooperationsgesellschaft für Warenverkehr mbH in Frankfurt am Main.

komplexe ästhetische Frage auf eine formalästhetische Marginalie, die in der Entscheidung gestalterischer Aspekte von nachgeordneter Bedeutung ist. Zahlreiche Beispiele in europäischen Großstädten sprechen dagegen und machen auf repräsentationsorientierte Kalküle aufmerksam. Wenn Romeick sodann die Verglasung auch als »Frage des Komforts« anspricht (vgl. 1960: 294), dann erklärt er damit zwar nicht die Gründe, die die Bereitschaft zur Investition geldlichen Kapitals in symbolisches Kapital verständlich machen könnten. Aber er markiert ein Schlüsselwort, das ein Licht auf jene Rationalität wirft, wonach das Ästhetische als eine Variable des Ökonomischen Konturen gewinnt.

Im Unterschied zu den Hochgaragen der 1920er Jahre zielt der symbolische Überschuß seit den 1950er Jahren kaum noch auf den Besitzer eines Wagens ab, denn angesichts einer nun schnell voranschreitenden Massenmotorisierung ist der Autobesitz kein unbedingtes Privileg mehr. Der eigene PKW fällt in seinem Wert als prädestiniertes Medium der Distinktion rasant ab. Mit dem Bau von Parkhäusern werden von nun an gebaute Symbole in den physischen Raum der Stadt gestellt, die nicht mehr die Autofahrer, sondern die Städte als (indirekte aber assoziierte) Bauherren auf sich beziehen. Während das Parkhaus in den 1920er und 30er Jahren illusionsheterotopen Charakter hatte, verwandelt es sich für den Benutzer nun in einen kompensationsheterotopen Ort. Vom Benutzer eines PKW werden Parkhäuser in erster Linie als Orte einer pragmatischen, völlig alltäglich und banal gewordenen Problemlösung aufgesucht. In dieser Situation werden die noch raren Parkhäuser für die sie bauenden oder aus verkehrspolitischen Gründen initiierenden Städte aber zu illusionsheterotopen Orten. Eine gläserne Parkhausarchitektur erzählt, wenn sie die Aufmerksamkeit von Architektur-Kolumnisten findet, mit kulturpolitischem Nachdruck den Mythos von der *gelingenden* Lösung kontinuierlich eskalierender innerstädtischer Verkehrsprobleme.

Diese heterotope Funktion von Parkhäusern soll sich in den folgenden Jahren schlagartig verändern. Ab den 1960er Jahren werden sie bis auf weiteres nur noch »schnöde« Kompensations-Heterotopien sein. Die Bereitschaft zur Investition symbolischen Kapitals durch Ästhetisierung bricht gleichsam vollständig in sich zusammen.

7. Funktionierender »Park-Beton« in den 1960er bis 80er Jahren

Für die Parkhäuser der 1960er bis 80er Jahre ist es charakteristisch, daß sie in der thematisch relevanten – zudem raren – Literatur nahezu ganz ausgeblendet werden (vgl. z.B. Meyhöfer 2003). Wo die Architektur von Parkhäusern dennoch zum Thema wird, geschieht das entweder in der historisierenden (musealisierenden und tendenziell verklärenden) Pointierung insbesondere technischer Merkmale, die aus der gegenwärtigen Perspektive anachronistisch wirken, oder es werden, aus heutiger Sicht exzentrische Bauobjekte illustriert, die eher für die Hochglanzbroschüren des Architekturjournalismus gebaut zu sein scheinen, als für den alltäglichen Gebrauch. Eine Diskurskultur, die aus der Chronologie einer speziellen Architekturgeschichte nur das Exotische extrahiert und ästhetisiert, konstruiert Zerrbilder, so daß sich zwischen Be-Reden und Ver-Schweigen einer bestimmten Klasse von Architekturobjekten ein thematisches Vakuum bilden und mit Bildern und Klischees füllen kann, die einer kritischen Aufarbeitung vergangener und noch anhaltender Baukulturen in der Verkehrsarchitektur entgegenstehen. Mit der diskursiv weitgehenden Ausklammerung der Hinterlassenschaften der in den 1960er Jahren gebauten Parkhäuser kann das Gemiedene aber real nicht verbessert, sondern symbolisch nur codiert und umcodiert werden. Auf einem sehr allgemeinen Niveau wird die Parkhausarchitektur der 1960er bis 80er bzw. frühen Jahre ohne Explikation von Argumenten in der Sache zu einem nicht diskussionswürdigen Gegenstandsbereich deklariert und damit zu einem blinden Fleck der Stadtwahrnehmung.

7.1 Ästhetisch neutralisierte Zweckbauten

Im Jahre 1959 entsteht in der Stadt Frankfurt a.M. das zweite Parkhaus (s. Abb. 7.1). Es wird nach einem Entwurf von Helmut Romeick und Max Meid, den Architekten eines der ersten Nachkriegsparkhäuser der BRD, gebaut. Es ist aber nicht nur das zweite Parkhaus von Frankfurt, es ist auch beispielhaft für die architektonische Entwicklung von Parkhäusern in zahlreichen Großstädten zu dieser Zeit. In seinem Stil ist das Gebäude auch ein ästhetisches Programm für den zukünftigen Bau von Parkhäusern. Die Architektur unterscheidet sich auf den ersten Blick nur um Nuancen von dem denkmalgeschützten Parkhaus Hauptwache. Unterschiede liegen in der auf die reine Funktionalität reduzierten Gestaltung des Daches und in der Verwendung von Drahtglas anstelle von Fensterglas. Das in unmittelbarer Nähe zur Hauptgeschäftsstraße Zeil in der Hinterbebauung gelegene »Parkhaus Konstabler Wache« ist ein Zweckbau, der auf seine Funktion reduziert ist (vgl. Hochtief 1961: 7ff). Im Parkhaus befand sich ursprünglich eine Tankstelle. Auch die »Pflegestation« ist zwischenzeitlich aufgehoben und die Ladenfläche im Erdgeschoß stark reduziert worden. Fassade und Innengestaltung des in den 1990er Jahren sanierten Gebäudes passen zur minder attraktiven Lage der Hinterbebauung (s. Abb. 7.2).

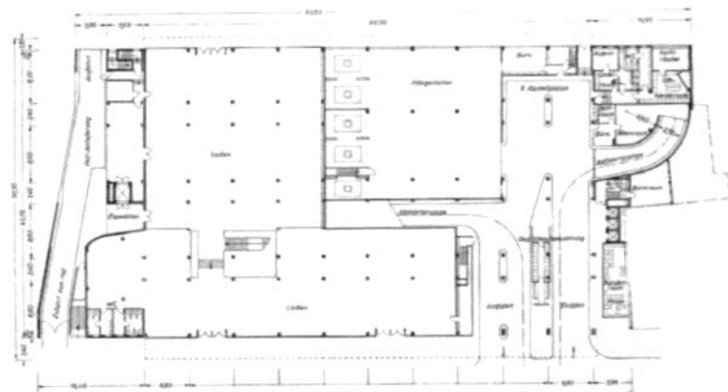

Abb. 7.1: Parkhaus Konstabler Wache (Erdgeschoß) in Frankfurt a.M. 1959: Grundriß: Hochtief 1961: 8

Abb. 7.2: Parkhaus Konstabler Wache (2006)

Das Beispiel ist charakteristisch für einen Stil innerhalb des Städtebaus in der zweiten Phase des Wiederaufbaus nach dem Zweiten Weltkrieg. Die Formensprache der Architektur bekannte sich nun vollends zu einer Variante des International Style, in dem allein die Funktion die Form bestimmen sollte. Nachdem die ökonomischen Kräfte zum Wiederaufbau konsolidiert waren und die Dynamik des Neubauens sich beschleunigt hatte, war der Beton das Baumaterial der Zeit, das sich nicht nur seiner Werkstoffeigenschaften wegen als erste Wahl anbot, sondern auch die Ästhetik definieren sollte. Das Parkhaus an der Konstabler Wache läßt sich als erster Ausdruck eines architektur-ästhetischen Selbstbekenntnisses auffassen, das in Folgebauten die Physiognomie der Stadt prägen sollte.

Die in den folgenden Dekaden gebauten Parkhäuser lassen bis Mitte der 1990er Jahre ihren Zweck auf eine andere Weise erkennen als die Haniel-Garage in Düsseldorf, das Frankfurter Parkhaus Hauptwache oder das ebenso transparent verglaste Baden-Badener Parkhaus am Bahnhof (s. Abb. 6.10). Mit den immer dramatischer werdenden Verkehrsdichten in den Innenstädten setzen sich mit dem Bau weiterer Parkhäuser Bauformen durch, die unter dem Aspekt der Verkehrsplanung nachhaltig, für die Investoren kostengünstig waren und eine schnelle Besserung des Parkproblems bewirken sollten. Das 1960 in Frankfurt fertiggestellte »Parkhaus Stadtbad Mitte«[1] ist – wie alle Parkbauten zuvor – aus Beton und Stahl gebaut; es stellt sich aber in einer bis dahin nicht üblichen unverkleideten Form auch als Betonbau dar (s. Abb. 7.3). Nur in konstruktiver Hinsicht unterscheidet es sich von anderen Bauten (Anordnung und Sichtbarkeit der Rampentürme). Eine einfache formale Grundstruktur wird immer wieder reproduziert. Das Skelett aus Beton und Stahl an den Hauptfassaden wird meist mit Drahtglas geschlossen (s. Abb. 7.4). In weniger zentralen Lagen oder zur Hinterbebauung bleiben die Betonskelette oft offen (s. Abb. 7.5). Als Grund für diese Bauweise wird vor allem das Argument der wirkungsvollen Belüftung angeführt. Frühere und spätere Beispiele dokumentieren aber, daß das Ziel einer freien Luftzirkulation auch mit dem gestalterischen Mittel geschlossener Fassaden erreicht werden konnte.

Abb. 7.3: Parkhaus Stadtbad Mitte in Frankfurt a.M. Bild: Frankfurter Aufbau AG 1960: 26

In mittleren Großstädten, insbesondere in Provinzstädten, die als Folge zunehmenden innerstädtischen Individualverkehrs trotz knapper Mittel keine Alternative zum Bau von Garagen mehr sehen, entstehen selbst in zentraler Lage noch in den 1980er und frühen 90er Jahren jene funktionalistisch reduzierten architektonischen Formen, die sich für Filmemacher

1. Nachdem es das Stadtbad Mitte nicht mehr gibt, ist das Haus in »Schiller-Parkhaus« umbenannt worden.

immer wieder als Orte des Bösen anzubieten scheinen (s. Abb. 7.6 und 7.7). Solche Bauwerke, die sich über ihr architektonisches Gesicht ohne ästhetische Beschwichtigung zu ihrem banalen Zweck bekennen, sind an zentralen innerstädtischen Orten zahlreich errichtet worden (s. Abb. 7.8 und 7.9). Es wäre zu einfach und der Sache der Ästhetik des Bauens inadäquat, jene Gebäude, die später zu Sanierungsfällen werden, als Ausdruck mangelnden Bewußtseins für das »Schöne« zu verrufen. Zwar spiegelt die sporadische Bauweise ungezählter Parkhäuser, die über die Dauer von rund 35 Jahren gebaut worden sind, auch den Zustand öffentlicher Haushalte wider. Mit mindestens demselben Gewicht dokumentieren sie aber auch ein gesellschaftliches Verhältnis zum Bauen *im allgemeinen* wie ein kulturelles Verhältnis der Gesellschaft zum individuell genutzten PKW. Die wechselhaften Bedeutungen, in denen das Automobil gesellschaftlich eher habituell denn diskursiv kommuniziert wird, setzen sich mehr oder weniger deutlich in die Sprache der Architektur um.

Abb. 7.4: Parkhaus in Berlin; Vorderseite Knesebeckstraße (2006)
Abb. 7.5: Parkhaus Knesebeckstraße in Berlin; offene rückseitige Konstruktion (2006)
Abb. 7.6: Parkhaus in Leer/Ostfriesland (2006)

Die Karte 1 veranschaulicht das materielle Bauvolumen, das von Parkhäusern im zentralen Raum der Städte für andere Nutzungen »blockiert« wird. Sie dokumentiert die Standorte der im Jahre 2006 in der Frankfurter Innenstadt existierenden Parkhäuser. Deren (fiktive) Gesamtfläche addiert sich zu einer Größe, die den gesamten Römerberg vom Dom im Osten über die Kunsthalle Schirn bis zur Alten Nikolaikirche im Westen incl. der Freiflächen des alten Marktplatzes abdecken würde. Die zahlreichen Tiefgaragen sind hier ebensowenig erfaßt, wie die abermals zahlreichen mehrgeschossigen Parkhäuser, unter oder über denen sich andere Nutzungsflächen befinden (wie in großen Banken und Bürogebäuden).

7.2 Beton als prädestinierter Instant-Baustoff im Wiederaufbau der Städte

Auch die in ihrem Erscheinen nicht im mindesten ästhetisierten Parkhäuser der 1960er bis frühen 1990er Jahre sind Geschichten erzählende

Bauwerke. Auch sie fungieren als Heterotopien und schließen auf eine mythische Weise Lücken zwischen Realität und Imagination.[2] Die Parkhäuser dieser Epoche sind in Deutschland Moment einer Wiederaufbaupolitik der Städte, die sich in einem Baustil ausdrückt, der das Bild der Städte insgesamt bis heute mitgeprägt hat. Der Funktionalismus drückt sich weiterhin im Stil Neuen Bauens aus, wenngleich die Formen nun aus dem Bedürfnis der Befreiung von jeglicher Ideologie auch glatt, kalt und nackt geworden sind. Der Beton bot sich als Baustoff für die Umsetzung dieser (seriellen) Gestaltungsaufgabe an. Die Distanzierung vom Ornament, die aus der Traumatisierung durch das ideologisch und politisch in Dienst genommene Symbol resultierte, konstituierte eine maschinistische Monumentalität, deren Wirkung stärkere Kraft entfalten sollte, als sie von verspäteter Ornamentik hätte ausgehen können.

Ernst Bloch übt 1973 scharfe Kritik an der funktionalistischen Architektur, »die er als Ausdruck der eiskalten Automatenwelt der Warengesellschaft versteht« (vgl. Kruft 1985: 511). Fast 10 Jahre früher schon griff Alexander Mitscherlich in seinem Pamphlet über »Die Unwirtlichkeit unserer Städte« den Städtebau in großer Schärfe als einen Irrweg

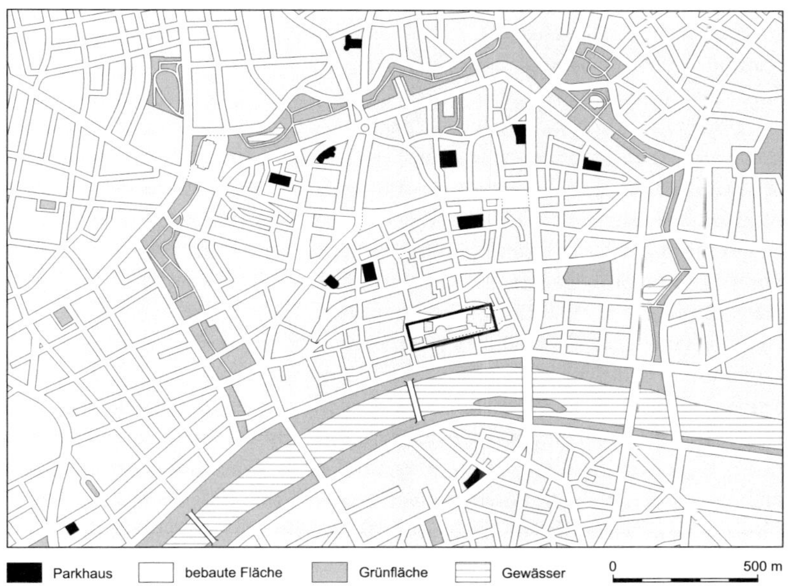

Karte 1: Parkhäuser in Frankfurt a.M.; Standorte und fiktive Flächenbilanz (umrundete Fläche): Entw.: Jürgen Hasse/Graphik: Uta Verena Pareik

2. Zur Einordnung der Architektur von Parkhäusern dieser Zeit in die allgemeine Chronologie der Parkhausarchitektur vgl. auch Kap. 1.

an. Seine Kritik richtete sich auf die *Methode*: »Das Mißverständnis besteht darin, daß unter Stadtplanung eine pure rationale Schematisierung der Bebauungsweise verstanden wird.« (Mitscherlich 1965: 33) Zahllose in den 1960er Jahren für fortschrittlich und sozial gehaltene Großsiedlungen sind heute städtische Krisenherde, die mehr nach präventiven Maßnahmen durch Sozialpädagogen, Kriminologen und Streetworkern verlangen, als daß sie einen flüchtigen Rest vom einst leuchtenden Optimismus einer besseren Wohn- und Lebensform ins praktische Leben noch freisetzen würden.

Der Stadtaufbau folgte in den 1950er Jahren einem funktionalistischen und rationalistischen Denken. Das Automobil war in den Visionen einer Stadt der Zukunft eine Art Generalsymbol für Fortschritt und ein dem modernen Menschen gemäßes Leben. Die Synthese aus Funktionalismus und einem unkritischen Massenautomobilismus kulminiert in einer verkehrsplanerischen Idee, die Friedrich Tamms zu Beginn der 1960er Jahre für Städte mit einem orthogonalen Straßensystem vorschlägt: »Jeder neunte Block sollte abgebrochen und durch ein Parkhaus ersetzt werden.« (Tamms 1961: 192) Le Corbusiers naturalistischer Organismus-Metapher steht mit solchen Ideen ein formalistischer Maschinismus gegenüber, dessen Grundmuster selbst den Menschen noch als funktionierendes System integriert (die Systemtheorie Luhmanns gleichsam vorwegnehmend).

Der präferierte Stoff der Materialisierung der Idee einer neuen Gesellschaft, der vor den Fallen ideologisch-emotionalisierter Metaerzählungen schützen sollte, war der Beton. Er trat nun, gleichsam auf sich selbst reduziert, in reiner Form auf. Als Folge seiner massenhaften Verwendung zur Lösung aller nur erdenklichen Bauaufgaben prägte aber im eigentlichen Sinne weniger »der Beton« als die Methode seiner brutalistischen Ästhetisierung nachhaltig das Bild der Stadt. Für die großvolumigen und massig wirkenden Parkhäuser gilt das in besonderer Weise. Noch 1968 stimmt Friedrich Tamms in der überarbeiteten zweiten Auflage des ursprünglich 1961 von Otto Sill herausgegebenen Handbuches über Planung, Bau und Betrieb von Parkbauten eine Hymne auf das offene und darin funktionalistisch gestaltete Parkhaus an: »Das Bauwerk offenbart sich mit seiner ganzen konstruktiven Klarheit der Öffentlichkeit. Es verbirgt nichts. Das bedeutet, daß seine Proportionen, seine Details, Material und Farbe mit größter Sorgfalt bestimmt werden sollen.« (Tamms 1968: 42) Kennzeichnend für diesen Ansatz ist ein atomistisches Denken, in dessen Perspektive nicht das Ganze eines Bauwerkes in den Blick kommt, sondern (konstellationistisch) nur Einzelnes – wie Material und Farbe.

In der Planung von Parkhäusern war es in den 1960er Jahren nicht üblich, symbolische Implikationen von Architektur, geschweige denn die mit einem gebauten Körper synästhetisch präjudizierten Formen des

Raumerlebens zu thematisieren. Das soll sich erst in der Gegenwart ändern. Was generell am *Städtebau* im Sprachduktus linker Kritik gebrandmarkt wurde, trifft mit noch größerer Heftigkeit auf die Architektur von Parkhäusern zu, für die sich im Unterschied zum Wohnungsbau aber niemand interessierte. Sie sind unmittelbarer Ausdruck einer Planungsrationalität, die menschliche Bedürfnisse als sozial determiniert auffaßte und so ganz konsequent davon ausging, daß Ideologien über deren architektonische Reifikation gleichsam osmotisch ins gelebte Leben der Menschen übergehen würden. Das Parkhaus ist ab den 1960er Jahren Symbol einer »sauberen« Stadt, in der alle Lebensströme als kontrollierbar und beherrschbar gedacht werden. Es sind Bauten für eine Stadt, in der es »keinen ungewissen Raum« mehr gibt (Virilio 1969: 139).

Abb. 7.7: Parkhaus in Aschaffenburg (2006)
Abb. 7.8: Parkhaus Börse in der Meisengasse in Frankfurt a.M. (2006)
Abb. 7.9: Parkhaus Börse; Seitenansicht von der Freßgasse (2006)

Selbst Oskar Büttner, Experte für Parkhausarchitektur in den 1960er Jahren, räumt ein, daß die Architektur von Parkhäusern nach dem Zweiten Weltkrieg von der Not der Unterbringung von Autos dominiert wurde und ästhetische Fragen der Gestaltung nur noch nachgeordnet bedacht wurden (bei Funktionsbauten weit mehr noch als beim Bau von Wohnungen und Bürogebäuden) (vgl. Büttner 1967: 280). So boomt in der Parkhausarchitektur die Betonarchitektur im reinen Stil des Brutalismus. Die von Le Corbusier bevorzugte Form des Sichtbetons, wonach die Abdrücke der Schalbretter als irreduzible Spur industrieller Techniken des Bauens auf Dauer gestellt werden sollten[3], inspirierte zu einer stilistischen Radikalisierung des modernen Industriedesigns, aber eben auch zu einem eigenwilligen, in seinen sozialpsychologischen Spätwirkungen völlig unterschätzten Bekenntnis zur »Offenheit« in der Verwendung eines universellen Baustoffes (vgl. Dempsey 2002: 206f).

3. In der von Le Corbusier in den 1950er und 60er Jahren gebauten Retortenstadt Chandigarh (neue Hauptstadt der indischen Provinz Punjab, die nach der Abspaltung von Pakistan 1947 nötig wurde) dominiert diese Form des Bauens (vgl. Boesiger 1972: 200ff).

Die expressiven Sichtbetonfassaden hielten ihre symbolischen Versprechen einer (qua Demokratie) transparenten, funktionalen, sauberen und »glatten« Gesellschaft aber nicht. Betonbauten, die im schnellen Auf- und Ausbau der Städte im sozialen Wohnungsbau, im Industrie- und Verkehrsbau allenthalben aus dem Boden schossen, fanden in den Parkhäusern jener Zeit ihren reinsten Ausdruck. Im Unterschied zu Wohn- und Industriebauten *sah* man in Parkbauten nicht nur hart wirkende, massige Fassaden aus Beton. Im Innenraum, in den man mit den Wagen *fuhr* und über den man (vom und zum Stellplatz) mit den Füßen *ging*, wurde man sich der erdrückenden Wirkung des kolossalen Betons in unmittelbarem leiblichen Erleben gewahr. Die »Innenarchitektur« von Parkhäusern überbot in aller Regel noch das an den Außenfassaden programmatisch zur Geltung gebrachte Manifest des Brutalismus; dies mit einer letztendlichen Konsequenz, die wohl von niemandem wirklich gewollt war. Die oft dunklen, mit Deckenvorsprüngen verbauten und von technischen Artefakten durchkreuzten Innenräume (s. Abb. 7.10 und 7.11) erzeugten nicht nur aversive Empfindungen leiblichen Unbehagens. Sie schrieben die gesamte Parkhaussymbolik in eine Konnotationslandschaft ein, deren Semantik sich die Filmindustrie bis heute bedient.

Abb. 7.10: Bauzustand eines nicht sanierten, stark frequentierten Parkhauses (2006)

Abb. 7.11: Stellplatz in einem Parkhaus der 1970er Jahre (2006)

Eine nahezu erdrückende Präsenz brutalistischer Bauten im öffentlichen Raum der Städte löste in den 1970er Jahren das Kippen der Betonsymbolik aus. War der Baustoff zur Zeit des Neuen Bauens noch Garant für Dauerhaftigkeit und Festigkeit, steht er nun für Verkrustung. Wie die einst positiv geladene Symbolik über die Materialität konkreter Bauwerke in gesellschaftliche Visionen hinausschoß, so schloß sie die negativ empfundenen synästhetischen Charaktere doch auch ein, deren Bedeutungen nun auf einem veränderten historischen Situationshintergrund bewußt werden sollten. Beton wurde als Symbol für etwas strukturell Erdrückendes und Repressives in der Gesellschaft empfunden, das man mit Konsumterror, Polizei, beengenden Traditionen und restriktiven staatlichen

Institutionen assoziierte. Christoph Hackelsberger merkt am Beginn seines Essays über die semiotischen Metamorphosen des Betons an: Noch nie hat es einen Baustoff gegeben, »der so einhellige Ablehnung erfahren hätte wie der Beton« (Hackelsberger 1988: 7). Geflügelte Worte wie »Betonkopf« oder »betonierte Verhältnisse« stehen noch heute für ein breites Spektrum negativer Betonassoziationen.

Was man in den 1970er und 80er Jahren mit dem Instantbaustoff Beton in Formen gegossen hatte, folgte im Wohnungsbau dem Diktat der einheitlichen Form. In den nackten Plattenbauten der DDR kam dies nur deutlicher zur Geltung als in der Architektur des sozialen Wohnungsbaus der BRD. Beton steht seit dem in einem antinomischen Verhältnis zu Beweglichkeit, Flexibilität und Offenheit gegenüber Neuem. Negative Betonassoziationen sind bis in die Gegenwart weitgehend resistent geblieben. Daß mit dem Werkstoff auch gestaltreich und ausdrucksstark gearbeitet werden kann, demonstrierten zahllose Bauten namhafter Architekten. Sie entschieden sich nicht aus einem Interesse an billigem und seriellem Bauen für den Baustoff, sondern weil sie mit seiner Hilfe Ideen über Formen baulichen Gestaltens realisieren wollten (vgl. auch 5.6).

In den 1980er Jahren wurden diverse Betonfassaden von Parkhäusern als Ausdruck ökologistischer Maskerade mit Klettergrün bepflanzt (vgl. Kap. 1.4). In einem Themenheft, das die Deutsche Bauzeitung im Jahre 1989 Parkhäusern widmete, heißt es auf dem Erfahrungshintergrund begonnener Parkhaussanierungen – nicht ohne Respekt gegenüber der beeindruckenden »Unbedenklichkeit der Architekten damals, entsprechend dem Autodesign, stromlinienförmig elegante bis selbstbewußt klotzige Ungetüme ohne jegliche Tarnung mitten in die Stadt zu stellen« –, heute (1989) sei man »vorsichtiger geworden: jedes neue Parkhaus muß hinter wild wuchernden Kletterpflanzen verschwinden« (N.N. 1989: 13). Das änderte zwar am Beton nichts, aber vieles an der Symbolik und dem stummen Sprechen eines Bauwerkes als Ganzem.

7.3 Changierende Heterotopien

Die Parkhäuser der 1960er bis 80er Jahre sind Undinge, die man benutzt, aber nicht be-spricht. Es gibt nichts über sie zu sagen, das ihre Benutzung verlangen würde. Lediglich in Fachpublikationen werden sie zum Thema, wenn die Effizienz ihrer Zweckerfüllung fraglich wird – aus der Perspektive der Stadtplanung im Falle ihrer Unterzahl, aus der Perspektive der Betriebswirtschaft im Falle kränkelnder Rentabilität oder aus der Perspektive der Immobilienbewirtschaftung im Falle ihrer Sanierungsbedürftigkeit. Im Alltag städtischer Verkehrsteilnehmer korrespondiert dem funktionalistischen Bau eine ebenso funktionalistische Praxis stummer Aneignung. Es ist ein Wesenszug der Heterotopien, daß sie um ihrer Funktion willen nicht besprochen werden. Aus einer Zone des Ungesagten, die Foucault mit dem »Anderen« anspricht, wirken sie auf einer mythischen Ebene auf die symbolische Ordnung der Dinge ein. Ihre Thematisierung würde sie vertreiben wie einen Schatten, den man mit grellem Licht ausleuchten wollte. Die Heterotopien entfalten ihre Wirkung in einem Nebel bestimmter Unbestimmtheiten.

Als Moment der funktionalen Gliederung der modernen Stadt wie ihrer Physiognomie schleichen sich die kolossalen Bauwerke in ein eher diffuses als reflexiv er-fahrenes Befinden ihrer Benutzer. Der von ihnen ausgehende Eindruck liegt gleichsam »dampfend« – und nicht wie ein Ding – am Rand reflexiven Denkens. Auf der einen Seite (des »Mit-den-Dingen-Seins«) stauen sich durch die leibliche Kommunikation mit den stofflichen Dingen die stummen Empfindungen und verklammern sich synästhetisch mit kulturellen Bedeutungen. So schichtet sich im Fluß der alltäglichen Praktiken ein Horizont des sinnlich Erlebten, aber reflexiv nicht Erfahrenen über die schon sedimentierten Horizonte diffuser aber lenkender Befindlichkeiten. Foucault nennt das »die unerschöpfliche Unterlage, die sich dem reflexiven Denken als die wirre Projektion« entgegenstellt und zugleich den Charakter eines »im Vorhinein bestehenden Hintergrundes« hat (Foucault OD: 394). Auf der Seite des »Die-Ordnung-der-Dinge-Bedenkens« liegen keine begrifflich alphabetisierten Instrumentarien bereit, die diskursiv so geschärft wären, um dem stummen Erleben der Individuen i.S. einer Selbstbeherrschung oder »Technologie des Selbst« (Foucault) habhaft werden zu können. So vollzieht sich auch kein Ausgleich zwischen dem Befinden und dem Nach-Denken ihm zugrundeliegender Eindrücke. Das vage Befinden schließt sich mit einem unbegrifflichen Verstehen kurz. Medium der Überbrückung sind die Heterotopien. So oszilliert das Individuum in einer subjektübergreifenden Homöostase, in der sich das (noch nicht einmal) nicht Verstandene in einem »Außen« des Diskurses auflöst, da, wo das begehrende, wünschende, träumende und kontemplativ disperse Individuum in einem symbolisch geordneten Geflecht der Macht aufgeht – jenseits eigenen Wissens.

Die Parkbauten der 1960er bis 80er Jahre, die sich im betonierten Gesicht nackter Funktionalität zeigen, gingen in ihrer »Funktion« doch nur scheinbar darin auf, daß sie die Fahrzeuge schluckten und wieder ausspieen. Die verkehrspraktische Lösung setzt die epistemologische Ordnung von Überzeugungen voraus, deren Grundlage eine *fortgesetzte* Problembewältigung nach »bewährten« Strategien tragen muß. Deshalb fungieren verkehrspraktisch gelingende Lösungen des Parkproblems durch den Bau von Parkhäusern i.S. der Heterotopien in der Herstellung einer symbolischen Ordnung, die geordneter ist, als die tatsächliche Struktur der Stadt. Die Kompensation eines vielschichtigen Verkehrs-, Energie- und Klimaproblems durch Lösungen des Bauens bekräftigt gerade in den 1970er und 80er Jahren den Mythos von der Stapelbarkeit des ruhenden Verkehrs innerhalb des zentralen Raumes der Stadt und damit zugleich den Mythos der Vereinbarkeit des Individualverkehrs mit anderen gesellschaftlichen Interessen. Die Parkhäuser dieser Zeit waren keine Illusions-, sondern Kompensations-Heterotopien. Sie standen ästhetisch zu ihrer »häßlichen« Rolle der Entsorgung. Die offenen Sichtbetonkästen, die geradezu zahllos aus der Stadtlandschaft emporgeschossen sind, hatten an dieser Situation, deren dilemmahafter Charakter nicht sichtbar werden sollte, nichts zu beschönigen.

Im kurzen Lauf der Geschichte (von den 1950er zu den 1960er Jahren) hat sich eine Heterotopie als Folge von Veränderungen der sie stimmenden Verhältnisse (Verkehr, Raumordnung, Baustile, Ästhetik etc.) transformiert. Solche Phasensprünge kann eine Heterotopie in der nötigen Flexibilität – mitunter zwischen semantisch weit auseinander liegenden Bedeutungshöfen – nur in jenem Außen vollziehen, das Foucault mit dem Anderen im Individuum verbunden sieht. Deshalb müssen die Erzählungen affizieren. Im Schweigen müssen die Narrative der Architektur beredt werden und im noch flüssigen Brei des Erlebten atmosphärisch gerinnen. Nur so können die Heterotopien durch die Zeit (unvorhersehbarer Wandlungen) schwimmen.

Dank ihrer zähflüssigen semiotischen Lagerung können die Heterotopien die Ordnung der Dinge auch dann sicherstellen, wenn sich die tektonischen Platten mit ihren kulturellen Bedeutungshöfen (subkulturell) verschieben. Deshalb konnte sich das Programm der Architektur der 1960er Jahre, das sich nüchtern und abgeklärt zu einer desillusionierten Betonpraxis des Auto-Stapelns bekannte, in den späten 1980er Jahren auch so umstandslos mit einem neuen Bedeutungsfeld verbinden, in dessen Zentrum sich das narrative Gesicht des kalten, pragmatischen und technoiden Betons nun januskꦴpfig zeigen sollte. Im grünen Ranken und freien Klettern wird der Ort zu einer Illusions-Heterotopie. Hinter grünen Öko-Masken erzählt die im Prinzip (konstruktiv, stofflich und funktional) gleich gebliebene Architektur nun in ihrer Form eine Identität *stiftende* und keine idiosynkratische Geschichte mehr. Daß allein durch eine ästhetische Attrappe nichts von dem anders wird, was ungeachtet begrünter Fassaden das Wesen eines funktionierenden Ortes ausmacht, gehört zum (Widerspruchs-)Integrationsvermögen einer Heterotopie. Je nach der Lage der Dinge ist ein und derselbe Ort mal Kompensations- und mal Illusions-Heterotopie. Daß das rankende Grün eine gepflanzte Allegorie des *Trotzdem* und daher in der Sache ein Selbstbetrug ist, der vergessen machen soll, was nicht zu ändern ist – spielt im alltäglichen (Er-)Leben keine Rolle. Die Heterotopie garantiert, daß im dissuasiven Dunst einer ökologistischen Atmosphäre die als Kritik der Verhältnisse wach werdende Frage nach dem Sinn des Individualverkehrs – wenn schon nicht vereitelt, so doch wenigstens – gedämpft werden kann.

An der Naht zwischen dem Außen und dem Denken der Individuen, dort, wo die Überlagerung der mythischen Gestalten zu rauschen beginnt, kann das Janusgesicht des schön gemachten Unschönen ins Idiosynkratische stürzen – in die Situation des Nach-Denkens. Aber erst, wenn die Dehnungen zwischen dem ästhetisch Wahrnehmbaren und der Differenz zur Realität ganz anderer Verhältnisse so groß werden, daß der mythische Kitt des Ästhetischen platzt, werden die heterotopen Narrative der Architektur hohl und die Fäden drohen zu reißen. Das wäre das Ende einer Heterotopie, der Beginn ihres Kentern aus dem Außen ins Zentrum des Denkens, in die Kritik der Verhältnisse, die Durchleuchtung der Mythen, die Dechiffrierung des Profanen als Träger symbolischer Ordnungen.

Die kompensationsheterotopen Metaerzählungen der grauen und finsteren Betonparkhäuser geraten in der Kraft ihres Versprechens, durch die Stapelung von Autos ein exponentiell steigendes Problem des (ruhenden) Verkehrs lösen zu können, unter Druck, indem *diese* Bauten heute (im Unterschied zur Zeit ihrer Erbauung) zunehmend ablehnend bewertet werden (zur Konkretisierung s. die Befunde in Kapitel 3). Solch sprödes Erleben erodiert am narrativen Überschuß, den ein Bauwerk oberhalb seiner einfachen Benutzung ästhetisch »emittiert«. Dieser Erosionsprozeß vollzieht sich weder thematisch geordnet, noch sticht er durch Plötzlichkeit im Lauf der Zeit hervor; er ereignet sich vielmehr im Fluß der Kontinuität alltäglicher Gebrauchskulturen von Architektur. Mit der Vermehrung ästhetisierter Parkbauten erweitern sich aber die Kategorien der Unterscheidung, und die Aufmerksamkeit wird nun für (das Erleben von) Differenzen sensibilisiert. Das *Neue* schafft Wahrnehmungskategorien.

Dem Verlust positiver Erlebnisqualitäten treten die Betreibergesellschaften mit Parkhaussanierungen ebenso entgegen wie mit High-Tech-gestützten »Parkraumdiensten«, wie sie z.B. die Stadt Köln anbietet.[4] Im Unterschied zu Brauchbarkeitseinbußen eines Bauwerkes als Folge voranschreitender Morbidität sind Wirkungsverluste des Mythischen schwerer kompensierbar. Wo die dissuasiven Narrative von Parkhäusern sukzessive schwach werden, steht in der Konsequenz neben der praktischen Nutzung auch die ökonomisch rentable Bewirtschaftung auf dem Spiel. Deshalb haben einschlägige Filmproduktionen die kommunalen Parkhausbetreiber auch beunruhigt und zu Gegenmaßnahmen provoziert. Parkhausbetreiber sehen in (guten und schlechten) TV- und Kinofilmen Gefahr für das Image von (insbesondere alten) Parkhäusern,

4. Via Mobiltelefon kann vor Fahrtantritt oder noch während der Fahrt ein Stellplatz in einem bestimmten Parkhaus reserviert werden, der dann an Ort und Stelle durch die digitale Leuchtanzeige des amtlichen Kennzeichens am reservierten Stellplatz signalisiert wird (vgl. Hasberg 2005: 9).

wenn sie als Bühnen der Gewalt und Kriminalität in den »bösen« Blick der Filmindustrie rücken. Diese Befürchtung geht auf die Beobachtung zurück, daß Filmemacher offensichtlich, unabhängig von der kulturellen Güte ihrer Produkte, einhellig den Ort des »finsteren« Parkhauses für Szenen im kriminellen Milieu als privilegiert ansehen (s. auch Kap. 3). Um Imageschäden durch die Darstellung von Gewaltszenen in Parkhäusern abzuwenden, wird von Parkhausbetreibern – trotz der Akquirierung (geringer) Einnahmen aus der Erteilung von Dreherlaubnissen – eine Reglementierung von Film- und Fotoaufnahmen angestrebt. Die Betreiber wollen vor einer evtl. Erteilung einer Dreherlaubnis künftig Einsicht ins Drehbuch nehmen, um im Falle (extremer[5]) Gewaltszenen ihre Mitwirkung zu verweigern. Das mühsam aufgebaute (neue) Bild vom »sicheren und freundlichen Ambiente« (Zehetbauer 2006)[6] soll so gegen den Imageschaden durch »nicht der Realität entsprechende Fernsehfilme« geschützt werden (ebd.).

So wenig es in der Unterhaltungsindustrie um Realitätsdarstellungen geht, so wenig markiert ein »gutes Image« vom sicheren Parkhaus etwas Reales. Oberhalb einfacher Nützlichkeiten ordnet die ästhetische Gestalt von Architektur Beziehungen, die im Falle von Parkhäusern auch das Verhältnis von Automobilität und Natur berühren. Es ist bemerkenswert, daß die letztlich ökonomisch motivierten Bemühungen der Betreiber um die Sicherung der Fiktion des »sauberen« Ortes nicht im mindesten auf »ökologische Sauberkeit« gerichtet sind, sondern allein Sauberkeit im hygienischen und kriminologischen Sinne im Blick haben. Die in dieser Thematisierung kommunizierte Dethematisierung trifft den Kern dessen, was eine Heterotopie leisten kann und leistet – solange sie gegen das Rissigwerden ihrer mythischen Metastruktur geschützt ist.

5. Es ist unter Parkhausbetreibern strittig, ob nur für das Drehen »extremer« Gewaltdarstellungen die Zustimmung versagt werden soll oder generell für Gewaltszenen in Parkhäusern. Die Frage der kulturellen Legitimierbarkeit einer indirekten Filmzensur, die die Sperrung eines halböffentlichen Ortes, zu dem zumindest in bestimmten architektonischen Formen die Assoziation der Gewalt gehört, zwangsläufig bedeutet, ist nicht Gegenstand der Debatte.

6. Zehetbauer spricht im Namen der P+R Rark & Ride GmbH München.

8. Die postmoderne Renaissance der Extravaganz in der Verkehrsarchitektur

Seit rund einer Dekade scheint die Zeit des funktionalistischen Reduktionismus im Bau von Parkhäusern vorbei zu sein. So zeichnet sich in ihrer Architektur eine Renaissance der Ästhetisierung ab. Gleichwohl dürfte keine durchgreifende Wende zu einem neuen Stil bevorstehen. Zwar vermehrt, aber immer noch vereinzelt, werden Bauwerke errichtet, die sich in Konstruktion, Funktion, Material, vor allem aber in ihrer Ästhetik deutlich von den Vorläufern der letzten 40 Jahre abheben. Nicht alles, was in den 1960er und 70er Jahren in europäischen Großstädten gebaut wurde, läßt sich mit Alexander Mitscherlichs idiosynkratischer Architektur- und Stadtkritik »obduzieren«. Ebenso unangemessen wäre es, von einem schlagartigen Umbruch, geschweige denn von einer Art Paradigmenwechsel im architektonischen Entwurf von Verkehrsarchitektur (bzw. von Parkhäusern) zu sprechen. Dennoch ist ein Trend zu einer postmodernen Renaissance von Extravaganz in der Parkhausarchitektur erkennbar.

Diese jüngere Entwicklung wird an Beispielen umrissen. Dabei wird mit der Zielsetzung, eine Grenze zwischen heterotopen und nicht-heterotopen Orten ziehen zu können, zwischen folgenden Architekturtypen zu unterscheiden sein: (a) Parkhäusern, die als Rampengaragen eine verkehrssteuernde Rolle im öffentlichen Raum der Stadt spielen, (b) innovativen öffentlichen Bauten, die in verschiedenen Varianten auf die Technologie des automatischen Autosilos zurückgreifen, (c) denselben oder strukturell ähnlichen Vorhaben, die im räumlichen Zusammenhang von Bürogebäuden stehen (als nichtöffentliche Parkbauten), (d) der Innovation des »CarLofts«, wobei der PKW in die Eigentumswohnung mitgenommen wird, um dort als symbolisches Quasimobiliar dem Wohnen eine neue mediale Dimension des Bühnenhaften zu eröffnen, und schließlich (e) einer Sonderform der Präsentation von Automobilen in sog. »Car Displays«, die von Autoherstellern und -händlern im ökonomischen Kampf um Aufmerksamkeit inszenierend in den öffentlichen Raum gestellt werden.

Zwei Gründe einer ästhetizistischen Renaissance in der Verkehrsarchitektur finden sich in der Dokumentation des »Renault Traffic Design Award« 2005, der seit 2000 jährlich vergeben wird. Arno Sighart Schmid

(Präsident der Bundesarchitektenkammer) sieht die stärkere Betonung gestalterischer Aufgaben in der Verkehrsarchitektur in einem schnellen Zuwachs an Mobilität begründet, die ein herausragendes Kennzeichen der Gegenwart sei (Schmid 2006). Jacques Rivoal (Vorstandsvorsitzender Renault Deutschland) sieht in der »visionären Verbindung von Schönem und Funktionalem« ein Zukunftsthema, dessen sich Designer, Architekten und Stadtplaner angenommen haben (Rivoal 2006). Die jüngste Entwicklung bewertend, stellt Rivoal fest: »Die Notwendigkeit, das einseitig nur auf Funktionalität bedachte Mobilitätsmanagement durch Lifestyle-Faktoren wie Ästhetik und Design zu ergänzen, brach sich mehr und mehr Bahn.« (Ebd.) Inwieweit sich Architekten und Betreiber von Objekten der Verkehrsarchitektur einschließlich Parkhäusern der Gründe neuer »ästhetischer Aufgaben« bewußt sind, dürfte trotz dieser prominenten Statements fraglich bleiben. Gründe für einen ästhetisch motivierten Programmwechsel dürften eher im Dunkeln bleiben. Weit unterhalb heterotopologischer Kategorien des Symbolischen kommen noch nicht einmal repräsentative Interessen von Architekten, Betreibern bzw. Mietern und Nutzern in den Blick. Die Kommunikation von Argumenten des o.g. Typs ist dennoch höchst öffentlichkeitswirksam. Sie trifft einen postkritischen Nerv im ästhetizistischen Zeitgeist, der Fassaden zunehmend als Essenzen ansieht.

8.1 Neue Parkhausästhetik auf kommunaler Ebene

Neue Stile in der Parkhausarchitektur haben dann ein besonderes kommunal- und kulturpolitisches Gewicht, wenn sie an öffentlichen Bauten realisiert werden, die aufgrund zentraler innerstädtischer Lagen zudem auf eine Art »facelifting« krisengezeichneter Städte hinauslaufen. Als Folge ihrer Exponiertheit und Größe stehen Neubauten – unabhängig von einer möglichen Exzentrik ihrer Ästhetik – heute a priori im Rahmen einer Stadtentwicklungspolitik, deren Interessen durch die Heterogenität kommunalpolitischer Parteien, kulturpolitischer und ökonomischer Akteure gebrochen sind. Im Beziehungsgefüge »Stadt – Ökonomie – Kultur« hat sich auf der Grenze von Postmoderne und Postfordismus eine allgemeine ästhetizistische Seismographik gegenüber gesellschaftlichen Prozessen herausgebildet. Das Ästhetische ist zu einer systemübergreifenden Rationalität aufgestiegen, die ein neues integrales Denken der Stadt als physischen, sozialen und symbolischen Raum induziert. Was als Stil postmodernen Bauens fehlgedeutet werden könnte, ist Ausdruck strategischer Praktiken der Repräsentation, deren Wirkungsmächtigkeit in einer nachhaltigen Integration von Gefühlen begründet ist. Deshalb stehen neue Parkhäuser zunächst auch weniger als Objekte der Verkehrsarchitektur im Blickpunkt öffentlichen Interesses, denn als Bauwerke, die infolge ihrer exponierten Lage als ästhetische Falte im Gesicht der Stadt gedeutet und erlebt werden.

Der Globalisierungsprozeß hat besonders in den großen Städten (den sog. »global cities«) nachhaltigen Einfluß auf die Stadtentwicklung genommen – u.a. über einen kontinuierlichen ökonomischen Umverteilungsprozeß sowie eine Pluralisierung wie Polarisierung sozialer Gruppen. In der Konsequenz stehen die Kommunen vor neuen Aufgaben der Krisenprophylaxe und -dämpfung. Die Großstadt wird in einer Situation, in der die Suche nach einer »neuen Urbanität« noch im Gange ist, mehr und mehr zu einem Spiegel sozialer Ungleichheit. Das Lokale gerät von mehreren Seiten zugleich unter einen eskalierenden Problemlösungsdruck. In der Spannung zu den Verheißungen des kulturindustriell »Überall-Gleichen« und den autochthonen Sehnsüchten nach Musealisierung wie Aktualisierung des Unverwechselbaren und »Authentischen« muß sich das Lokale dynamisch in der Zeit bewegen und in alltäglichen Lebenspraxen bewähren. Die anläßlich der weltweiten Distribution einzelner Produktketten (wie »Coca Cola« in den 1950er Jahren und später »McDonald's«) schon vor Dekaden geäußerte Befürchtung einer globalen Vereinheitlichung der Städte hat sich zumindest im Hinblick auf die gebaute Physiognomie der Städte nicht bewahrheitet. Inwieweit sich durch eine im Prozeß befindliche Nivellierung der Lebensstile eine substanzielle (gelebte) Aufhebung von Unterschiedlichkeit auch im Bereich der räumlich-materiellen Reifikation praktischen Lebens ankündigt, ist eine andere Frage. Im Prozeß der globalen Restrukturierung der Netze der Macht wird seit rund 20 Jahren die Rangfolge der Zentren neu taxiert. Mit einer Neu- und Umverteilung städtischer, regionaler, nationaler bis globaler Funktionen verändern sich aber nicht nur abstrakte Wettbewerbsbedingungen der Städte. Diese geraten vielmehr in eine »instabile ›Übergangs‹-Position« (Krätke 1997: 155), in der ein allgemeiner Zwang zur Unterscheidung u.a. in einer kulturindustriell-ästhetizistischen Politik formaler Extrovertierung wirksam ist.

Im Kampf um lokale Bewährung in einem globalen ökonomisch und machtpolitisch motivierten Wettlauf der Städte spielt das Ästhetische eine zunehmend wichtige Rolle. Im Bereich der Verkehrsarchitektur aber nicht, weil der schnelle Zuwachs an Mobilität zu einer Akzentuierung gestalterischer Aufgaben geführt hat, wie Arno Sighart Schmid (s. oben) argumentiert. Der PKW-Bestand hat sich in der BRD zwischen 1985 und 2005 (von 25,844 auf 45,375 Mio. PKW) auch auf dem Hintergrund der Erweiterung des alten Bundesgebiets durch die Integration der Länder der ehemaligen DDR nämlich nicht nennenswert größer beschleunigt als zwischen 1965 und 1985 (von 8,63 auf 25,844 Mio.[1]). Derselbe Zuwachs

1. Statistisches Jahrbuch der Bundesrepublik Deutschland, vd. Jahrgänge.

war in der Zeit von 1965 bis 1985 kein Grund für den Bau architektonisch profilierter Parkhäuser. Im Gegenteil hatte er seinerzeit den schnellen Bau billiger und aufs funktional Nötige reduzierter Bauten veranlaßt. Die Gründe sind nicht in einer Vermehrung der Automobilität zu sehen, sondern in einer allgemeinen Inwertsetzung des Ästhetischen als Systemkitt, als Medium der »Aufregung«, der Ablenkung und der Beruhigung. So ist das Ästhetische auch nicht deshalb neu entdeckt worden, weil sich als Konsequenz aus einer »visionären Verbindung von Schönem und Funktionalem« die Notwendigkeit durchgesetzt hätte, das »Mobilitätsmanagement durch Lifestyle-Faktoren wie Ästhetik und Design zu ergänzen« (Rivoal 2006). Wenn es im Sinne von Rivoal einen Zusammenhang von Ästhetik, Design sowie Lifestyle-Erwägungen und einer neuen Verkehrsarchitektur gibt, dann liegt er in einer Tiefenstruktur der Ästhetisierung begründet. Verschönerung und Aufhübschung folgen nicht einfachen Moden, sondern einem durch das Ästhetische selbst verdeckten Algorithmus, der systemische Verknüpfungen zwischen Ökonomie, Technologie, Politik und Kultur generiert. Im Medium der Architektur (auch von Parkhäusern) erfolgen diese wiederum auf verschiedenen Wirkungshorizonten. Anhand der folgenden Beispiele sollen die unterschiedlichen Wirkungsebenen in ihren präsentativen und diskursiven Effekten illustriert werden. Die heterotopologischen Implikationen postmoderner Parkhäuser werde ich in Kapitel 6 vergleichend diskutieren.

»Parkhaus Engelenschanze« in Münster

Einer der in jüngster Zeit am meisten beachteten Parkhausneubauten ist das 2003 in Münster eröffnete Gebäude Engelenschanze (s. Abb. 8.1 und 8.2).[2] Es wurde 2005 als bestes Parkhaus Europas mit dem European Parking Award ausgezeichnet; 2003 erhielt es den Deutschen Fassadenpreis. Das Parkhaus wurde in der Nähe des Hauptbahnhofes in zentraler Innenstadtlage nach einem Entwurf des Architekturbüros Petry + Wittfoht (Stuttgart) gebaut und bietet Platz für 480 Autos. Im Obergeschoß befinden sich – nicht wie in den Großgaragen der 1920er Jahre Werkstätten, sondern – Büroräume. Darin kommt eine für europäische Großstädte charakteristische »Tertiärisierung« der Wirtschaft zum Ausdruck. Mit seinem Schrägparkrampensystem ist der Bau auch in konstruktiver Hinsicht innovativ; geparkt wird rechts und links auf der Auf- und Abfahrrampe, die an eine Spirale erinnern könnte, wäre sie nicht an der Form eines Rechtecks orientiert. Etagen im traditionellen Sinne gibt es nicht.

2. Die Baukosten beliefen sich auf 8,4 Millionen Euro.

Abb. 8.1: Parkhaus Engelenschanze in Münster – Renaissance der Glasarchitektur

Abb. 8.2: Parkhaus Engelenschanze – Schrägparkrampensystem

Die Besonderheit der sich in der Stadt Münster stellenden Bauaufgabe lag nach einer Presseerklärung des Architekturbüros in Gestaltungsansprüchen, die sich mit der Lage des Grundstückes, einer »prominenten Ecke im Citybereich (Blockrandbebauung)«, stellten. Der Entwurf sah die »Schaffung eines originären Typus vor, der seine Aufgabe nicht verschleiert«. Während man in der Vergangenheit zur Beschreibung pragmatisch-nüchterner Bauwerke wie Parkhäuser nur funktionalistischer Begriffe bedurfte, ist nun davon die Rede, daß mit dem Gebäude die Identität eines Ortes mit einer »positiven, räumlichen Gesamtatmosphäre« entstehe. Das Parkhaus ist nicht mehr *nur* funktionierende Stätte, wenn zur Illustrierung seiner Vorzüge auch überwiegend pragmatische Vorzüge hervorgehoben werden (bequemes Ein- und Ausparken sowie zügiges Durchfahren des Hauses, Energiekosteneinsparung durch Tageslichteinfall etc.).[3]

Die Fassade des Parkhauses Engelenschanze ist transparent verglast, so daß sich freie Ein- und Ausblicke ergeben. »Wechselnde Lichtverhältnisse lassen immer wieder neue Eindrücke entstehen«[4]. In den offiziellen Kommentaren wird hervorgehoben, daß sich das Bauwerk mit den entstehenden Spiegelungen in die Umgebung *einfügt*.[5] Infolge der den Bau umgebenden mittelstädtischen 50er-Jahre-Architektur bleibt der in der Dunkelheit »hell leuchtende Kristall« in seiner Exzentrik im Bild der Stadt eher ein (freundlicher) Fremdkörper. Der transparente Bau hebt sich deutlich von seiner Umgebung ab, bleibt aber das Andere dessen, was das Gros der Architektur in der Beamten- und Verwaltungsstadt Münster ausmacht. Dem kommt die Würdigung des Objektes anläßlich seiner Auszeichnung für den Deutschen Fassadenpreis näher. Wegen

3. So in der Begründung der Verleihung des »European Parking Award« 2005.

4 Wittfoht Architekten (2006): Büroprofil (http://www.baunetz.de/sixcms_4/sixcms/detail.php?id=170508; 20.08.2006) (vgl. N.N. 2003.1: 17).

5. So auch in der Laudatio anläßlich der Auszeichnung für den »European Parking Award« (s. »European Parking Award« 2005).

seiner vollständig gläsernen Transparenz wirke der Bau wie »ein Lichtblick« (Brillux 2003).

Der Umstand, daß in Münster – wie in anderen europäischen Städten – der PKW-Bestand beträchtlich angestiegen ist (von 91.000 im Jahre 1980 auf 135.000 im Jahre 2003, vgl. N.N. 2003.1), plausibilisiert zwar die Notwendigkeit für den Bau eines neuen Parkhauses. Eine Begründung für die Bereitschaft der Westfälischen Bauindustrie GmbH (als Parkhausbetriebsgesellschaft und Tochter der Stadt Münster) zur Investition beträchtlicher Mittel in symbolisches Kapital liegt darin allerdings nicht.

Der Architekturtyp »Parkhaus« ist zu einem kulturpolitischen Medium avanciert, zu einem Ort räumlicher Identitätsbildung der Stadt. Unter den neuen gleichsam enttrivialisierten Bedingungen postmodernen Bauens werden Erlebnisqualitäten selbst in Parkhäuser eingeschrieben, die ästhetisch (wie am gegebenen Beispiel) durch ein experimentelles und wirkungsmächtiges Spiel mit Licht- und Farbeffekten positioniert werden. Während die »Tatort-Parkhäuser« muffig, dämmrig, unübersichtlich und gefährlich erscheinen, zeichnet sich das neue Münsteraner Parkhaus durch positiv besetzte Erlebnisqualitäten aus. Durch ein vielbeachtetes Illuminationskonzept wird es nachts »zum hell leuchtenden Kristall im Stadtraum«, und »der offene Innenhof ist als dreidimensional erlebbarer Lichtraum in den Baukörper eingestellt und schafft so ein räumliches Erlebnis« (Büroprofil Wittfoht Architekten).

»Parkhaus Am Bollwerksturm« in Heilbronn

Das vom Architekturbüro Mahler, Günster und Fuchs (Stuttgart) geplante und 1998 fertiggestellte innerstädtische Parkhaus Am Bollwerksturm[6] in Heilbronn weicht in seiner äußeren Gestaltung auffällig von anderen ästhetisierten Parkhäusern ab (s. Abb. 8.3 und 8.4). Das sechsgeschossige Gebäude für 512 Fahrzeuge wirkt aufgrund seiner Holzfassade atypisch. Das gesamte Gebäude ist mit Holzlamellen aus 50 x 50 mm Douglasien-Profilen umschlossen. In ästhetischer Hinsicht dürfe – so eine Stellungnahme des Hochbauamtes – die Kantholz-Fassade des Gebäudes nicht als Verzierung mißverstanden werden. Sie gebe »dem enorm großen Baukörper eine einheitliche Hülle, die Ruhe ausstrahlt« (Stadt Heilbronn 1998: 1). Einen pointiert ästhetischen Akzent erhält sie noch dadurch, daß die Douglasien-Hölzer mit den Jahren ausbleichen und damit ihr Gesicht dynamisch verändern werden.

6. Die Baukosten beliefen sich hier auf 7,3 Millionen Euro und unterscheiden sich damit eher geringfügig vom Investitionsvolumen für den Bau des gläsernen Parkhauses in Münster (s. Anmerkung 2).

Abb. 8.3: Parkhaus Am Bollwerksturm in Heilbronn
Abb. 8.4: Parkhaus Am Bollwerksturm – Außenaufgang zwischen Holzlammellen und Drahtgitter

Das Parkhaus steht neben dem städtischen Hallenbad in der unmittelbaren Umgebung eines alten Baumbestandes und hochgewachsener Gehölze. Es gibt keine direkt angrenzende städtische Bebauung. In dieser relativ verinselten Lage dürfte die Toleranz der Baubehörde gegenüber der an anderer Stelle aus Gründen des Brandschutzes nicht unbedenklichen Holzfassade begründet sein. Noch vor wenigen Jahrzehnten hatten Belange des Brandschutzes restriktiv auf gestalterische Entscheidungen Einfluß genommen. Neuerliche Toleranzen in der Genehmigung ehemals gänzlich unzulässiger Baustoffe schaffen erweiterte Spielräume für die ästhetische Planung. Diese Freiheiten gehen vor allem auf technische Fortschritte im Bereich des Brandschutzes zurück. Auch bei geringeren Bauabständen zur feuergefährdeten Bebauung hätte die Verwendung von Holzlamellen in der Fassadengestaltung unter der Voraussetzung zugelassen werden können, daß die Holzprofile durch hinterbaute Sprinkleranlagen geschützt worden wären.

Der Bau wurde 1999 mit dem vom DBA Baden-Württemberg vergebenen Häring-Preis und 2000/2001 mit dem »Renault Traffic Design Award« ausgezeichnet. Den würdigenden Erläuterungen zur Auszeichnung mit dem »Traffic Award« zufolge »antwortet« die Fassade auf die Stadtvegetation in der unmittelbaren Umgebung des Parkhauses. In der Öffentlichkeit wird der Bau aufgrund seiner abweichenden Form heftig diskutiert. Zwar erlangt er so ungebrochene Aufmerksamkeit, nicht aber eine ebenso ungebrochene empathische Zustimmung wie das Parkhaus in Münster. Schon die langgestreckte, konstruktiv ungewöhnliche Form des Bauwerkes (140 m Länge, 20 m Breite über 6 Geschosse) löst Irritationen aus. Diese werden in der Wahrnehmung »der Leute« noch einmal durch die ästhetische Präsenz der Holzprofile verstärkt, die im Bau von Parkhäusern ein Novum unter den Baustoffen sein dürften.

Das in Münster gebaute Parkhaus Engelenschanze und das Heilbronner Bauwerk Am Bollwerksturm sind nach Größe, Investitionskosten und innerstädtisch exponierter Lage in etwa vergleichbar. Beide Gebäude stellen sich – wenn auch in einem jeweils eigenen Bild – als geradezu ekstatische Gestalten im Stadtraum dar. Die gläserne Fassade des Münsteraner Hauses setzt einen ebenso exotischen Akzent wie die in ihrer Erscheinung umstrittene Holzfassade des Heilbronner Gebäudes. Während beim Parkhaus in Münster hervorgehoben wird, daß es seine Funktion (hinter Glas) zu erkennen gebe, wird beim Heilbronner Parkhaus – ebenso würdigend – das Gegenteil betont: die Fassadenhülle entziehe »die solchen Gebäuden übliche Parkdeckstruktur« der Wahrnehmung (Stadt Heilbronn 1998: 2). Die Divergenz in der formalästhetischen Bewertung zeigt, daß die ausgefallenen Gestaltungen gegenüber Qualitätszuschreibungen relativ neutral sind. Mit anderen Worten: Es kommt nicht darauf an, ob eine Fassade aus Glas ist und der Bau sich zu seiner Funktion »bekennt« oder die Funktion des Parkhauses hinter Holzlamellen ein Rätsel bleibt. Beide Formen verbindend ist letztlich (über die jeweilige Eigenart hinweg) die *Exzentrik* der Architektur. Sie sichert dem Bau der kulturpolitisch konkurrierenden Städte die erwünschte Beachtung. Die Architekturen fungieren nicht (mehr) als Repräsentanten eines Stils, sondern als Medien der Aufmerksamkeit.

Parkhaus Ossenmarkt (Groningen/Niederlande)

Die vor wenigen Jahren in Groningen eröffnete Tiefgarage ist eine ästhetische Besonderheit unter den Parkbauten. Deshalb soll sie kurz angesprochen werden, obwohl sich diese Studie auf Hochgaragen und Parkhäuser beschränkt. Ähnlich wie im Parkhaus Engelenschanze gibt es auch in der Groninger Tiefgarage keine Etagen. Die Einstellplätze befinden sich beiderseits der Schrägparkrampe, die nun als abwärts gerichtete Spirale ausgeführt ist. Die Ausfahrt erfolgt über eine gegenläufige Spirale im Kern des Zylinders.

Das von dem niederländischen Büro »Olga architecten« entworfene und mit dem »European Parking Award« (2005) ausgezeichnete Gebäude (s. Abb. 8.5) weicht in seiner Innenarchitektur von üblichen Parkbauten u.a. durch den besonderen Einsatz von Licht und Farben ab (s. Abb. 8.6 und 8.7). Visuelle Medien werden bei neuen Parkbauten immer häufiger zum Zweck der Unterscheidung und Wiedererkennung bestimmter Parkbereiche eingesetzt. In Groningen werden u.a. Bodenmarkierungen durch klare und leicht erkennbare Farben sichtbar gemacht. Charakteristisch für die Farbgestaltung ist der Einsatz künstlichen Lichts, der an eine junge französische Tradition illuminativer Stadtgestaltung anknüpft.[7] Zwar wird mit den Mitteln computergesteuerten LED-Lichts das unterirdische Raumvolumen der Tiefgarage auch be-leuchtet, in erster Linie entsteht aber ein ästhetisierter Lichtraum, der sich durch dynamische Farbverläufe elektroluminiszenter Leuchtmittel fortlaufend verändert. So wird der zylindrische Raum mal durch ein eher fahles als grelles Blau, dann durch ein changierendes Orange oder Grün ausgefüllt. Im Unterschied zu jüngeren Beleuchtungstechniken in deutschen Parkbauten ist die Groninger Tiefgarage eher dämmrig als hell ausgeleuchtet.

Abb. 8.5: Tiefgarage Ossenmarkt in Groningen (NL) – Lage an der Gracht

Die Verwendung ausgefallener und reflexionsfreudiger, aber blendfreier Baustoffe wie mattierter Aluminiumplatten, die als Flankenschutz im Bereich der Durchfahrten in die Auffahrspindel eingebaut wurden, erzeugt eine artifizielle atmosphärische Raumwirkung. Sie wird in einem hybriden Sinne »naturalisiert«, indem aus den Außenwänden der Spirale an mehreren Stellen Natursteine in den Innenraum ragen. Die intendierte Eindruckswirkung zielt in ihrem atmosphärischen Charakter mehr auf ein positives Raumempfinden und -erleben als auf eine bestimmte Symbolik. Das Beispiel illustriert die Bedeutung des Lichts im atmosphärischen Raumerleben und zeigt, daß sich positives Raum-

7. Die in Lyon inszenierten Illuminationen sind aufgrund ihrer spektakulären Gestaltung bekannt geworden. Über europaweite Netze aller an ästhetisierender Stadtillumination arbeitenden Lichtdesigner wie z.B. »European Lighting Designers' Association« (ELDA+) sind über Lyon hinaus eine Reihe weiterer Städte in Europa für ein herausgehobenes Engagement in der Illumination des Stadtraumes bekannt geworden (u.a. Turin und London).

erleben auf synästhetischen Wegen in die positivierende Bewertung der Tiefgarage überträgt. Indem das Parkgebäude für Fremde als Tor zur Stadt fungiert, überträgt sich der auf der Grenze der Stadt empfundene Eindruck i.S. einer Protention auf die Bewertung wie das Erleben der Stadt.

Abb. 8.6: Tiefgarage Ossenmarkt – abwärtige Parkspirale und Übergang zur Auffahrt

In den Niederlanden spielen Parkbauten eine größere verkehrssteuernde Rolle als in deutschen Städten, weil das innerstädtische Parken am Straßenrand durch eine restriktive »Parkuhrenpolitik« so stark eingeschränkt ist, daß Parkeinrichtungen praktisch zur Endstation für den PKW auf dem Weg in die City werden.

Eine weitere Besonderheit des Gebäudes ergibt sich aus seiner Lage am Rande der Altstadt. Durch seine Platzierung am Verlauf einer Gracht entsteht eine architektonische Situation, die nur am Ufer des Wasserlaufs überhaupt eine Gebäudefassade erkennen läßt, die an ein Parkhaus erinnert. Knapp über dem Niveau des Wasserspiegels befindet sich auch ein Ein- und Ausgang zum Parkgebäude, der mit der zweiten (fiktiven) UG-Ebene verbunden ist. Das gesamte Parkgebäude ist städtebaulich – wie alle Tiefgaragen – in den Bauch der Stadt integriert; es liegt unter einem alten öffentlichen Platz, der nach Fertigstellung der Garage wieder als solcher (»Ossenmarkt«) genutzt wird. Die Gesamtkonzeption der Garage ist offensichtlich an einer in Lyon unter dem Place des Célestins in den 1990er Jahren gebauten zylindrischen Tiefgarage orientiert (vgl. N.N. 1995).

Abb. 8.7a-d: Tiefgarage Ossenmarkt – Phasen farbiger Illumination

8.2 Das Parkregal als Ästhetik des (ostentativen) Verbergens

Parkregale werden heute nicht selten als konstruktive Neuerung in der Architektur von Parkhäusern dargestellt. Das spiegelt sich auch in der lebensweltlichen Wahrnehmung wider. Wenn auch seit dem Zweiten Weltkrieg – von Ausnahmen im Bereich der privaten Immobilienwirtschaft abgesehen – Parkbauten entweder Rampenanlagen oder Tiefgaragen waren, so gehen Parkregale tatsächlich doch auf ein »Urprinzip« im Bau von Parkhäusern zurück. Es wurde schon in der Konstruktion des 1905/06 in Paris (Rue Ponthieu) errichteten Gebäudes angewandt. Das erste *vollautomatische* Garagensystem wurde 1925 in Chicago in Betrieb genommen. Die heute unter dem Begriff »Parkregal« wieder eingeführte aber technisch hoch modernisierte und computergesteuerte Technologie der »Stapelung« parkender PKW hatte sich auf dem Hintergrund einer ganz speziellen Technikgeschichte entwickelt. In der Alltagswahrnehmung der (Stadt-)Benutzer sind Parkregale im allgemeinen sog. »neue Technologien« ohne *eigene* Geschichte.

Verkehrspolitisch sind die neuerlich vermehrt entstehenden Parkregale eine Antwort auf die zunehmende Verknappung innerstädtischer Freiflächen und die hohen Kosten, die der Bau flächenintensiver Parkhäuser oder ingenieurtechnisch aufwendiger Tiefgaragen verursacht. Parksilos haben diverse Vorteile, die von den Anbietern konsequent vermarktet werden: maximale Sicherheit durch Wegfall von Vandalismus oder rangierbedingten Beschädigungen, konkurrenzfähige Baukosten im Vergleich zu konventionellen Rampengaragen (unter Berücksichtigung des relativ geringen Grunderwerbs), kleinere Flächenversiegelung, schnelle Parkabläufe durch kurze Über- und Rückgabezeiten der Wagen. Der Rückgabevorgang überschreitet im allgemeinen die 3-Minuten-Grenze nicht, so daß ein Parkregal prinzipiell schneller zu nutzen ist als eine Rampengarage (durch Fußweg zum Fahrzeug inkl. Wartezeiten am Fahrstuhl, Fahrt aus dem Parkhaus). Wenn Verkehrsplaner für die Zukunft auch eine steigende Bedeutung automatischer Parksysteme prognostizieren, so bilden diese speziellen Hochregallager doch noch eine Ausnahme im Bereich *öffentlicher* Parkbauten. Das Argument unzumutbar langer Rückgabezeiten der Wagen erweist sich als resistent und verstärkt die ohnehin bestehende Distanz gegenüber einer »neuen« Parktechnologie. Daneben werden zu hohe Betriebs- und Wartungskosten befürchtet.[8] Im europäischen Ausland finden automatische Systeme indes auch für den Einbau in öffentliche Bauten mehr Zuspruch (s. auch Kap. 1.3). Große Anlagen sind z.B. in Budapest[9] und in Istanbul (s.u.) realisiert worden.

Parkregal Sindelfingen

Das Sindelfinger Parkregal ist nicht für die öffentliche Nutzung bestimmt. Es wurde weder von der Kommune noch einer Tochtergesellschaft gebaut. Bauherr des 1999 vom Architektenbüro Petry & Wittfoht (Stuttgart) fertiggestellten Parkregals war die »Deutsche Gesellschaft für Immobilienfonds mbH« (DEGI Fond) aus Frankfurt a.M.. In seiner privatwirtschaftlichen Finanzierung erinnert der Bau an die ersten Hoch- oder Großgaragen, die von privaten Investoren gebaut und auf eigenes Risiko betrieben wurden. Die Städte hatten die eigene Zuständigkeit für die Schaffung von Parkbauten erst viel später als öffentliche Aufgabe gesehen und anerkannt.

8. So mdl. Information durch die Geschäftsführer der »Frankfurter Parkhaus-Betriebsgesellschaft mbH« vom 11.10.2006 (der Vf. dankt den Herren Hans-Peter Ruppert und Helmut Dessau).

9. In Budapest ist als Folge eines großen Stellplatzbedarfs durch einen starken Zuwachs an Büroflächen im Innenstadtbereich unter dem Platz vor der Basilika Szent István ein sog. »Multiparker« (der Firma Otto Wöhr) mit 404 Stellplätzen auf vier unterirdischen Etagen gebaut worden.

Abb. 8.8: Parkregal Sindelfingen bei Nacht. Bild: Otto Wöhr GmbH

Das Sindelfinger Gebäude steht nicht im innerstädtischen Raum, sondern in unmittelbarer Nachbarschaft zu Verwaltungsgebäuden des Autoherstellers Daimler-Chrysler, an den das Regal vermietet ist. Die geringen Abmessungen (Breite 6,50 m, Länge 47,50, Höhe 15 m) illustrieren den geringen Flächenanspruch von Parkregalen. Raum für Auf- und Abfahrrampen sowie für Rangierflächen auf den einzelnen Parketagen entfällt. Deshalb kommen Parkregale etwa mit einem Drittel der Fläche aus, die eine Rampengarage erfordert. Auf einer Grundfläche von kaum mehr als 300 m² können auf sieben oberirdischen und zwei unterirdischen Geschossen 124 PKW untergebracht werden.

Das Parkregal ist eine Konsequenz aus der räumlichen Verdichtung innerstädtischer Flächennutzungsansprüche. Nach der Modernisierung eines bestehenden Bürokomplexes mußte neuer Parkraum auf dem vorhandenen, aber engen Grundstück geschaffen werden. Die Erweiterung einer Tiefgarage schied aus ökonomischen Gründen aus. Die Entscheidung für die von der DEGI gebaute Parkregaltechnik läßt einen Baukörper entstehen, der den Flächenbedarf reduziert und in einer realräumlich beengten Situation eine atmosphärisch »offene und unbeengte« Situation hervorbringt. In einer Projektskizze des Architekturbüros wird der mit dem Renault traffic design award des Jahres 2000 prämierte Bau wegen der Übereinstimmung von Form und Inhalt sowie des Wechselspiels von »Entmaterialisierung und baukörperlicher Präsenz« hervorgehoben (Wittfoht o.J.).

Wie das Münsteraner Parkhaus, das von demselben Architektenbüro entworfen wurde, ist auch das Gebäude in Sindelfingen von einer Glasfassade umhüllt (s. Abb. 8.8 und 8.9). Die bestimmenden Baustoffe des Sindelfinger Parkregals sind Stahl (Regalsystem) und Glas (Fassade). Aufgrund seiner architektonischen Exotik und ungewöhnlichen Ästhetik fand das Bauwerk eine große Aufmerksamkeit in Fachkreisen. *Als Parkregal* wird der Bau nicht immer intensiv genutzt; mit weit größerem Nachhall folgt er dagegen einem symbolischen Zweck. Die Berichterstattung in Fachzeitschriften des Architekturjournalismus sorgte relativ schnell für einen hohen Bekanntheitsgrad der gläsernen Immobilie, obwohl das nichtöffentliche Parkregal an keiner zentralen Stelle im Raum der Stadt steht. Der Standort auf einem entlegenen Betriebsgelände dürfte eher Fachjournalisten als dem Durchschnittsbewohner der Stadt Sindelfingen bekannt sein.

Abb. 8.9: Parkregal Sindelfingen im halböffentlichen Raum. Bild: Wittfoht Architekten

Wenn die standortspezifischen Argumente für den Bau des Parkregals in ihrer Plausibilität auch nicht zu bestreiten sein mögen, so dürfte das wohl stärkste Motiv für den Bau mit akuter »Parkraumnot« nichts zu tun gehabt haben. Das Parkregal ist auch nicht wegen seiner effizienten Flächennutzung bekannt geworden, sondern aufgrund seiner repräsentationsorientierten Ästhetik. Die Besprechungen des Bauwerks durch und für Architekten hat ihm eine symbolische Bedeutung als Architekturobjekt verliehen, von der verschiedene Akteure profitieren. *Erstens:* Der Hersteller des Regalsystems (Otto Wöhr GmbH) in einer Zeit, in der automatische Parksysteme in Europa auch für Stadtplaner (nach fast 100 Jahren) wieder interessant werden; *zweitens:* das Architekturbüro, dessen Reputation und Bekanntheitsgrad steigt, (es entwirft wenig später das Münsteraner Parkhaus an der Engelenschanze); *drittens* der Investor sowie *viertens* Daimler-Chrysler als Mieter des Regals. Pointiert läßt sich resümieren, daß die Sindelfinger Rarität unter den Parkbauten weniger ein Parkbau denn ein Medium der Kommunikation neuer Parktechnologien und architektonischer Gestalten der Repräsentation ist. Das Parkregal von Sindelfingen ist eine tatsächlich gebaute und ebenso tatsächlich benutzbare Fiktion. Im Fiktionalen geht der Bau mehr auf, als in seinem profanen Zweck. Als *reales* Bauwerk dokumentiert es (höchst pressewirksam), was in der Zukunft der Architektur einer automobilen Gesellschaft (mit »ästhetischem« Anspruch) im städtischen Raum inszeniert werden kann.

Abb. 8.10: Automatisches Parkhaus in Istanbul. Bild: Otto Wöhr GmbH

Abb. 8.11: Automatisches Parkhaus in Istanbul – Plattenwagen. Bild: Otto Wöhr GmbH

Im Jahre 2002 ist in Istanbul eines der weltweit modernsten Parkregale mit einer Kapazität von 612 PKW-Stellplätze fertiggestellt worden (s. Abb. 8.10 und 8.11). Sechs »Multiparker« mit je 102 Stellplätzen auf 17 Parkebenen (davon 3 unterirdischen) sind nach einem Baukastensystem zu einer Einheit zusammengestellt worden. Die automatische Regaltechnik in Istanbul stammt von der Firma Otto Wöhr GmbH, deren (internationaler) Bekanntheitsgrad mit dem gläsernen Sindelfinger Parkregal gestiegen sein dürfte.[10]

10. Die Firma Otto Wöhr – größter Anbieter automatischer Parksysteme in Deutschland und einer der größten in Europa – ist das älteste deutsche Unternehmen, das seit den 1960er Jahren automatische Parksysteme baut, die auf beengter Grundstück in vielen Städten zum Einsatz gekommen sind. Das sog. »Parklift-System« wird seit über 30 Jahren in technisch stets weiterentwickelter Form gebaut.

»Stadtlagerhaus« in Hamburg

Auch das am Hamburger Holzhafen in der Großen Elbstraße (Nähe Hafenstraße) vom Architektenbüro Jan Störmer entworfene Parkregal stellt keinen öffentlichen Parkraum bereit. Dennoch leistet es in der räumlichen Situation der Dichte des Viertels durch die Schaffung von Parkraum im Baubestand einen effizienten Beitrag zur Verkehrsentlastung. In das ehemalige Getreidesilo im Stadtlagerhaus ist ein Parksystems für 134 PKW eingebaut worden. Die Zufahrt zum automatischen Parksystem erfolgt durch zwei Fahrstühle im Erdgeschoß des Silos (Störmer o.J.2). Unter Wahrung des Denkmalschutzes, d.h. bei Erhaltung einer fensterlosen Fassade, hätte sich auch kaum eine andere Nutzung für das fast 30 m hohe ehemalige Getreidesilo angeboten. Der Bau ist durch mehrere Architekturpreise ausgezeichnet worden. Träger der Baumaßnahme ist die Versicherungsgesellschaft »Volksfürsorge«. Die Besonderheit des Parkregals liegt in seiner Integration in ein denkmalgeschütztes Silogebäude (s. Abb. 8.12 und 8.13).

Abb. 8.12: Stadtlagerhaus – Getreidesilo (fensterloser Bau, s. Bildmitte) mit Parkregal

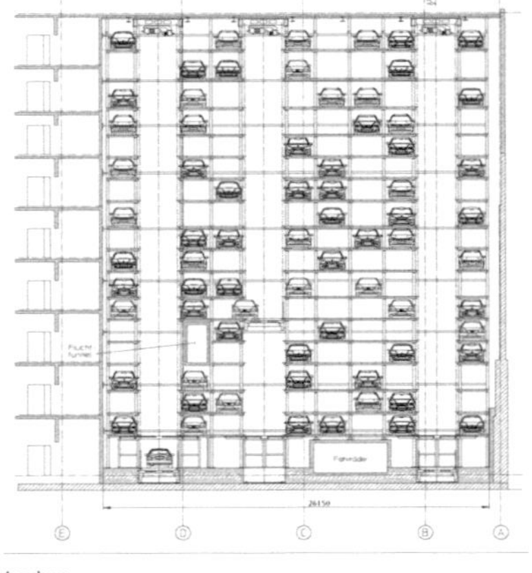

Abb. 8.13: Automatisches Parksystem im Stadtlagerhaus. Bild: Jan Störmer Partner

Das »Stadtlagerhaus« entstand 1724 im Hamburger Holzhafen (nach der Art seiner Befestigung so benannt), in dem Fisch und Getreide umgeschlagen wurden. Im Rahmen der Neubebauung des Holzhafens bildet die Umgestaltung des Stadtlagerhauses einen architektonischen Auftakt. Das Gebäude initialisiert und forciert die Umschreibung des ehemals wenig attraktiven Hafengebiets in ein »besseres Viertel«. In der Neugestaltung des Hafenareals drückt sich ein weltweit ablaufender Prozeß der

Revitalisierung brachgefallener Hafenareale[11] aus, in dessen Folge teure Bürostandorte und erlesene Wohnquartiere für eine neue ökonomische Oberschicht entstehen, die sich unabhängig von der soziokulturellen Hierarchie der Gesellschaft prinzipiell überall da konsolidiert, wo ökonomisches Kapital erfolgreich akkumuliert wird.

Das den Kern des historischen Ensembles bildende Speichergebäude wird mit dem Ziel des Baus von Atelierwohnungen umgenutzt. Der Zugang erfolgt – zwischen Silo und Speicher – über eine verglaste Eingangshalle, in der eine Concierge-Loge den Ort soziokulturell unzweifelhaft definiert. Das historische Speichergebäude hat einen viergeschossigen Aufbau für 28 Wohnungen von 50 bis 155 m² erhalten. Die Aufstockung fällt durch ihre (vorkragende) verglaste Doppelfassade auf. Das Ensemble präsentiert sich in einer postmodernen Programmatik und ist über die präsentative Symbolik seiner Ästhetik subkulturell adressiert. Es spiegelt in einer selten transparenten Weise die Überlagerung von postmoderner (Sub-)Kultur und postfordistischer Ökonomie im Raum der Stadt wider. Darin ist es zugleich Dokument einer globalisierungsbedingten Synthese von Kultur und Ökonomie, als deren Konsequenz sich eine neue soziale Gliederung städtischer Viertel einzuleiten begonnen hat. Für diesen Wandel ist es geradezu charakteristisch, daß er sich nicht auf »stillen« Bühnen nobler Clubs vollzieht, sondern die allgegenwärtige Sichtbarkeit im Raum der Stadt sucht und symbolisch signifikante Räume – in einer offenen Polarisierung von Reichtum und Armut – in Arenen der Distinktion verwandelt. Dafür eignen sich insbesondere historische Orte, deren (ehemals) authentischer Charakter verfremdet in nostalgisierte Atmosphären eingedampft wird. Ein Ort ehemals harter physischer Arbeit wird zu einem extravaganten Ort, dessen »eher diffuse als explizite« Atmosphäre die Hochglanzjournale der Architektur loben (vgl. z.B. Jaeger 2004). Die Integration von Stellplätzen *in* einen denkmalgeschützten Gebäudeteil des Büro- und Wohnensembles ist nicht nur praktisch und aus kommunaler Sicht der Verkehrsplanung willkommen; am Rande akzentuiert das Modell symbolisch auch den Anbruch einer extravaganten Zeit – als *Bild* öffentlich, als Vorschein *praktischer* Lebensformen allein für Mitglieder im Club neoliberaler Gewinner.

Aus Gründen des Hochwasserschutzes kam der Bau von Parkflächen in einer Tiefgarage (die man unter dem unmittelbar benachbarten Fisch-

11. Die Gründe für dieses Brachfallen sind neue Hafen- und Umschlagtechnologien. Die in den 1960er Jahren schnell beginnende Ausbreitung des Containers sorgte für eine nicht aufzuhaltende Umstrukturierung der See- und Binnenhäfen. Auch im Massengutverkehr kommen heute andere Lösch- und Ladetechnologien zum Zuge als zu kaiserlichen Zeiten, als die großen Seehäfen wie der Hamburger Hafen im großen Stil ausgebaut wurden.

markt hätte unterbringen können) nicht in Frage. Lediglich im Erdgeschoß des Speichergebäudes sind unter besonderer Berücksichtigung der Hochwassergefährdung Einstellplätze geschaffen worden. Der Hochwasserschutz im Erdgeschoß ist durch innenliegende Betonwannen, Flutschutztore und die Verwendung von Panzerglas erreicht worden (N.N. 2003.2).

Automatische Anwohnertiefgaragen (Quartiersgaragen)

Ein erstes möglicherweise wegweisendes Konzept in der Sicherstellung von Parkflächen in innenstadtnahen Wohnvierteln ist in der Münchner Donnersbergerstraße verwirklicht worden (s. Abb. 8.14 und 8.15). Im Zuge einer nachträglichen Unterbauung des (ohnehin schon versiegelten) Straßenkörpers ist auf einer Länge von 160 m, einer Breite von 13 m und einer Tiefe von knapp 9 m nach zweijähriger Bauzeit ein automatisches Parkregal mit 284 Stellplätzen verwirklicht worden. Die Investitionskosten von 11,35 Millionen Euro sind aus Stellplatzablösemitteln finanziert worden. Das Straßenbild stellt sich im Vergleich zur ursprünglichen Situation nach Abschluß der Baumaßnahmen als weitgehend unverändert dar. Lediglich vier gläserne Übergabekabinen sind im öffentlichen Straßenraum sichtbar. Die automatische Quartiersgarage stellt fast doppelt so viele Stellplätze zur Verfügung, wie man sie in einer konventionellen Rampengarage hätte schaffen können (vgl. Landeshauptstadt München o.J.). Wie alle Parksilos darf auch die Quartiersgarage in der Donnersbergerstraße nur von Monteuren betreten werden. Das garantiert Sicherheit für Fahrzeug und Fahrer. Ein Teil des sich im innerstädtischen Bereich verschärfenden Verkehrsproblems wird für knapp 300 PKW auf diese Weise effektiv gelöst, zugleich aber auch der Wahrnehmung entzogen.

Abb. 8.14: Automatisches Anwohnerparksystem in der Münchner Donnersbergstraße – Schrägluftbild. Bild: Otto Wöhr GmbH

Abb. 8.15: Automatisches Anwohnerparksystem in der Münchner Donnersbergstraße – Modell. Bild: Otto Wöhr GmbH

8.3 »CarLoft« – wo das Parken zur sozialen Praktik wird

Der Einbau automatischer Parksysteme in Büro- und Wohngebäude eröffnet nicht nur immobilienwirtschaftlich neue Wege zur rentablen Schaffung von Parkraum. Angesichts hoher Geldbeträge, die für jeden nicht realisierten Stellplatz nach den Sätzen kommunaler Stellplatz- und Ablösesatzungen fällig werden, besteht zur Realisierung von Parkflächen im Prinzip keine sinnvolle Alternative. Mit dem Bau traditioneller Rampenparkhäuser verbindet sich das städtebauliche Problem großen und kostenintensiven Flächenverbrauchs im Zentrum der Stadt. Der vermehrte Bau üblicher Parkhäuser ist aber nicht nur wegen ihres Flächenverbrauchs, sondern auch wegen der damit einhergehenden Bodenversiegelung und des Eingriffs in das System des natürlichen Wasserkreislaufs ökologisch schwer legitimierbar. Gegen das tradierte Modell der (unbequemen) Funktionstrennung von Wohnen und Parken spricht das Argument der Ökologie aus der Binnenperspektive ökonomisch privilegierter Käufer einer Wohnimmobilie im allgemeinen als allerletztes. Durchschlagender dürfte die Simulation einer Wohnform sein, die am Modell des Einfamilienhauses orientiert ist und Freiheiten des Wohnens, in deren Genuß man bisher nur in außerstädtischen Verflechtungsbereichen gelangen konnte, ins Zentrum innerstädtischer Verdichtungsbereiche hineinholt.

Abb 8.16: Wohnen mit dem eigenen Auto. Bild: CarLoft GmbH

Einen innovativen Weg in diesem Sinne haben Manfred Dick und Johannes Kauka mit dem Wohnkonzept CarLoft entwickelt. Die Idee beruht auf einer Individualisierung automatischer Parksysteme, die in das Raumkonzept innerstädtischer Eigentumswohnungen integriert werden. Zu jeder der angebotenen Wohnungen gehört (unabhängig von der Höhe des Obergeschosses) neben einem Garten eine Abstellfläche für den eigenen PKW (s. Abb. 8.16 und 8.17). Ein Fahrstuhl kann auf jeder Etage zwei Wohnungen bedienen. Über ein Programmiersystem werden die Fahrstühle angefordert.

Repräsentatives Parken vor dem eigenen Wohnsalon und dem Hintergrund einer großstädtischen Skyline vermittelt einen exklusiven Lebensstil und garantiert – als Nebeneffekt – Sicherheit für das abgestellte Fahrzeug. Der privilegierte Abstellplatz hinter einer Panoramascheibe bildet mit dem Wohnraum eine visuelle Einheit. Mit ihrem repräsentativen

Wohnkonzept erschließt sich die CarLoft GmbH auf dem ökonomischen Hintergrund der globalisierungsbedingten »Stärkung« einer (neuen) ökonomischen Oberschicht einen erfolgversprechenden Markt. Das CarLoft-Konzept schreibt das Parken als Moment elitärer Lebensstile in ostentative Praktiken tendenziell narzißtischer Selbstästhetisierungen ein. Die Interessenten sind »vermehrt wohlhabende Autofans, die Komfort und Sicherheit wollen« (Körfgen 2006). In verstopften Metropolen im Inland und weltweiten Ausland soll mit CarLofts »effektive Abhilfe für die finanziell besser situierte Klientel« geschaffen werden, damit wenigstens für diesen kleineren Kreis der Gesellschaft »der unbequeme Gang in die düstere Tiefgarage der Vergangenheit« angehört (N.N. 2005.1).

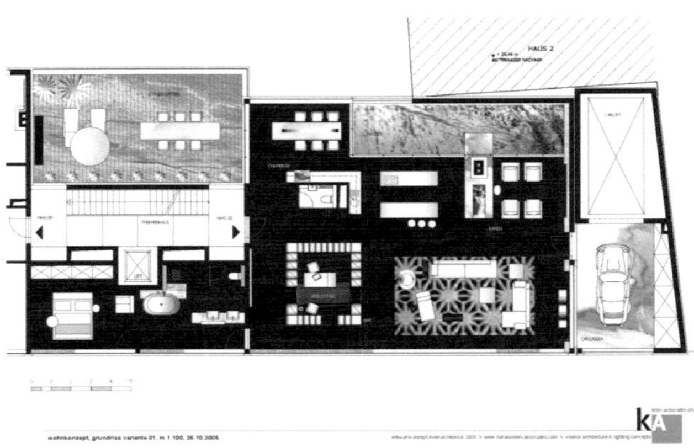

Abb. 8.17: Grundriß für ein CarLoft. Bild: CarLoft GmbH

Das in die Eigentumswohnung integrierte Parken mag in der Tat die Auflagen kommunaler Stellplatzverordnungen erfüllen. Ein verkehrspolitisch relevanter Beitrag zur Entlastung des innerstädtischen Verkehrs dürfte das Konzept substantiell eher nicht leisten. Die Innovation hat vielmehr einen *sozialen Sinn,* der in symbolischen Bedürfnissen nach demonstrativer Distinktion ebenso aufgeht, wie in der Erfüllung des Wunsches nach individualisiertem Wohnen mit den Vorzügen des Einfamilienhauses, aber der Lage im Zentrum der Metropole – an einem räumlich verinselten (heimatlichen) Ort inmitten maximaler großstädtischer Dichte. »Wir wollen mit dem Konzept ›Loft, Garten und Garage auf der Etage‹ alle Vorteile, die Bewohner eines Eigenheims in den Vorstädten haben, auch den Bewohnern einer Eigentumswohnung in der Innenstadt bieten« (Stahnke 2006), erklärt Johannes Kauka. Die aufsehenerregendste Pointe des Wohnmodells, die die Massenmedien verbreitete, ist die Mitnahme des eigenen PKW »in« die Wohnung. Der sichere Stand der Luxuskarosse in luftigen Höhen wird das Konzept letztendlich aber weniger zum Erfolg führen als der Inszenierungswert, der sich mit einer neuen Wohnform verbindet. So wird das Leben in einer »großzügigen Wohn- und Wellness-Landschaft mit Sauna und Whirlpool«, insbesondere aber im »CarLoft«-Penthouse von den Projektentwicklern als »Genuß urbanen Lebens« angepriesen:

»Hier ist alles möglich. Neben den großzügigen Wohn- und Essbereichen bietet das Penthouse z.B. ein separates Atelier oder Privatbüro. Alternativ kann diese Fläche für Kinder gestaltet werden. Mit einem Kaminzimmer, einem luxuriösen Schlaf-/Badbereich und einem einzigartigen Dachgarten inklusive Panoramablick können Sie sich Ihre Träume erfüllen.« (Paul-Lincke-Höfe o.J.)

Die originelle Idee des Carlofts dokumentiert eine Ausdrucksform soziioökonomischer Spaltungen in der globalisierten Gesellschaft. Daß sich ökonomisch privilegierte Gruppen in Formen luxurierter Lebensführung untereinander darstellen und voneinander abgrenzen wollen, ist im Prinzip nicht neu. Es entstehen aber immer wieder neue Praktiken, mit denen man diesem Bedürfnis nachkommen kann – Synthesen von Kultur, Technologie und Ökonomie.

Als soziokulturelles Konzept scheinen die CarLofts ihren Markt wie von selbst zu finden. Die Kreateure der Idee, die die Gebrauchsrechte an ihrer patentierten Architektur auch verkaufen, haben nach Patentanmeldung innerhalb eines Monats Anfragen von Interessenten aus 40 Ländern erhalten. Ein britisches Unternehmen wolle allein 250 »CarLofts« bauen. Besonders in Ländern mit Sicherheitsrisiken für teure Luxuskarossen – wie Frankreich, Rußland, Rumänien und anderen Ländern Osteuropas – bestehe besonders großes Interesse.[12] In Berlin wird das Prinzip am Paul-Lincke-Ufer (Nähe Görlitzer Bahnhof) ein erstes Mal mit 100 Lofts realisiert (N.N. 2005.2).

8.4 Parken in distinguierten Kulissen – »Meilenwerk« in Berlin und Düsseldorf

Eine immobilienwirtschaftliche Innovation im Stil des Themenparks ist in Berlin und Düsseldorf mit je einem Standort realisiert worden. Unter der patentrechtlich geschützten Bezeichnung Meilenwerk wurde ein Markenprodukt für den Handel mit hochwertigen Oldtimern geschaffen. Die Meilenwerke in Berlin und Düsseldorf sind Ausstellungs- und Verkaufsensembles für Oldtimer (s. Abb. 8.18). Bestandteil des Unternehmenskonzepts ist in beiden Städten die Vermietung verglaster Ein-

12. Für ein informationsreiches persönliches Gespräch über CarLoft am 17.11.2006 danke ich Herrn Johannes Kauka.

stellboxen an private Besitzer luxuriöser Oldtimer und antiquarischer »Alltagsfahrzeuge«.

Abb. 8.18: Meilenwerk in Berlin. Bild: S. Massarrat

Nach umfangreichen Markt- und Standortanalysen ist im Jahre 2003 das erste Meilenwerk in Berlin eröffnet worden. Das räumliche Präsentations- und Verkaufsmilieu unterscheidet sich charakteristisch von üblichen (Auto-)Verkaufsräumen. Aufsehenerregend sind nicht nur die ausgestellten und zum Verkauf angebotenen Oldtimer, sondern auch die die Meilenwerke »beherbergenden« Gebäude. In Berlin wurde das 1996 wegen baupolizeilicher Mängel geschlossene kaiserzeitliche Straßenbahndepot (1899/1901) – seinerzeit das größte Depots dieser Art in Europa – nach der Restauration für eine Ausstellungs- und multifunktionale Gewerbenutzung umgestaltet. Das Sanierungsprojekt wird heute von der Berliner Denkmalschutzbehörde als beispielhaft eingestuft. Auch das Düsseldorfer Meilenwerk befindet sich in einem historischen Gebäude. Hier wurde ein denkmalgeschützter Ringlokschuppen der Reichsbahn (1930/31) aufwendig restauriert und für eine vergleichbare Folgenutzung hergerichtet. Alle Anbieter von Dienstleistungen sind direkt oder indirekt auf das Geschäft mit Oldtimern spezialisiert. Die historische Atmosphäre in den Gebäuden fungiert ihrerseits als Ware: In einem zentralen Bereich der Bauwerke befindet sich eine sog. »Eventfläche« zur Durchführung von Kongressen, Galaabenden, Preisverleihungen, Tagungen, Auktionen u.a. kulturpolitisch akzentuierten Veranstaltungen. Im Berliner Meilenwerk haben allein im Jahre 2004 rund 180 solcher Veranstaltungen stattgefunden. Vergleichbare Planungen laufen auch für andere Metropolen (u.a. Hamburg, München, Wien).

Die Gourmetrestaurants, die dem Berliner wie Düsseldorfer Meilenwerk eine gastronomisch besondere Note geben sollen, sind mehr als nur subkulturell adressierte Feinschmeckerlokale. Das Düsseldorfer »Sakari« wie das Berliner »Parc Fermé« sind Teil eines Milieus, das vor allem sozioökonomische Eliten ansprechen soll. Das »gemeine Volk« findet dennoch unentgeltlichen Einlaß. Es fungiert – in *dosierter* Präsenz – als staunende menschliche Kulisse, die in ihrer lebensweltlichen Ferne die ostentativen Praktiken der Akteure zu einer gleichsam »erhabenen« Performance steigert.

Der Kulissencharakter gehört zum Charakteristikum der Markenimmobilien: Die zahlreichen Werkstätten und Spezialgeschäfte, die in die alten Verkehrsbauten integriert wurden, glänzen hinter Fenstern, und die (zudem beheizten) Einstellboxen machen den Eindruck von Vitrinen. So wird noch der profanste Zündkerzenwechsel in einer gläsernen Autowerkstatt in musealer Atmosphäre durch die Situation des *Ganzen* zur inszenierten Sequenz einer technikkulturellen Reality-Soap. Unter den Dächern der nobilitierten Baudenkmale ist das Profane indes ausgeräumt. Die Meilenwerke sind Luxusorte, an denen mit Hilfe des Mediums Oldtimer kostspielige Lebensstile ihre öffentliche Bühne finden. Diesen Bühnencharakter haben die Betreiber der Berliner »Filiale« durch die mehrfach erfolgreiche Einladung von Politikern unterstrichen und dadurch den Ort als Tauschbörse für soziales Kapital noch einmal potenziert. Das Arrangement einer Fernsehshow[13] hat das Berliner Meilenwerk mit einer massenmedialen Aura des allseits Bekannten imprägniert.

Die Meilenwerke erinnern indirekt an die alten Hochgaragen der 1920er Jahre. Auch in ihnen wurden die Wagen nicht nur in Boxen abgestellt. Wie in den noblen Garagen von Halle und Chemnitz nicht nur diversifizierte Dienstleistungen für die Pflege und Wartung der Wagen angeboten wurden, sondern zugleich besondere Orte der Begegnung, der Konversation und des Luxuskonsums waren, so gibt es auch in den Meilenwerken Angebote zur Wartung, Restauration und hochspezialisierten Pflege der (antiquarischen) Automobile. Im Berliner Meilenwerk sind Werkstatt- bzw. Ladenboxen z.B. an Autopfleger, Lederpfleger, Sattler, Kfz-Elektriker, Oldtimerverleiher und Gutachter vermietet. In Düsseldorf ist das Leistungsspektrum der 35 Anbieter ähnlich.[14]

Die Parkboxen werden zu einem relativ niedrigen Nettomietpreis (unter 150 Euro) für die Einstellung reputierlicher Karossen vergeben. Der

13. Am 29.09.2005 nahm Kabel 1 in Kooperation mit der Zeitschrift »Auto-Bild« im Berliner Meilenwerk die Show »Die 100 kultigsten Autos« auf, die zur »besten« Sendezeit um 20: 15 Uhr ausgestrahlt wurde.

14. Dazu gehört in Berlin u.a. ein Morgan-Händler, und in Düsseldorf sind es u.a. ein Citroën-DS-Spezialist, Werkstätten für US-Oldtimer, Automobilfotografen u.a.m. (vgl. http://www.meilenwerk.de sowie http://www.duesseldorf.de/thema2/spezial/meilenwerk/index.shtm; 01.12.2006).

Umstand, daß es sich hier i.e.S. aber gar nicht um die Bereitstellung von Stellplätzen handelt, sondern um die Vergabe von Lizenzen zur Präsentation von Kulturartefakten, pointiert die Frage nach den Wandlungen symbolischer Praktiken im je historischen Umgang mit dem Automobil wie die Frage nach seiner aktuellen Medialisierung für subkulturelle Zwecke der Repräsentation. Inwieweit gewissermaßen »hinter« diesen Praxen Risse zwischen Utopien und Realitäten mythisch vernäht werden, ist Gegenstand eines heterotopologischen Resümees (s. Kap. 8.6).

8.5 »Car Display«

Das sogenannte Car Display gehört *nicht* zu den Parkbauten. Dennoch verdienen Form und Funktion Beachtung, auch wenn eine kategoriale nutzungsbezogene Differenz zum Autosilo besteht. Ein Car Display ist ein rundum verglastes Autoregal, das nicht dem Parken von PKW dient, sondern allein der werbewirksamen und verkaufsorientierten Präsentation von Neuwagen. Am bekanntesten dürften die Smart-Vitrinen sein, die zur Präsentation des im Oktober 1998 in Deutschland eingeführten Kleinwagens »Smart« in manchen Großstädten errichtet worden sind (s. Abb. 8.19). Der Smart sollte als spektakulär angekündigter Kleinwagen

Abb. 8.19: Smart-Vitrine in Böblingen

nicht nur durch eine gewisse Nützlichkeit im Stadtverkehr überzeugen, sondern auch als Sinnbild eines postmodern-urbanen Lebensstiles angesehen werden und damit der symbolischen Kommunikation von Identität dienen. Mit einer gewissen Praktikabilität und alltäglichen Nützlichkeit des Fahrzeuges verknüpften sich deshalb auch repräsentative Zwecke, erweist sich der öffentliche Verkehrsraum doch bis in die

Gegenwart als Bühne symbolischer Praktiken. Als selbstreferentielle Geste des Zeigens muß auch die nur mit dem Smart mögliche Methode des Querparkens angesehen werden, wodurch sich mit dem Fahrzeug auch sein Nutzer quer in den Strom der »Normalen« stellt. Der Smart profitierte bei seiner Markteinführung von der Vitrinenarchitektur, die genug Aufsehen erregte, um in der »Autogesellschaft« ein neues Revier zu markieren.[15]

Der Vergleich von Parkhaus und Smart-Vitrine setzt nicht nur verschiedene Gebäudefunktionen asymmetrisch zueinander in Beziehung, er macht auch auf eine ästhetische Differenz aufmerksam. Wie die Smart-Vitrine, so dienen auch Car Displays anderer Hersteller allein der ästhetisierenden *Präsentation* von Automobilen, die sich in ihrem Gebrauchswert vermehrt vom Medium pragmatischer Nützlichkeit zum Medium symbolisch-kultureller Praktiken wandeln. Schon die kostenintensive Investition in eine exzentrische Architektur setzt die subkulturelle »Beheimatung« des beworbenen Gegenstandes in repräsentationsorientierten Praktiken voraus. Zwar werden auch Dachgepäckträger beworben, aber sie sind keine Gegenstände der Repräsentation und werden deshalb auch in einer nicht vergleichbaren Weise präsentiert.[16] Die Ästhetisierung von PKW in Vitrinen sucht einen *symbolischen* Pakt mit dem potentiellen Käufer. Nachdem der allzu selbstverständliche Gebrauch des PKW in den 1970er bis 80er Jahren u.a. aus ökologischen Gründen anrüchig wurde, ist derzeit eine Re-Fetischisierung des Automobils ebenso zu beobachten wie sein Aufstieg zum Life-Style-Medium par excellence.

Das Prinzip Car Display ist nicht mehr auf den Smart beschränkt. Lange findet man die architektonische Form der Präsentation auch bei anderen Marken, so bei Saab in Krefeld, Toyota in Gelsenkirchen oder Mitsubishi in Berlin-Marzahn. Die Autovitrine ist aber keine neue Erfindung, sondern bestenfalls eine Variation im Spektrum immer glänzender werdender Verkaufsinszenierungen für Automobile, die affektiv mit immer größerem Begehren aufgeladen werden. Die Idee des Car Display so alt wie die Garage von Marbeuf (Paris 1929), deren vorderer mehrstöckiger und großzügig verglaster Gebäudeteil in einer für die damalige Zeit ästhetisch herausragenden Architektur der Präsentation von Neuwagen (Citroën) diente (s. Abb. 5.23).

15. Der Umstand, daß sich die »Ikone« Smart relativ schnell verbrauchte und das praktische Innenstadtfahrzeug übrig blieb, kann hier vernachlässigt werden.

16. Das gilt nicht für Autozubehör im allgemeinen. Da das Automobil im Ganzen ein prädestiniertes (obendrein in bestimmten Subkulturen fetischisiertes) Objekt der Repräsentation ist, konnten diverse Zubehörhersteller in der Präsentation ihrer Erzeugnisse der »Sprache« der Werbung der Automobilindustrie folgen und ihre Produkte mit weit über den Nutzwert hinausgehenden Versprechen verknüpfen.

Das Car Display ist ein Ort der *Präsentation*, aber keiner der Repräsentation, denn die ausgestellten Waren sind in gewisser Weise noch herrenlos. Es fehlt eine »vitale« symbolische Beziehung, die in der persönlichen Identifikation eines Besitzers gründet. Die Differenz zwischen einem Car Display und einer Litfaßsäule reduziert sich im wesentlichen auf eine Frage der Dimensionalität.

8.6 Heterotopologisches Resümee

Wie das Automobil am Beginn des 20. Jahrhunderts neben seiner Funktion als Gefährt vor allem eine distinktive Rolle im gesellschaftlichen Kampf um Unterscheidung spielte, so gewinnt diese soziologische Funktion auch in der Gegenwart wieder an Bedeutung. In bestimmten Subkulturen übersteigt der Symbolwert mit der Betonung je spezifischer Gefühlsladungen den Gebrauchswert. Tendenziell wird der PKW aber insgesamt gesellschaftlich wieder weniger als Gegenstand profaner Nützlichkeit angesehen und immer mehr als Kultgegenstand kommerzialisiert und habituell kommuniziert. Der Aspekt des Gebrauchswertes sinkt unter dem steigenden Gewicht des symbolischen Mediums auf ein Niveau der Selbstverständlichkeit ab, und der Symbolwert rückt in ein neues (sub-)kulturelles Zentrum. Die repräsentationsorientierte ästhetische Rationalität im kulturellen und distinktiven Gebrauch des PKW dürfte allerdings erhebliche länderspezifische Unterschiede aufweisen; so ist zum Beispiel in den Niederlanden und in Frankreich das Bedürfnis zur symbolischen Kommunikation einer (vermeintlich) höheren gesellschaftlichen Stellung über den kulturellen Code des Automobils geringer als in Deutschland.

Viele der mit dem kulturellen Medium »Automobil« funktional vernetzten Dinge werden in diesen Symbolisierungsstrudel »hineingezogen«. Das gilt auch für Parkbauten, die (zwangsläufig) in einem unmittelbaren Erlebniszusammenhang mit der Benutzung des PKW in Innenstädten stehen. Architektur, die »als Seismograf der Gesellschaft und als konstitutives Medium des Sozialen« (Delitz 2006: 16) fungiert, folgt der Dynamik des Sozialen, wie sie auf diese einwirkt. Dieser Wechselwirkungsprozeß vollzieht sich in zwei Rationalitäten und auf zwei Systemebenen. An der Nahtstelle zwischen *individuellem* Denken und Fühlen auf der einen Seite und dem kulturellen Gefüge der eine *Gesellschaft* konstituierenden Narrative auf der anderen Seite wirkt die Architektur neuer Parkhäuser (grundsätzlich wie die der ersten Hochgaragen vor fast 100 Jahren) in einem medialen Sinne. Wenn Verkehrsarchitektur in einem unmittelbaren Sinne evidenter Nützlichkeit auch zunächst als städtebauliches Ordnungsmedium funktioniert (vgl. Ziemann 2006: 20f), so vermitteln sich doch im performativen

Vollzug dieser Nützlichkeit (d.h. in der alltäglichen Aneignung durch Gebrauch) Erzählungen, die die Funktion haben, Brüche im Wirklichen im heterotopologischen Sinne dissuasiv zu »heilen«. Diese »Heilung« geht über die Schwelle des Ästhetischen, d.h. über die heterotope Wirkung der Architektur. Die Hochgaragen der 1920er und 30er Jahre hatten sich als solche Heterotopien erwiesen, wenn auch in anderer Weise als die Parkhäuser, die nach dem Zweiten Weltkrieg errichtet worden sind.

Die oben annotierten Beispiele machen auf eine deutlich steigende Pluralisierung von Parkhausarchitekturen i.w.S. aufmerksam. Die Formen, Funktionen und ästhetischen Gestalten unterscheiden sich seit Ende der 1990er Jahre in immer zahlreicher werdenden Fällen von den rein funktionalistischen Zweckbauten, die in der Zeit der boomenden Massenmotorisierung schnell und kostengünstig in allen europäischen Städten aus dem Boden gestampft wurden. Der folgende Vergleich wird der Frage nachgehen, in welcher Weise bestimmte pragmatische Konstruktions- und ästhetische Gestaltungsformen von Architektur jenen narrativen Überschuß kommunizieren, der für die heterotope Funktion »anderer Räume« charakteristisch ist.

Die schönen Parkhäuser einer neokonsumistischen Gesellschaft

Die Beispiele neuer Parkhäuser aus Münster, Groningen und Heilbronn illustrieren in drei ästhetisch unterschiedlich akzentuierten Varianten die dynamische Entwicklung der Ästhetik von Parkhäusern in der neokonsumistischen Gesellschaft. Lebensstile und Konsummuster kristallisieren sich in der »radikalisierten Erlebnisökonomie« (Prisching 2006: 121) weniger an utilitären Produkten als an Medien, die als symbolische Bindemittel die Teilhabe an gesellschaftlich kommunizierten und zelebrierten Lebensgefühlen garantieren. Die Frankfurter Allgemeine Zeitung kommentiert die neue Mercedes S-Klasse – die Wiederkehr der Klassengesellschaft indirekt parodierend – mit dem Untertitel »Schöner leben, besser fahren« (Lingnau 2006). Ein von moralischen und ethischen Vorbehalten befreites, gleichsam zu sich gekommenes Luxusbedürfnis befindet sich auf der Suche nach ästhetisch adäquaten Medien, Praktiken und Bühnen. Die ostentative Zurschaustellung des Automobils ist eine solche distinktionsorientierte Praktik.

Auch Architekturen passen sich verändertem kulturellen Sinn an. Zwar *funktionieren* die schönen neuen Parkbauten heute wie früher auf einer pragmatischen Ebene, wenn sie ausreichende und kostengünstige Stellplätze auch dann garantieren, wenn die Nachfrage groß ist. Die Bedienung dieser Nachfrage auf der Höhe des technologisch Möglichen ist Sache der Parkhausbetreiber. Über ihre profane Nützlichkeit hinaus bieten die Bauten (via Fassade, räumliche Atmosphären, technische Konstruktionen) implizit aber auch »symbolische Dienste« an, deren Versprechen mehrfach adressiert ist. Den Städten schreiben die im Zentrum errichteten ästhetisierten Bauten Identität zu und Benutzern einen Ort, der über seinen symbolischen Bühnencharakter hinaus suggeriert, sicherer (für Person und Fahrzeug) zu sein als die nackten Betonbauten der 1960er bis 80er Jahre. Im anmutenden Schein des Schönen verdecken die Parkbauten dabei ihre *kompensationsheterotope* Funktion der Glättung des Grundwiderspruchs zwischen individueller Motorisierungslust und einem ökologisch wie verkehrspolitisch eskalierenden Desaster nahezu perfekt. Die von Prisching diagnostizierte neokonsumistische Geisteshaltung mit ihren erlebnisfixierten Begehren bietet dafür einen geradezu idealen Nährboden.

Die Parkhäuser von Münster, Groningen und Heilbronn präsentieren sich auf dem Hintergrund eines breiten und flexiblen Spektrums des Bauens (Technologien, Baustoffe, LED-Illuminationstechnologien). Auf je unterschiedliche Weise fungieren sie damit als Medien der Reifikation stummer kultureller Selbstverständnisse einer Zeit. Das Parkhaus Engelenschanze in Münster glänzt als lichter Raum, der der gewandelten Bedeutung des Automobils in der Gesellschaft gerecht wird. Fortschritte in der industriellen Herstellung von bruchsicherem Glas haben die großflächige Verwendung eines ästhetisch stets präferierten Baustoffes möglich gemacht. Das Glas schafft Ein- und Durchblicke und verortet den ruhenden Verkehr inmitten der Stadt auf eine repräsentative und für jedermann sichtbare Weise. In diesem Bauen bekennt sich die Stadt zu einer wertschöpfenden und kulturschaffenden Bedeutung des Individualverkehrs. Die niederländische Tiefgarage in Groningen affiziert durch farblich wechselnde Atmosphären des Lichts und eine höchst benutzerfreundliche Baukonstruktion. Das Heilbronner Parkhaus gibt sich mit seiner Holzfassade in der Umgebung eines alten Baumbestandes sowie mit einer eigenwilligen Geometrie einen exotischen Charakter, der durch seine Funktion »hindurch« feuilletonistisch und architekturjournalistisch Beachtung findet.

Die drei Beispiele neuer Parkhausarchitektur funktionieren aufgrund der schnellen Aufnahme des ruhenden Verkehrs wie seiner reibungslosen Rückführung in den fließenden Verkehr als *Abweichungs-Heterotopien*. Das in den drei Beispielen mit je eigenen gestalterischen Akzenten zum Ausdruck kommende ästhetische Programm zeitgemäßen Bauens an signifikanten Plätzen im Stadtraum weist über diese Pragmatik hinaus. Es ist Spiegelbild einer ästhetizistisch gewordenen Gesellschaft und es annotiert die *kompensationsheterotope* Rolle, die die drei Parkhäuser in Münster, Heilbronn und Groningen im Unterschied zu den Parkhäusern der 1960er bis 80er Jahre spielen. In einem »Nebeneffekt« sind sie zugleich *Illusions-Heterotopien*. Dank der Synthese von Funktionalität und Ästhetik erzählen sie die Geschichte der Machbarkeit eines ungebrochen steigerungsfähigen Motorisierungsprozesses in den Städten. Die neuen Parkhäuser erzählen diese Geschichte aufgrund ihrer den Zeitgeist feiernden Ästhetik noch beiläufiger und damit noch verdeckter und versteckter, als die brutalistischen Massive der 1960er Jahre *ihrer* Zeit gerecht wurden. Sie verstecken ihre kompensationsheterotope Funktion hinter illusionsheterotopen Fassaden und atmosphärischen Suggestionen.

Für die synästhetische Übertragung dieser Symbolismen ist der Umstand charakteristisch, daß die Narrative heute genausowenig auf die tatsächliche Verkehrssituation der Städte bezogen sind, wie die Luxusausstattungen der illusionsheterotopen Hochgaragen der 1920er Jahre etwas mit der Entlastung des Straßenverkehrs zu tun hatten. Die seit einer Dekade sichtbarwerdenden architektonischen Wandlungen der Heterotopie »Parkhaus« künden am Rande von der neokonsumistischen Wandlungsfähigkeit der Kulturindustrie. Das Paradigma des schönen Lebens folgt keiner Moral der Verantwortlichkeit gegenüber Dritten, sondern einer »Remoralisierung unter anderen Vorzeichen« (Schulze 2005: 129). Nicht mehr anderen gegenüber ist die Moral des eigenen Lebens in der Pflicht, sondern gegenüber dem eigenen Selbst, den eigenen Ansprüchen. Gerhard Schulze pointiert diesen Trend der postmodernen Gesellschaft als hedonistisches Lebensprinzip. Das Beispiel der drei Parkhausarchitekturen zeigt auf anschauliche Weise, wie sich die Ästhetik mit subkutaner Suggestivität in die neue (ästhetische) Ökonomie einschreibt und damit dem Erleben über das synästhetische Medium der (Bau-)Kultur und die Wandlung öffentlicher Stadtbilder eine normative Richtung weist.

Stadtlagerhaus Hamburg und Quartiersparkautomat in München

Das Parkhaus entfaltet sein mythisches Potential in der Dimension einer Kompensations-Heterotopie. Wie die funktionalistischen Betonparkhäuser im Stil des Brutalismus ohne jede Geste der Verschleierung als ästhetisches Selbstbekenntnis zu ihrer ästhetischen Kompensation standen, so versteckt sich die Heterotopie des automatischen Parkregals im Stadtlagerhaus hinter der Fassade des denkmalgeschützten fensterlosen Getreidesilos. Die Verwendung von High-Tech-Parksystemen (s. Abb. 8.12 und 8.13) führt beim »Bauen im Bestand« wegen des Silocharakters des denkmalgeschützten Objektes zu einer Ästhetik des Anästhetischen. Von der Ausräumung überschüssigen und krisenträchtigen Verkehrs aus dem strömenden Straßenverkehr ist an diesem Ort nichts sichtbar. Das automatische Parkhaus ist – wie jedes automatische Parkregal – ein scheinbar toter Raum. Das aus konstruktiven

Gründen menschenleere Parkregal füllt einen fensterlosen dunklen Raum aus, der die Metapher Sloterdijks vom »weißen Raum« noch dadurch überbietet, daß in dieser maschinistischen Hülse noch nicht einmal die *Möglichkeit* besteht, Netze der Identität zu spannen, wie auf einer (noch so unwirtlichen) U-Bahn-Station. Der Innenraum des Silos bleibt in der Wahrnehmung der Benutzer versiegelt, in gewisser Weise eine Fiktion, auf deren Tatsächlichkeit man vertrauen kann. In seinem Inneren leisten bestenfalls – und auch das nur in der funktionalen Krise – Techniker ihre Wartungs- oder Reparaturdienste. Lediglich zwei Einfahrten in einer halböffentlichen Zone zwischen Silo und Kornspeicher weisen darauf hin, daß sich hinter der geschlossenen Fassade ein automatisches Parkhaus befindet. In der Unsichtbarkeit des technischen Apparates ist das Hochregallager für Automobile ein Garant für die Glaubwürdigkeit der Kompatibilität von Massenverkehr und reanimierten urbanen Qualitäten.

Die heterotope Funktion des Parkregals ist aber nicht frei von Widersprüchen. Die Radikalität der Anästhesie, mit der die Kompensation hier *konstruktiv* erfolgt, läuft zugleich auf eine Idealisierung durch Unsichtbarmachung der Problemlösung hinaus. An der Bruchstelle zwischen der Realität eines strukturellen gesellschaftlichen Verkehrsproblems und einer radikalen architektonischen Geste des Versteckens suggeriert (und idealisiert) die Ästhetik der Konstruktion eine Ordnung der Dinge, die auf nichts beruht als einer Illusion. Das Beispiel verdeutlicht noch einmal die Schwierigkeit der Grenzziehung zwischen Kompensations- und Illusions-Heterotopie (s. auch Kap. 4.2).

Die Situation in der automatischen Anwohnertiefgarage in einem Münchner Wohngebiet (Donnersbergerstraße) unterscheidet sich nur graduell von der des Hamburger Stadtlagerhauses. Auch die Münchner Quartiersgarage ist lediglich einem eingeschränkten Nutzerkreis zugänglich. Sie liegt »unter Tage«, in einem künstlich hergestellten Hohlraum unter der Straße, wo sich in menschenleerer Dunkelheit die Parkregale befinden. Der überschüssige Verkehr verschwindet im Boden. An Ort und Stelle wird er von gläsernen Übergabestationen verschluckt. Damit wird ein Verkehrsproblem auf geschönte Weise zum Verschwinden gebracht. Aber auch hier offenbart die Heterotopie ihr Janusgesicht. Zwar löst der Automat an einem konkreten Ort das quartiersspezifische und ebenso konkrete Problem der Überzahl von Anwohner-PKW. Das vorausliegende *strukturelle* Problem bleibt aber so unangetastet wie die Zwischenlagerung der PKW unsichtbar. An dieser anästhetischen Struktur der Ästhetik hypermoderner Parksysteme nährt sich die Illusions-Heterotopie. Sie kommuniziert auf einem mythischen Niveau des Bedeutens, Spürens und stummen Suggerierens eine Stärkung des Wunsches, es könne dauerhaft und nachhaltig ein schönes, individuell getaktetes mobiles Leben für alle geben.

»Meilenwerk« Berlin und Düsseldorf

Die in Berlin und Düsseldorf entstandenen Meilenwerke sind keine mit einem Parkhaus vergleichbaren Heterotopien, obwohl eine bedingte Parkhausfunktion in ihre Architektur integriert ist (s. Abb. 8.18). Dennoch haben die Meilenwerke heterotopen Charakter. Dieser betrifft aber keine Widersprüche, die mit der Situation der Verkehrsbelastung der Städte in Beziehung stehen. Das Meilenwerk ist mit einem Museum vergleichbar, dies mit dem Unterschied, daß das Meilenwerk kein allein präsentativer Ort ist, sondern dazu des unmittelbaren symbolischen und ökonomischen Austausches bedarf. Es hat Merkmale eines gelebten Museums, in dem real (nicht zur Simulation wie in Freilichtmuseen) gearbeitet und Handel getrieben wird. Das gleichsam implantierte gläserne Parkbauwerk ordnet sich in diese museale Struktur ein. Die ostentative Abstellung alter PKW in transparenten Boxen nimmt im Prinzip die Idee der Ausstellung auf, erinnert aber nur in einem abgeleiteten Sinne an die Funktion eines Parkhauses. Die relativ niedrigen Netto-Mietpreise sprechen für die verdeckte Förderung einer semi-musealisierenden Funktion.

In einem essentiellen Punkt unterscheidet sich die Einrichtung der Meilenwerke von einem Museum aber gravierend, denn die Präsentationspraktiken dienen programmatisch keinem musealisierenden, sondern einem ökonomischen und repräsentativen Ziel. Das antiquarische Automobil ist möblierendes Medium in einer Kulisse, deren Exklusivität sich aus der Atmosphäre einer soziokulturellen Exzentrik entfaltet, die sich ein eher kleiner Kreis liquider Personen als Bühne zu Nutze macht. Der Umstand der Zugänglichkeit des Gebäudes für den freien Publikumsverkehr sichert (bei großer Nachfrage) die nötige Öffentlichkeit, ohne die der Bühnencharakter letztlich eine fahle Simulation bliebe.

In den Meilenwerken sind mit Hilfe technikgeschichtlicher Zeitschnitte zwei Räume ineinandergelegt, in deren Spannung ein illusionsheterotoper Raum entsteht. Das »Parkhaus« im Meilenwerk ist kein Parkhaus mit den Eigenschaften einer Heterotopie, sondern die *Simulation* eines Parkhauses einschließlich dessen heterotopen Charakters. Die Meilenwerke sind – ähnlich den frühen Hochgaragen des 20. Jahrhunderts – Illusions-Heterotopien. Darin liegt ihre zielgruppenspezifische Attraktivität. Der besondere Ort ist so erlesen, daß er sich (in Berlin wie in Düsseldorf) der Atmosphäre eines restaurierten Baudenkmals der Verkehrsarchitektur bedienen durfte. Das performative Treiben in bauhistorisch signifikanten Räumen konterkariert das reale Leben in dem von sozialen Divergenzen gezeichneten städtischen Kosmos. In der Kompensation durch die Illusion gibt es keine Grauzonen und Abgründe. Sie werden im Schein des Schönen zugunsten einer wirklichen aber doch nur für einen »Club« inszenierten Realität vergessen gemacht. Deren Kommunikationsmedien sind Zitate und Anspielungen auf ein schönes Leben mit »lebendigen«, in alltäglichem Gebrauch befindlichen Antiquitäten. In einer heilen Insel-Welt werden Imaginationen tatsächlich lebbar gemacht.

Das Parkregal Sindelfingen

Das Sindelfinger Parkregal spielt in der Bewältigung von Krisensituationen des innerstädtischen Verkehrs keine Rolle. Es steht nicht im Raum der Innenstadt, sondern in unmittelbarer Nachbarschaft zum Verwaltungssitz der Sindelfinger Daimler-Chrysler-Zentrale. Es ist nicht ausgeschildert wie ein gewöhnliches Parkhaus und nur mit Hilfe des Stadtplans zu finden. Das Parkregal dient im engeren Sinne nicht dem Parken von Automobilen. Es ist ein betriebsbedingtes »Zwischenlager« repräsentativer Fahrzeuge.

Auf den ersten Blick präsentiert sich das Bauwerk in seinem technischen, architektonischen und konstruktiven Erscheinen als zeitgemäßes Parkregal. Es ist aber keine Heterotopie, weil es noch nicht einmal in seiner betriebsinternen Funktion als Parkgebäude der Regulierung von Verkehrsströmen dient. Seine mittelbare aber wirkungsmächtige Funktion entfaltet es als *Simulation* einer Heterotopie. Dieser Simulationscharakter ist thematischer Teil der Gegenstandsebene dessen, dem an diesem Ort die Präsentation gilt. Wenn Heterotopien wirkliche Orte sind, »die in die Einrichtung der Gesellschaft hineingezeichnet sind, sozusagen Gegenplazierungen oder Widerlager, tatsächlich realisierte Utopien, in denen die wirklichen Plätze innerhalb der Kultur gleichzeitig repräsentiert, bestritten und gewendet sind« (Foucault, AR: 39), dann illustriert das Beispiel, daß das Prinzip der Messe auch auf die in Heterotopien eingelagerten Fiktionen anwendbar ist. Das Bauwerk ist ein Modell, das in konstruktiver wie ästhetischer Hinsicht Trends setzen will – eine mediale Konstruktion der Kommunikation der Bedeutung technologischer Innovationen und darin zugleich ein Zeugnis, das sich Architekten selbst über ihre eigene Kreativität ausstellen – eine Geste der Repräsentation im metatheoretischen Sinne.

Car Displays

Ein Car Display dient ausschließlich der verkaufsorientierten Präsentation meist fabrikneuer Fahrzeuge. Die Art der Präsentation kommuniziert schon deshalb insbesondere symbolische Werte, weil sich ein Produkt aus größerer visueller Distanz ohnehin nicht nach Material- und Produkteigenschaften beurteilen läßt. Eine verkehrsentlastende Rolle spielt ein Car Display nicht, weil die ausgestellten Automobile mangels eines Besitzers die Verkehrsströme noch gar nicht erreicht haben. Deshalb ist es auch nicht durch Zeitschnitte charakterisiert. Es ist kein heterochroner, sondern ein monochroner Raum, in dem die Zeit – vor dem Verkauf – noch nicht »angefangen« hat. Es mangelt ihm nicht zuletzt an einem mythischen Narrativ. Die im gläsernen Zylinder sichtbar gemachten Fahrzeuge befinden sich noch in keiner Verkehrsrealität, auch wenn sie als physische Körper real existieren. Solange sie in keiner persönlich gebundenen Gebrauchskultur aufgegangen sind, be-deuten sie nur, worauf sie als gesellschaftliche Symbole verweisen – eindimensionale Codes, die sich in subkulturellen Gebrauchspraktiken erst konstituieren, variieren, konsolidieren müssen. Ein mythisches Narrativ ist dagegen mehrdimensional verfaßt. Es entfaltet sich auf dem Hintergrund einer mehrdimensional *gelebten* Praxis, aus deren Brüchen, Spannungen und Widersprüchen zwischen den Dimensionen des Realen und des Imaginierten es seinen mythischen Charakter schöpft.

»CarLoft«

CarLoft ist ein *Wohnkonzept*, zu dessen Merkmal es gehört, den eigenen PKW in die Eigentumswohnung mitzunehmen. Dort wird er in einer ästhetischen Intention in Sichtbeziehung zum zentralen Wohnbereich mehr inszenierend *aus*-gestellt als pragmatisch *ab*-gestellt. Der Schutz vor Beschädigung durch Vandalismus gehört zwar zu den offiziellen Plausibilisierungsstrategien solcher Immobilien, dürfte aber als entscheidungswirksames Kaufmotiv eher von untergeordneter Bedeutung sein. Die besondere Art der Wohnung (des Lofts) – und nicht der Parkraum – konstituiert eine räumlich und symbolisch herausgehobene Beziehung zu anderen Räumen der Stadt. In der besonderen Form des *Wohnens* wird eine Bewertung anderer Formen des Wohnens in der sich sozioökonomisch differenzierenden sozialen Welt der Gesellschaft performativ gelebt, denn das Wohnkonzept ist in erster Linie ein luxusorientiertes Medium der Distinktion. Die räumliche Integration des Parkens in den Raum des Wohnens unterstreicht die Exzentrik einer Wohnform und damit die eines repräsentationsorientierten Lebensstiles. Der zur Wohnung gehörende Parkraum ist ebenso wenig ein durch Mythen und »Erzählungen« konstituierter »anderer Raum« wie die Garage neben dem Einfamilienhaus in der Vorstadt.

Foucault spricht die *Wohnung* des Menschen nicht explizit als Heterotopie an. Indes spricht vieles dafür, eine Wohnung geradezu paradigmatisch als Heterotopie aufzufassen. Sie wandelt sich in ihren Gestalten und Funktionen im Laufe der Zeit, um als Rückzugs-Höhle des Menschen ein illusions- und zugleich kompensationsspezifisches Gegenlager zu den täglichen großen und kleinen Desillusionierungen zu bilden. Die Wohnung ist deshalb auch ein heterochroner Ort, innerhalb dessen Umfriedung es einen Rhythmus der Zeit gibt, in dem die Bewohner den zwingenden Zeitrhythmen der Gesellschaft *zeitweise* entkommen können. Die Integration der Parkfunktion in den Raum der Wohnung unterstreicht den transitorisch-metamorphen Charakter, der Heterotopien generell zueigen ist. In dieser (heterotopologischen) Perspektive ist die Wohnung als zeitgemäße Form des Wohnens bzw. distinktiven Lebens im soziologisch heteromorphen Raum von Stadt und Gesellschaft ein »anderer Raum«.

9. »Epi«-Heterotopien

Heterotopien waren in den bisher angesprochenen Fällen stets dadurch gekennzeichnet, daß sie sich *zwischen* den zahllosen Orten im mathematischen Raum der Stadt selbst als realräumliche Gebilde befinden. Während nahezu jede funktionierende Stätte ihre Aufgaben auch im Rahmen einer gemischten Nutzung erfüllen kann, führt jede »chaotische« Nutzungsdurchmischung die soziologische Funktion eines heterotopen Raumes ad absurdum. Er muß in gewisser Weise »rein« sein, um seine mythische Funktion erfüllen zu können.

Ein Parkhaus, in dem in jeder fünften Parkbox eine Einzelhandelsnutzung untergebracht wäre – Buchladen, Gemüsehandel, Videoverleih etc. – könnte schon aus haftungs- und versicherungsrechtlichen Gründen seinen funktionalen Anforderungen nur noch bedingt gerecht werden. Selbst wenn es nach einer praktikablen Methode bewirtschaftet werden könnte, so müßte sein mythischer Überschuß, der den funktionierenden Ort erst zur Heterotopie macht, doch gerade verdampfen. Es wäre dann kein Parkhaus mehr, sondern ein multifunktionaler Ort, an dem man – wie überall im öffentlichen Raum – *auch* ein Fahrzeug abstellen könnte. Eine Heterotopie verträgt funktionale Durchmischungen nur sehr begrenzt. Die von ihrer Symbolik und Sinnlichkeit ausgehende Eindruckswirkung, die letztlich den mythischen Charakter medial erst transportiert und damit die i.e.S. heterotope Verklammerung von Wunsch und Realität leistet, bedarf einer stimmigen *Ordnung* der Dinge. In einem »anderen Raum« geht eben nicht – wie auf den Straßen oder in den Geschäften – alles durcheinander. Lediglich die Einhaltung geltenden Rechts ist keine hinreichende Bedingung für das Zustandekommen einer Heterotopie.

Ausnahmen sind allenfalls in Formen räumlicher *Annäherung* denkbar. Eine Heterotopie kann aber auch dann nur so lange eine Heterotopie bleiben, wie ihre narrative »Emission« nicht von anderen Geschichten gestört wird. Das setzt Nähe und Distanz zugleich voraus. Das Beispiel einer »Strandlounge«, die sich für die Dauer eines Sommers auf dem Dach eines Parkhauses etabliert hat, wird zeigen, daß die scheinbare Durchdringung eines heterotopen Raumes durch eine andere Funktion dann konfliktneutral ist, wenn es sich bei der hinzutretenden Nutzung selber um einen »anderen Raum« handelt und deshalb – trotz größter räumlicher Nähe – Grenzen wirksam bleiben, die ein mäandrierendes Durcheinandergehen beider Heterotopien verhindern. Das Beispiel illustriert das symbiotische Verhältnis zweier Heterotopien, wovon ich die im unmittelbaren Sinne des Wortes »aufgesetzte« Strandlounge als eine »Epi-«Heterotopie ansprechen möchte.

Abb. 9.1: Parkdeck auf dem Frankfurter Parkhaus Börse im Sommer 2005

Abb. 9.2: Parkdeck nach Umnutzung zur Strandlounge im Sommer 2006

Stadtstrand-»Gründungen« auf Parkhausdächern hat es in Deutschland im Sommer 2006 in mindestens zwei Städten gegeben (in Hannover und in Frankfurt a.M.). Die Frankfurter Betreiber – Jungunternehmer einer sog. »Kreativagentur« – haben ihren »Sky Beach Club« auf dem nicht überdachten Obergeschoß des Parkhauses Börse arrangiert. Auf dem 1.800 m² großen Dach (s. Abb. 9.1) sind nach der Aufschüttung von rund 80 Tonnen weißem Sand die nötigen Infrastrukturen und eine Reihe von Gastronomie- und Freizeitangeboten geschaffen worden (Sonnenschirme, Liegestühle, zwei kleinere Flachwasserpools, Kübelvegetation zur Simulation südlicher Urlaubsatmosphären, Beach-Volleyball-Spielfeld, »Massagelounge« und »W-Lan Business Area«, s. Abb. 9.2 und 9.3). Eine 21 m lange Bar bildet einen zentraler Knoten im Nervensystem der exaltierten »Location« postmodern-großstädtischer Event-Kultur (s. Abb. 9.4). Für die abendliche Discowelt wurde ein Zelt mit eingelegtem Holzboden aufgestellt. Aus Erfahrungen früherer Jahre mit anderen Stadtstränden[1] haben sich Standard-Container als mobile Multifunktionsbehälter für die

1. Solche Stadtstrände haben sich nicht bevorzugt an »romantischen« Plätzen am Rande der Zentren etabliert, sondern an Orten, die in einer eher starken ästhetischen Spannung zur Eleganz und Glätte des architektonischen Bildes der Stadt (aus der Ferne) standen. In Offenbach am Main nutzten die Betreiber eines Frankfurter Clubs eine ausrangierte Halbinsel im Industriehafen [ehemalige Pier] zu einer Palmen- und Cocktail-Oase um – vor der Kulisse eines in den Zustand der Brache übergehenden Althafengebietes). An anderer Stelle am Fluß hat sich eine ähnliche »Citybeach« in der Nähe eines alten Verladekrans verortet.

vorübergehende Einrichtung von Duschen, Bars, Funktionsräumen u.a. angeboten. Schon am 12. Mai 2006 wurde in Hannover auf dem ebenfalls offenen Dachgeschoß des Parkhauses in der Mehlstraße auf einer in etwa gleich großen Fläche ein »Sky Beach Club« eröffnet.[2]

Die Betreiber beschreiben den Beach Club als eine »Sensation zwischen Urbanität und Urlaubsfeeling« (vgl. Loichinger 2006). Der Ort ist täglich von 11 bis 23 Uhr geöffnet. Erst ab 18 Uhr wird ein Eintrittsgeld erhoben. Ein Türsteher nimmt Einlaßkontrollen vor und kassiert am Abend die Eintrittsgelder. In einem symbolischen Sinne verkörpert er damit zugleich eine imaginäre Schwelle zwischen Parkhaus und Freizeitzone.

Abb. 9.3: Strandlounge auf dem Parkhaus Börse

Abb. 9.4: Hot Town. Werbepostkarte für die Strandlounge

Da das Geschäft schon aus Gründen von Wetter und Klima saisonal begrenzt ist und das Spektakel nur im Sommer seinen sozialen Sinn entfalten kann, war der »Sky Beach Club« lediglich für die Zeit des Hochsommers konzipiert (vom 19. Juli bis 15. September). Innerhalb von drei Tagen lassen sich sämtliche Aufbauten, Verkabelungen und Installationen wieder entfernen (vgl. ebd.). Nach der eventfreudigen Jahreszeit fungiert das Parkhausdach wieder als profane Parkplattform. Der »Sky Beach Club« ist ein Palmipsest, das sich mit dem Verschwinden der charakteristischen atmosphärischen Ortsqualität rückstandslos auflöst.

Das im Jahre 1969 fertiggestellte Parkhaus Börse (s. Abb. 7.8 und 7.9) ist ein idealer architektonischer »Wirt« für die Anlage einer innerstädtischen Strandlounge. Zunächst bietet es den stadtklimatischen Vorzug seiner Höhe. Höhe ist aber nicht nur wegen lauer (tatsächlich aber eher selten wehender) Winde so attraktiv, sondern wegen ihrer Distanz *und* Nähe zur Stadt. Fünfundzwanzig Höhenmeter Abstand zum städtischen Boden alltäglicher Routinen, zu einer Welt endlos wiederkehrender Ansprüche und Turbulenzen, schaffen einen psychologischen Abstand des Vergessens, der nur aus *naher* Distanz gelingen kann. Da die Parkebenen unterhalb des Dachgeschosses, wie auch sonst üblich, den ruhenden Ver-

2. Vgl. http://www.hannomania.de/index2.php?option=com:content&task (17.10.2006).

kehr aufnehmen, konstituiert sich inmitten der dichten Stadt *zwischen* Freizeit, Arbeiten und Wohnen eine optimale Lage, an der »Drinnen« und »Draußen« zugleich und getrennt sind. Als »weißer« und identitätsloser Ort ist das Parkhaus der ideale Puffer, der *emotionale* Distanz[3] zwischen den gesellschaftlichen Stadtrealitäten (»unten«) und einer kurzweiligen Illusions- und Kompensationswelt (»oben«) garantiert. Auch die räumliche Schichtung kommt der Funktionalität des Beach-Club entgegen – *unten* ist das »erdschwere« Leben mit seinen Ansprüchen, Zwängen, Beschränkungen, Lasten und Risiken, und *oben* – in einer Sphäre der Leichtigkeit und Enthobenheit vom Gravitationsfeld der Normalitäten – der realisierte Traum. Das Dach des Parkhauses garantiert mit seinem Pool-, Palmen- und Urlaubsklischee »rettende« Distanz zur Ordnung des tagtäglichen Lebens und seinen Zeitrhythmen.

Der Beach-Club ist an *diesem* Ort ein beispielhaft klar umrissener heterotoper Raum. Auf dem gesellschaftlich-imaginativen Feld der Freizeit illusioniert er einen Hauch südlicher Urlaubsszenerie. Der luftige Stadtstrand erfüllt alle Kriterien, die Foucault an eine Heterotopie knüpft. Man kann ihn als kulturhistorische Club-Variante auffassen – als einen interaktiven und performativen Ort der (Selbst-)Inszenierungen. Die Verschmelzung kompensations- und illusionsheterotoper Merkmale setzt die lebensweltlich funktionierende Heterochronie voraus. Der Zeitschnitt zwischen dem *unten* und dem *oben* muß überzeugend genug sein, damit die Teilhaber am Event in den Deal mit dem Schein einstimmen können. Neben der Architektur des Parkhauses, deren »weißer« Raum sich als Medium der Distanzvermittlung i.S. eines Isolators erweist, drückt sich der heterochrone Charakter des Ortes darin aus, daß er sich mit allem was ihn ausmacht, in Nichts auflöst, sobald sein Anlaß verschwindet.

Hoch komplexe und über abstrakte Medien kommunizierende Dienstleistungsgesellschaften produzieren einen flüchtigen und kurzlebigen Heterotopien-Bedarf, der seinen Grund in Dissonanzen zwischen tatsächlichem Leben, Wünschen und Enttäuschungen hat, die aus sozialpsychologischer und zugleich systemischer Sicht nach Reduktion von erlebter Differenz verlangen. Die Heterotopie ist für die Erfüllung dieser Aufgabe dann der prädestinierteste Ort, wenn er so radikal heterochron ist, daß er sogar transitorischen Charakter annehmen kann. Temporäre Beach-Clubs, die sich vorübergehend auf Parkhausdächern etablieren, sind in ihrem Wesen perfektere Heterotopien als das von Foucault angesprochene Schiff. Während das Schiff als schwimmender Ort zwar »ortlos« aber

3. Wenn Heterotopien als Entlastungsräume im Medium des Mythischen (Meta-) Ordnung stiften (vgl. Willke 2003: 8ff), dann vermittelt das Erleben einer Freizeit-Heterotopie eine situativ-affektive Erlebnisordnung im Zustand ubiquitärer systemischer Unordnung.

doch immer *irgendwo* ist, ist eine Heterotopie, die kommt und geht wie der Wind, in einem noch radikaleren Sinne ort-los. Sie geht, sobald die Kraft ihrer Verheißungen erschöpft ist, und sie kommt wieder, sobald sich ein Bedarf nach ihren mythischen Versprechen an Subduktionszonen stummer Akzeptabilität gesellschaftlicher Divergenzen – gleichsam auf der Schwelle der Übergänge zwischen tatsächlichem Leben und dessen Er-leben – von neuem reklamiert. Das Ästhetische fungiert i.S. eines Reinigungsprinzips als Schwelle, an welcher der Übergang zwischen den Daseins- und Lebensbereichen der Realität hier und den mythischen Versprechen dort i.S. eines Dissonanzen reinigenden Ritus vollzogen wird (vgl. Foucault, RR: 15). Differenzen werden dabei nicht im Realen, sondern allein im Erleben beseitigt, und auch dies nur auf Zeit. Im Metier des Sinnlichen reguliert sich – komplementär zur Welt der Sprache, der abstrakten Symbole und Verzifferungen – in einer »Rationalität« des Empfindens ein entlastendes Gegengewicht spürenden Er-lebens.

Die Heterotopie des Beach-Club ist in gänzlich anderer Weise als die eines Parkhauses vom »Rest« der Welt abgetrennt. Die Ein- und Ausgrenzungen eines heterotopen Raumes sind in ihrer Symbolik mit jenen Narrativen verbunden, die den mythischen Gehalt einer spezifischen Heterotopie »verkünden«. Wo in einem Parkhaus eine Schranke »funktioniert«, ist es im Beach-Club eine Schilfwand, hinter der der Türsteher wartet, um im Ernstfall des abendlichen Events mit einem Eintrittsgeld den Charakter der Grenze rituell zu bekräftigen. Eine symbolische Grenze der Freizeit-Heterotopie, die synästhetisch über die Sinne in einem bedeutungskomplementären Befinden nachhaltig auch als Grenze erlebt wird, ist die rund zwei Meter hohe Schilfwand. Sie isoliert das Szenario auf dem Dach des Parkhauses gegen die Sichtbarkeit des Abgrundes am Rande der Wand. Ebenso bildet sie einen visuellen und bewegungssuggestiven Puffer gegen den allzu schroffen Übergang zum Raum der realen Stadt, die in ihrer Silhouette nur dann ins süffige Bild einer surrealen Welt der Imagination einsickert, wenn sie einen bildhaften »Abstand« hat. Die Eignung des Parkhauses als distanzschaffendes Medium verdankt sich nicht zuletzt seines verkehrsarchitektonisch-*heterotopen* Charakters.

Die Strandlounge ist eine Freizeit-Heterotopie, die als ein Kitt fungiert, der sich mythisch über jene Wunden legt, die unter den Brüchen des nicht Beherrschten, aber das Leben zugleich Bestimmenden rumoren.[4] Darin tritt wieder die doppelte Funktion der Heterotopien hervor.

4. Die Ordnung des Wissens ist dadurch »gestört«, »daß der denkende Mensch seine Realität von Mächten determiniert vorfindet, die er nicht beherrscht. Das Selbstbewußtsein hat seine Allmacht verloren und sieht sich in eine stete Konfrontation mit dem Ungedachten, mit dem Anderen verwickelt, mit dem Unbewußten und der Entfremdung« (Marti 1988: 33).

Einerseits dienen sie der Steigerung von Kontingenz des individuellen Lebens, andererseits der Verklammerung der gesellschaftlichen Systeme, indem die diskursive Eruption des Widersprüchlichen vereitelt wird. Darin erweisen sich Heterotopien als »Orte, die sich allen anderen widersetzen und sie in gewisser Weise sogar auslöschen, ersetzen, neutralisieren oder reinigen sollen« (Foucault, Het: 10). Die Aktualität des Beispieles erinnert daran, daß Parkhäuser schon früh eine meistens zwar nicht genutzte, aber latente Wirtsqualität für die Ergänzung durch Epi-Heterotopien hatten. Am Beispiel der Kant-Garage in Berlin hatte ich die Planungen zur Schaffung eines Tennisplatzes bzw. einer (dann baubehördlich auch genehmigten) Kegelbahn auf dem Dachgeschoß des Gebäudes angesprochen (vgl. Kapitel 5).

10. Schlingernde Heterotopien

Heterotopien haben oft Form und Substanz von Bauwerken. Deshalb bezeichnete Foucault sie auch als *tatsächlich* realisierte Utopien und »andere Räume«. Das Schiff ist ein schwimmendes Bauwerk, das Gefängnis ein systematisch auf Disziplinausübung konzipierter Gebäudekomplex, das Freizeitparadies eine nicht weniger komplexe räumliche Ordnung, die jedoch keinem restriktiven, sondern einem hedonistischen Programm der Reinigung folgt. In Bachelards Dachboden (vgl. Bachelard 1957) betritt ein Kind eine eigene Welt, deren Wirklichkeit sich nur aus einer bestimmten biographischen und entwicklungspsychologischen Perspektive erschließt; für das die Sonderwelt erlebende Kind ist sie tatsächlich. Heterotopien sind keine »normalen«, sondern »andere Räume«, weil sie sich in gewisser Weise gegen die normalen Räume stellen. Ihr narrativer Gehalt transzendiert ins Mythische, indem Symbole und Gefühle eine spezifische Einheit bilden. Für die Wirkungsweise von Heterotopien ist es charakteristisch, daß sie diesseits der Sprache und »bereits in der Wurzel jede Möglichkeit von Grammatik« bestreiten (OD: 20). Indem sie von einem »Außen« des Diskursiven »als Erfahrung des Leibes, des Raumes, der Grenzen des Wollens« (Foucault, DA: 51) diskursive Welten unterströmen, kommt der stummen Verklammerung von Symbolik und sinnlichem Erleben eine weitaus größere Bedeutung zu als der (im Prinzip möglichen) sprachlichen Kommunikation. Ein atmosphärischer Raum kommuniziert sich weniger über Worte als über persönliche wie gemeinsame Gefühle – seine Vitalqualitäten temperieren ein bestimmtes Empfinden. Solche ganzheitlichen Eindrücke suchen nur in »Ausnahmezuständen« im Medium der begrifflichen Sprache nach Ausdruck. Das ist aber nicht die Perspektive des alltäglichen Erlebens und »deshalb nicht der Horizont, ›auf dem eine Heterotopie‹ ihre Geschichten erzählt und ihre Wirkung« entfaltet.

Die in den zurückliegenden Kapiteln thematisierten Parkhäuser waren i.d.S. Heterotopien. Sie erfüllten dank ihrer Funktionalität pragmatische Zwecke, und über ihre alltägliche Nützlichkeit hinaus konnten sie ihre im engeren Sinne mythische Rolle spielen. Sobald ein heterotoper Raum, der in einem ökonomischen Interesse bewirtschaftet wird, in eine Rentabilitätskrise gerät, werden oft Sanierungsmaßnahmen ergriffen. Deren Gründe liegen aber nur scheinbar *allein* in wirtschaftlichen Erwägungen und der eingeschränkten Brauchbarkeit eines Ortes. Ebenso wichtige wie zugleich aber auch verdeckte Gründe liegen in der »Verunreinigung« der mythischen Essenz des heterotopen Ortes. Parkhäuser, die trotz Sanierungsbedürftigkeit dem Verfall überlassen werden, können die ihnen zugedachten verkehrssteuernden Aufgaben nicht mehr reibungslos erfüllen. Noch weniger könnten sie allerdings die Geschichte glaubhaft machen, die der heterotope Ort über die tatsächliche Realisierung einer Utopie zu erzählen hat. Wegen der atmosphärisch ins Morbide und Abgründige kippenden Ästhetik werden marode Parkbauten von der Filmindustrie bevorzugt als Kulissen für angstevozierende Gewaltszenen genutzt – gegen den wachsenden Unmut von Parkhausbetriebsgesellschaften.

10.1 Eine gescheiterte Heterotopie: »Helicoide de la Roca Tarpeya«

Die Deutsche Bauzeitung berichtet 1960 in einem Themenheft über Parkhäuser von einem seinerzeit als visionär geltenden städtebaulichen Projekt aus Caracas (Venezuela), zu dessen überdimensionierter Größe ein Parkhaus gehörte. Im Jahre 1956 begann man, in den »Roca Tarpeya« Serpentinen zu fräsen, um in die aufsteigende Spirale des Berges modernste städtische Funktionen zu implantieren. Das Megaprojekt erforderte nicht nur ungeheure Investitionen von Kapital, sondern einen ebenso großen Aufwand an menschlicher Arbeitskraft, der von drei Schichten zu je 1.000 bis 1.500 Arbeitern erbracht wurde. In dem gleich einem Schneckenhaus geformten Bergmassiv mit dem Namen »El Helicoide« (von *helecoidal* = schnecken- oder schraubenförmig) sollte alles Platz finden, was zu einer perfekten Welt gehörte: Geschäfte des Luxusbedarfs, ein Kulturzentrum, ein Hotel der Luxusklasse, Theatersäle, symbolträchtige Niederlassungen internationaler Luftlinien und ein Vergnügungskomplex auf der Spitze des Berges unter einer Aluminiumkugel mit 52 Meter Durchmesser. Für Geschäftsinhaber und Beschäftigte hatte man auf der Ostseite ein Parkhaus für 1.000 Fahrzeuge geschaffen. Auf der gegenüberliegenden Seite des Berges befand sich ein Autozentrum (»Centro Automotriz«) mit Waschanlagen, Werkstätten, Verkaufsräumen etc. Parkhaus und Autozentrum sind später abgerissen worden; auf aktuellen Satellitenbildern ist von beiden Gebäuden keine Spur mehr zu erkennen. Die Kunden der über 300 Geschäfte sollten über die 4 km lange Fahrspirale direkt vor die Läden fahren können (s. Abb. 10.1).

Abb: 10.1: »El Helicoide«. Bild: Caracas 1963

Das an Le Corbusiers Vorstellung einer funktional differenzierten Stadt orientierte Großprojekt war in den 1950er Jahren ein nationales Symbol für den Aufbruch und eine Vision »de una nueva ciudad en la Caracas de los '50« (Rosas/González 2002: 15). Der »Helicoide« sollte ein neues Wahrzeichen von Caracas werden. Das Projekt markierte aber nicht nur eine neue Dimension in der Stadtplanung, sondern brachte auch eine neue (sozialmaschinistische) Vorstellung urbanen Lebens zum Ausdruck. Am »Helicoide« war im Prinzip alles aufsehenerregend – nicht nur die Dimensionen, sondern auch die neuen Technologien des Bauens, zu deren Neuheiten ein aus Wien stammender Schrägaufzug gehörte, der weltweit erstmals zum Einsatz kam (vgl. Bornhorst 1960: 260). Die Kostenplanung des Vorhabens stellte sich aber bald als unsicher heraus, und so überstiegen die tatsächlichen Baukosten den Planungsrahmen schließlich um rund 200 % (vgl. Bornhorst 1960). Zwar waren 1960 bereits 95 % der Baumaßnahmen realisiert, dennoch geriet das Projekt 1961 in eine tiefgreifende ökonomische Krise, in deren Abwicklung zahlreiche der bereits bestehenden Einrichtungen aufgelöst werden mußten. Immer wieder sind in den Jahren nach der Pleite (bis in die Gegenwart) Versuche unternommen worden, dem siechenden Megaprojekt seinen morbiden Charakter zu nehmen und es symbolisch zu nobilitieren.

Die Bewertung der aktuellen Situation des »Helicoide« ist Spiegelbild der Krise, in der sich das Projekt befindet. Zu einer zurückhaltend-ambivalenten Würdigung des historisch großen Werkes gelangen Rosas und González in der seit 1980 an der Katholischen Universität Chile erscheinenden Architektur-Online-Zeitschrift ARQ. Daß der »Helicoide« auch in der »akademischen« Perspektive keine lupenreine Erfolgsgeschichte symbolisiert, scheint versteckt in der Bemerkung durch, daß die Konstruktion des »Helicoide« heute, 40 Jahre nach der Errichtung, eine Herausforderung für die Architektur Lateinamerikas, insbesondere aber für Venezuela darstelle; die Größe des Projektes werfe Fragen nach den mit ihm verbundenen Risiken auf (vgl. Rosas/González 2002: 17).

Eine vergleichsweise »radikale«, in der Sache ausführlich begründete Kritik am Großprojekt formuliert Manuel Beroes Pérez in einer Ausgabe des »linken« Onlinemagazins ENcontrARTE. Darin stuft er den Helicoide zwar auch als architektonisches Medium zur Bildung nationaler Identität ein; im Unterschied zur Position von Rosas und González spricht er die symbolische Geste des Bauens aber als einen »weißen Elefanten« (mayor elefanto blanco, Pérez 2004: 2) an – als maximalen Ausdruck der Selbstdarstellung und Exzentrik des damals herrschenden Diktators Marcos Pérez Jiménez. Die zum Teil staatlichen Pläne zur Revitalisierung des »Helicoide« seien ebensowenig bescheiden gewesen wie der ursprüngliche (vermessene und verschwenderische) Plan. So sollten u.a. die folgenden Bauwerke und Institutionen entstehen: Nationalbibliothek, Nationalarchiv, Nationalhistorisches Museum, Wissenschaftsmuseum, Radio-

und Fernsehstationen u.v.a. Wenige dieser Pläne seien aber nur realisiert worden. Seit 1982 leben unter wenig attraktiven Bedingungen rd. 12.000 Einwohner am Fuße des »Helicoide«, nach Pérez in einer Zone der Kriminalität, Prostitution, Drogen- und illegalen Alkoholgeschäfte (Pérez 2004: 9). Seit 2003 erarbeitet die Universidad Bolivariana de Venezuela einen Entwicklungsplan für den »Helicoide«. »Radio National de Venezuela« berichtet am 2. Juni 2006 über eine Initiative des Präsidenten Hugo Chávez, den »Helicoide« in ein Kultur- und Gesundheitszentrum zu verwandeln (vgl. N.N. 2006).

Die kritische Sicht von Manuel Beroes Pérez fügt sich eher in das gesellschaftliche Bild Venezuelas ein als die Beschreibung von Rosas und González. Nach Tulio Hernández ist die Vier-Millionen-Stadt Caracas eine Hochburg der Gewaltkriminalität; auf ein Wochenende kommen durchschnittlich 90 bis 150 Tötungsdelikte, die sich vor allem in den armen Vierteln der Stadt ereignen. Als Folge der Gewaltkriminalität schottet sich die Mittel- und Oberschicht in ihren Vierteln, in denen es bereits bewaffnete Milizen gibt, zunehmend ab (vgl. Hernández 2005).

Wie bei allen krisenhaften Großprojekten von national-symbolischer Bedeutung werden die Wege der Problemlösung zum Gegenstand der Interpretation, Spekulation und Ideologiebildung. Das Resümee bedarf indes keiner gewagten Interpretation: das Großprojekt des »Helicoide« ist – 40 Jahre nach seiner Initiierung – keine Manifestation des Paradieses auf Erden geworden. Als Heterotopie ist das Projekt gescheitert. Genau dieses Ziel hatte sich aber auf einem Metaniveau mit dem gigantischen Vorhaben verbunden. Dessen Pointe lag ja nur vordergründig darin, den Roca Tarpeya durch die Implantation kulturell wie ökonomisch arrivierter Läden und Einrichtungen für die Menschen der Stadt nützlich zu machen. Ein solches Ziel hätte man mit dem Bau einer Mall einfacher und effizienter erreichen können. Der Berg sollte aber nie etwas »Normales« werden, sondern ein gebauter Mythos schönen Lebens. Der »Helicoide« war von Anfang an ein heterotoper Raum reinster Art. Die Wahl eines ganzen Berges als Bauplatz für ein nationales Symbol den Willen, etwas Über-Normales (von großer Bedeutung) in die Welt setzen zu wollen.

10.2 Kunst (im Parkhaus) als Medium der Irritation

Am Ende der 1960er Jahre sprühten die Graffitisten in New York zu einem »Aufstand der Zeichen«, in dessen Folge sich die semiotische Ordnung von Stadt und Gesellschaft verwirren sollte. Die Stadtgesellschaft zeigte sich an einer virtuellen Stelle verwundbar: »Mit den Graffiti bricht in einer Art von Aufstand der Zeichen das linguistische Ghetto in die Stadt ein.« (Baudrillard 1978: 28) Jedes komplexe soziale System, das sich in seiner homöostatischen Funktion einer Ordnung verdankt, deren Statik von unausgesprochenen Regeln und verdeckten Codes gestützt wird, ist gegenüber »falschen Tönen« anfällig. Symbolische Ordnungen, die weniger in der diskursiven Explikation von Bedeutungen, als in einem bestimmten aber diffusen Hintergrundrauschen aufgehen, geraten in Gefahr, ihr Gleichgewicht zu verlieren, sobald sie thematisiert werden.

So dürfte (wenn auch in den Wirkungen kaum voraussagbar) die heterotope Funktion eines Parkhauses verwirrt werden, wenn der *profane* Ort durch eine Intervention der Kunst symbolisch verunreinigt wird. Eine solche »Verunreinigung« tritt ein, wenn die Zeichen autonom sind, also keinen äußern Zwängen und kulturpolitischen Zwecken gehorchen und deshalb zu opponieren, intervenieren oder provozieren vermögen. Nur dann kann sich als Folge erlebbarer Idiosynkrasien ein aporetisches Potential entfalten. Baubehördlich genehmigte »Graffiti«-Aktionen, wie man sie an Schulen oder anderen öffentlicher Bauten kennt, setzen ein solches Potential ebenso wenig frei wie gefällige Illuminationen von Parkdecks, wie sie z.B. von Lori Hersberger in einer Züricher Tiefgarage angebracht worden sind. Zwar entschärfen die an der Decke der Parkdecks geschwungen verlaufenden farbigen Leuchtstoffröhren die Atmosphäre der funktionalistischen Kälte des unterirdischen Zweckraumes (vgl. Omlin/Bernasconi 2003: 113/116). Die ästhetische Inszenierung *unterstützt* die heterotope Wirkung des Parkhauses aber, denn sie fördert die Akzeptanz der Nutzung; Fragwürdigkeit entsteht nicht.

Sowenig die »Verschönerung« eines Bauwerkes mit freier Kunst gemein hat, sowenig tritt die systemisch (aber nicht *systematisch*) verdeckte Funktion eines heterotopen Bauwerkes im Schein des Schönen über die Ufer der Fraglosigkeit. Kunstgewerbe ist nicht Kunst, und Design ist der Logik der Kulturindustrie verpflichtet. Kunst will dagegen weder schön sein, noch gefallen und schon gar keinem Kalkül dienen. Nach Adorno ist sie als vermittelndes Vermögen der Vernunft nie stromlinienförmig *in* der Vernunft, treibt vielmehr quer zu ihr – als Moment der »Irrationalität im Vernunftsprinzip« (Adorno 1970: 71). Parkhäuser werden schon deshalb höchst selten zu Orten der Kunst, weil sie damit in ihrem heterotopen Charakter in Gefahr geraten. Das Betreiberveto gegen (nicht beauftragte) Graffiti richtet sich indes expressiv verbis allein gegen die mögliche Beeinträchtigung der *Funktion* von Parkhäusern für den Verkehr. Eine tatsächliche Störung erfolgt aber auf keinem profanen Niveau, sondern dem der Verwirrung hintergründiger (heterotoper) Symbole. Deshalb ist die Abwehr von Kunst aus der Sicht von Parkhausbetreibern angezeigt, wenn der heterotope Raum »Parkhaus« bedroht ist und das Rauschen der mythischen Bedeutungen gestört wird, indem die Zeichen der Kunst etwas zum Thema machen, das vom stummen Mythos der Heterotopie gegenüber Fragwürdigkeit gerade abgeschirmt werden soll. Deshalb sind die Codes von Heterotopien auch durch die »freundlichen«

Sprühbilder ordnungsbehördlich »akkreditierter« Graffitisten nicht im Ansatz bedroht. Eine semiotische Verunreinigung geht dagegen von jenen scheinbar chaotischen Graffitis aus, die mitunter nichts bezeichnen als die Identität oder nur die Existenz eines anonymen Autors.

Abb. 10.2: Illumination im Rahmen der Lüdenscheider Lichtrouten 2005. Bild: J.P. Jochimsmeier

Die im Abstand von zwei Jahren im westfälischen Lüdenscheid veranstalteten »Lichtrouten« setzten im Jahre 2005 unter dem Titel »Parklandschaften« die städtischen Parkhäuser ins »rechte Licht«. An den Illuminationsprojekten beteiligten sich international renommierte Künstler. Für die Dauer der Veranstaltung wurden die Parkhäuser der (Kreis-)Stadt zu einem kulturpolitischen Thema: »Die LichtRouten thematisieren das Phänomen Stadt anhand dessen, was man normalerweise nicht (mehr) sieht.«[1] Zu einer *nachhaltigen* (aporetischen) Thematisierung der verdeckten Erzählungen von Parkhäusern führten die Inszenierungen aber nicht, wenn die neue Bildhaftigkeit, in der die alltäglich vertrauten Bauten in Erscheinung traten, auch die Selbstverständlichkeit ihrer Nutzung an den »Rand« der Fragwürdigkeit getrieben haben mag (s. Abb. 10.2). Letztlich vermag eine terminlich angesetzte und in der Lokal- wie Fachpresse angekündigte Kunst aber nur schwerlich jene »Irrationalität im Vernunfts-

1. Vgl. http://www.lichtrouten.de/lichtrouten2004/lichtrouten/lichtrouten.html (25.01.2007).

prinzip« in Bewegung zu setzen, die Adorno als Merkmal zweckfreier Kunst benennt.[2] »Kunst am Parkhaus« dürfte erst dann die heterotope Erzählung von Parkhäusern verwirren, wenn sie *nicht* willkommen ist, also begänne, die Ordnung der Codes zu stören.

10.3 Heterotopes Scheitern

Die Lichtinszenierungen der Lüdenscheider Lichtrouten mögen an den Grenzen der Kunst mit den Grenzen der Akzeptabilität gespielt haben. Ein Platzen des heterotopen Charakters von Parkhäusern konnten sie schon deshalb nicht auslösen, weil sie weder den Fetischcharakter des Automobils »plakatiert«, noch die Utopie der Prolongierbarkeit des Individualverkehrs verletzt haben. Dennoch haben sie – wenngleich auch nur aus der Distanz des Experiments – eine ästhetische Grenze markiert, an der unter kulturpolitisch nichtinszenierten Rahmenbedingungen die Ordnung der Codes brüchig werden könnte.

Im Unterschied dazu ist die Entwicklungsgeschichte des »Helicoide« in ihrem langen Siechen und Scheitern in heterotopologischer Hinsicht aufschlußreicher, wenngleich auch kein Beispiel zur Architektur von Parkhäusern. Die schlingernde Dynamik des letztendlich im illusionierten Paradies nie angekommenen Megaprojekts illustriert auf einem allgemeinen heterotopologischen Niveau, welche Metamorphosen die mythische Überklammerung eines Ortes durchmachen kann, der auf seinem krisenhaften Weg zur Heterotopie dann doch nur ein »normaler« Ort wird.

Eine Heterotopie scheitert nicht wie irgend ein »normales« Bauwerk, an dessen gelingender Vollendung vielleicht ein Dach fehlt. Eine scheiternde Heterotopie löst sich in ihrem mythischen Versprechen auf. Wie ein guter Wein in der Verkettung ungünstiger Bedingungen zu Essig wird, so kippt der Berg des Schönen ins Menetekel. Ausdruck gesellschaftlicher Krise ist ja weniger der Umstand, daß mit dem »Helicoide« ein Bauwerk unvollendet geblieben ist, als vielmehr der Kollaps des dissuasiven Versuches, die *Möglichkeit* schönen Lebens – wenn auch nur in

2. Solche Aktionen, die nicht selten auch explizit als »Verschönerungen« bezeichnet werden, sind in vielen Städten z.T. in Kooperation mit Schulen, aber auch mit Künstlern durchgeführt worden, so z.B. in Lüdenscheid (vgl. http://www.wdr.de/studio/siegen/lokalzeit/aktion/sonstiges/2006/nrw_packts_an/060814_nrw packtsan_parkhaus.jhtml;jsessionid=ITKG1EHWPXUKYCQKYRSUTIQ) oder in Bocholt (vgl. http://www.parken-nrw.de/index.html?bocholt.html). Die Mannheimer Parkhausbetriebe GmbH berichten von überwiegend positiver Resonanz auf Kunstaktionen in Parkhäusern (vgl. http://www.parken-nrw.de/index.html?bocholt.html).

einem Refugium für Wenige – anschaulich und tatsächlich betretbar zu machen. Damit haben sich die ursprünglichen Intentionen geradezu umgekehrt. Der Roca Tarpeya hat sich als schlechter Wirt einer Heterotopie erwiesen. Die in diesen »Berg-Bau zu Babel« eingeschriebene mythische Botschaft konnte sich kommunikativ nicht nur nicht entfalten, sie ist vielmehr implodiert und steht nun als Fratze des Schönen im öffentlichen Raum. Der bebaute Berg wird zur Anti-Utopie und bietet sich als Ort für die »Ansiedlung« aller möglicher Formen gesellschaftlichen Scheiterns an. Es bildet sich *kein* Ort, der »sich den anderen widersetzen und sie in gewisser Weise sogar auslöschen, ersetzen, neutralisieren oder reinigen« kann (Foucault, Het: 10), es entsteht ein Ort, der mit allen anderen identisch ist und sie in ihrer Unvollkommenheit nur kopiert.

Heterotopien, die ihr Ziel verfehlen, neutralisieren ihre mythische Transzendenz weniger, als daß sie sie ins Aporetische wenden. Sie funktionieren damit im heterotopologischen Sinne nicht nur *nicht*, sie entfalten eine dysfunktionale Sprengkraft. Während die Heterotopien (von ihrer pragmatischen Zweckerfüllung abgesehen) Brüche zwischen kulturellen Wünschen und divergierenden Realitäten im Medium des Ästhetischen gegenüber potentieller Thematisierung versiegeln, strömt aus der urbanen Wunde der *aufbrechenden* Heterotopie das Gift der Explikation – die Selbstthematisierung der Heterotopie.

Eine Heterotopie, die »umkippt« wie ein eutrophierendes Gewässer, konfrontiert eine Gesellschaft mit ihrem eigenen Schatten. Eine implodierende Heterotopie provoziert in einem Maße den politischen Diskurs, wie ihn die gelingende Heterotopie vereitelt, indem sie fern der Sprache dahinschleicht und ihre Geschichte szenisch und atmosphärisch verströmt – im Außen der Diskurse mehr rumorend und gärend, als an den Rändern der Sprache »lesbar«. Deshalb müssen Parkhäuser, die in ihrer pragmatischen Funktion zu haken beginnen, schlecht riechen, schimmeln und ihr gutes Bild (im Zeitgeist) verlieren, saniert werden. Parkhäuser, die ihrer verkehrslenkenden Aufgabe nicht mehr gerecht werden oder aus anderen Gründen an zentraler Stelle im öffentlichen Raum aus der Nutzung fallen, problematisieren die mit der gesellschaftlichen Organisation des Individualverkehrs verbundenen Bedeutungen *im allgemeinen*. Altenpflegeheime, in denen selbsternannte Todesengel der Humanität einen Bärendienst erweisen, werden zwar in einem kriminologischen oder strafrechtlichen Sinne fragwürdig; vor allem aber thematisieren sie die soziale Rolle Alter in einer älter werdenden Gesellschaft *im allgemeinen*. Strafvollzugsanstalten, deren Insassen um ihr Leben fürchten müssen, rücken polizeirechtlich und organisationswissenschaftlich ins Visier des Staates; vor allem aber werfen sie die Frage auf, wie eine Gesellschaft mit Delinquenz, Strafe und dem Anspruch nach Sühne *im allgemeinen* umgeht. Das Schlingern der Heterotopien kommt der Wiederbelebung demokratischer Kulturen wie der Repolitisierung der Stadt entgegen. Wo die erstickenden Heterotopien in ihrem mythischen Anspruch scheitern, stellen sie sich selbst in Frage. Damit stürzen sie die Statik selbst- und systemerhaltender Glaubenssysteme und Denkvoraussetzungen ins Fragwürdige.

Während der venezuelanische Staat das Ruinierte in Gestalt riesiger Slums am Fuße des Helicoide nicht nur erträgt, sondern zum Prüfstein einer ganzen Staatstheorie macht, darf der Roca Tarpeya nicht *dauerhaft* aus dem Bild des funktionierenden Staates fallen. Der Helicoide ist eine Achillesferse im nationalen Selbstverständnis der politischen Elite. Deshalb ist die städtebaulich morbide Anti-Utopie in Gestalt zusammenbrechender Infrastrukturen auch wieder ins »Reine« gebracht worden. Der Berg hat nach seinem langen Siechtum eine weitere Metamorphose durchgemacht. El Helicoide ist wieder eine Heterotopie – ein paramilitärischer Sperrbezirk als Reifikation der Ordnungsmacht. Von der Kuppel, die einst als krönender Höhepunkt eines quasiparadiesischen Ortes entworfen war, starten und landen Polizeihubschrauber. Dank seiner Morphologie und Topographie war im Prinzip zu allen Zeiten die Option des panoptischen Zentrums schon in den Berg eingeschrieben. Die Slums sind nicht fern, und die kleinen wendigen Helicopter gelangen in kürzester Zeit zu jenen städtischen Einsatzorten, die nicht zum Paradies auf Erden gehören.

Im Moment des Berstens zivilgesellschaftlicher Strukturen, die das Funktionieren des Staates insgesamt in Frage stellten, etabliert sich an jenem Ort, der seit dem Entwurf des Helicoide in 1950er Jahren ein progammatischer Ort politischer Ästhetik ist, die Polizeimacht. Wo die zivilgesellschaftliche Ordnung real am fernsten ist, wird sie mythisch suggeriert.

11. Literatur

Adorno, Theodor W. (1970): Ästhetische Theorie, Gesammelte Schriften, Bd. 7, Frankfurt a.M.

»CIAM« Erklärung von La Sarraz. In: Conrads, Ulrich (Hg. 2001): Programme und Manifeste zur Architektur des 20. Jahrhunderts (= Bauwelt Fundamente Bd. 1), Basel u.a., S. 103-106.

Bachelard, Gaston (1957): Poetik des Raumes, Frankfurt a.M. 1987.

Ballhausen, Thomas (2002): Das trunkene Kirchenschiff. Foucaults Raumkonzept der Heterotopologie. In: Chlada, Marvin/Gerd Dembowski (Hg.): Das Foucaultsche Labyrinth. Eine Einführung. Aschaffenburg, S. 163-176.

Baudrillard, Jean (1978): Kool Killer oder Der Aufstand der Zeichen. Berlin.

Baudrillard, Jean/Jean Nouvel (2000): Einzigartige Objekte. Architektur und Philosophie. Wien 2004.

Bayer, Edwin (Hg. 2006): Parkhäuser – aber richtig. Ein Leitfaden für Bauherren, Architekten und Ingenieure. Düsseldorf.

Beckmann, Klaus J. (2001): Stadtverkehr und Mobilität in der Stadt. Erfordernisse und Chancen einer integrierten Stadt- und Verkehrsentwicklung; in: Berichte zur deutschen Landeskunde, H. 2-3, S. 218-227.

Bergmann, Volkmar/Erwin Lötsch (1989): Bereicherung. Parkhaus »Am alten Schloß« in Emmendingen. In: Deutsche Bauzeitung. Themenheft »Parkhäuser«. 123. Jg., H. 11/1989, S. 42-45.

Bernau, Nikolaus (2003): Der wahre Baumeister der Staatsoper. Zum 100. Geburtstag des Bauhauslehrers, China-Exilanten und DDR-Staatsarchitekten Richard Paulick. In: Berliner Zeitung vom 07.11.2003.

Boesiger, Willy (1972): Le Corbusier. Basel.

Böhme, Gernot (2001): Aisthetik. Vorlesungen über Ästhetik als allgemeine Wahrnehmungslehre. München.

Böhme, Heinz-Jürgen (1995): Die Goldene Laute. Vom Ausspannhof zur Großgarage. In: Waldstrassenviertel, Nr. 6, S. 59-63.

Bollnow, Otto Friedrich (1962): Probleme des erlebten Raums. Wilhelmshavener Vorträge. Schriftenreihe der Nordwestdeutschen Universitätsgesellschaft, H. 34, Wilhelmshaven.

Bollnow, Otto Friedrich (1963): Mensch und Raum. Stuttgart u.a.

Bornhorst, Dirk (1960): Helicoide de la Roca Tarpeya. Einkaufszentrum mit Hochgarage und Parkstraße, Caracas/Venezuela. In: Deutsche Bauzeitung, 65. Jg., H. 5, S. 258-263.

Bourdieu, Pierre (1976): Entwurf einer Theorie der Praxis, Frankfurt a.M.

Brauns, Jörg (1992): Heterotopien. Wissenschaftliche Zeitschrift Hochschule für Architektur und Bauwesen Weimar, Ausgabe A, 38 (1992), Heft 1./2., S. 163-169.

Brillux (2003): Deutscher Fassaden-Preis 2003 – Pressetext Firma Brillux zum Deutschen Fassadenpreis. O.O.

Bruyn, Gerd de (1996): Zeitgenössische Architektur in Deutschland 1970 bis 1995. Hgg. von Inter Nationes Bonn in Zusammenarbeit mit dem Deutschen Architektur-Museum Frankfurt. Bonn.

Bundeskriminalamt (Hg. 2005): InfoDOK. Auswertung von Forschungs- und Präventionsprojekten zu *Kriminalität in Parkhäusern*. Wiesbaden.

Bundesministerium für Verkehr, Bau und Stadtentwicklung (2006): Kurzfassung Bericht »Integrierte Verkehrspolitik« für die Mobilität der Zukunft. Köln.

Büttner, Oskar (1967): Parkplätze und Großgaragen. Stuttgart und Bern.

Chlada, Marvin (2005): Heterotopie und Erfahrung. Abriß der Heterotopologie nach Michel Foucault. Aschaffenburg.

Conradi, Hans (1931): Moderne europäische Großgaragen. In: Baumeister, 29. Bd., S. 170-175.

Conrads, Ulrich (Hg. 1975): Programme und Manifeste zur Architektur des 20. Jahrhunderts (= Bauwelt Fundamente 1), Basel u.a.

Dechau, Wilfired (1989): Schnörkellos. Parkdeck in Altensteig. In: Deutsche Bauzeitung. Themenheft »Parkhäuser«. 123. Jg., H. 11/1989, S. 30-31.

Deleuze, Gilles (1992): Foucault. Frankfurt a.M.

Delitz, Heike (2006): Die Architektur der Gesellschaft. Architektur und Architekturtheorie im Blick der Soziologie. In: Wolkenkuckucksheim, 10. Jg., H. 1/2006, S. 1-21.

Dempsey, Amy (2002): Stile Schulen Bewegungen. Ein Handbuch zur Kunst der Moderne. Leipzig.

Deutscher Industrie- und Handelstag (1960): Der innerstädtische Verkehr. Ein Problem der Wirtschaft. Bonn.

Deutsche Renault AG (Hg. 2002): Renault traffic design award. Dokumentation 2000/2001. Innovative Konzepte für die Verkehrsarchitektur der Zukunft. Brühl.

Deutsche Renault AG (Hg. 2006): Renault traffic design award. Dokumentation 2005. Innovative Konzepte für die Verkehrsarchitektur der Zukunft. Brühl.

Deutsche Shell AG (1964): Parken – Wie? Hamburg.

Deutscher Industrie- und Handelstag (1960): Untersuchungen über Probleme des innerstädtischen Verkehrs. In: Der Architekt, Jg. IX, Nr. 9, S. 285-289.

Dietrich, Werner (2002): Die Großgarage Süd in Halle. Denkmalfachliche Fallskizze eines außergewöhnlichen Bauwerkes des deutschen Straßenverkehrs der 1920er Jahre. In: Denkmalpflege in Sachsen-Anhalt, 10. Jg. H. 2, S. 136-145.

Dolgner, Dieter (1997): Historische Bauten und Anlagen der Stadttechnik und des Verkehrs der Stadt Halle/Saale (in Zusammenarbeit mit Jens Lipsdorf). Halle.

Eckhardt, F. (1930): Die erste Berliner Hochgarage. In: Bauwelt 21 (1930): H. 42, S. 1350-1351.

Eggen, Arne Petter/Bjorn Normann Sandaker (1996): Stahl in der Architektur. Konstruktive und gestalterische Verwendung. Stuttgart (S. 16).

Ehrlinger, Susanne/Kaye Geipel (1989): Prototyp Parkpalazzo. Parkhaus in Landau. In: Deutsche Bauzeitung. Themenheft »Parkhäuser«. 123. Jg., H. 11/1989, S. 24-28.

European Parking Award (Hg. 2005): Pressetext EPA und WBI zur Verleihung EPA 2005 vom 13.10.2005.

Fachausschuß Stadtverkehr (Hg. 1965): Eine Dokumentation über die Abteilung Stadtverkehr der Internationalen Verkehrsausstellung. München 1965.

Fehlhaber, Jörg M. (1995): Metapher Beton oder die Rettung der Architektur. Düsseldorf.

Feistel, M.W. (1929): Die neue Baukunst. In: Rat der Stadt Chemnitz (Hg. 1929): Deutschlands Städtebau. Chemnitz. Dari-Verlag, Berlin-Halensee, S. 62-63.

Frankfurter Aufbau AG (1960): Parkhäuser in Frankfurt. Frankfurt a.M.

Freigang, Christian (2003): Auguste Perret, die Architekturdebatte und die »Konservative Revolution« in Frankreich 1900 – 1930. München und Berlin.

Fuhrmeister, Christian (2001): Beton Klinker Granit. Material Macht Politik. Eine Materialikonographie. Berlin.

Gescheit, H. (1931): Verkehrsbau – Städtebau. In: Gescheit/Wittmann 1931, S. 13-267.

Gescheit, H. und K. Wittmann (Hg. 1931): Neuzeitlicher Verkehrsbau. Potsdam.

Giedion, Siegfried (1969): Architektur und das Phänomen des Wandels. Tübingen.

Grimm, Jacob/Wilhelm Grimm (1991): Deutsches Wörterbuch, Band 7, München.

Hackelsberger, Christoph (1988): Beton: Stein der Weisen? Nachdenken über einen Baustoff (= Bauwelt Fundamente, Bd. 79). Braunschweig, Wiesbaden.

Hasberg, Peter (2005): Kommunale Parkraumpraxis. Strategien und Handling des ruhenden Verkehrs aus kommunaler Sicht (Manuskript), Berlin.

Hasse, Jürgen (2002): Changierende StadtLeiber – Für die strukturelle Erweiterung einer Kritik der Stadt – In: Wolkenkuckucksheim. Internationale Zeitschrift für Theorie und Wissenschaft der Architektur, 7. Jg., Heft 1/2002 (Urban Bodies): www.theo.tu-cottbus.de/wolke/deu/Themen/021/Hasse/Hasse.htm

Hasse, Jürgen (2006): Zur sepulkralkulturellen Bedeutung räumlicher Grenzen auf Friedhöfen. In: Geographische Zeitschrift 93. Jg., H. 4, S. 221-236.

Hatje, Gerd/Hubert Hoffmann/Karl Kaspar (hg.): Neue deutsche Architektur. Stuttgart 1956.

Hernández, Tulio (2005): Die eingebunkerte Stadt. Gewaltkriminalität, Zersplitterung des öffentlichen Raums und die Grammatik des Krieges in einem angespannten Frieden. In: ila 287, S. 1-3.

Hetherington, Kevin (1997): The Badlands of Modernity. Heterotopia and social ordering. London und New York.

Hilbersheimer, Ludwig (1928): Bauten in Eisenbeton und ihre architektonische Gestaltung. In: Hilbersheimer, Ludwig/Julius Vischer (1928): Beton als Gestalter. Stutttgart, S. 7-20.

Hirsch, Hartmut (1997): Utopie und Postmoderne: Foucaults Konzept der Heterotopie und Andrew Crumeys *Music, in a Foreign Language:* Zeitschrift für Anglistik und Amerikanistik, H. 4 (1997), S. 300-312.

Hochtief (Hg. 1957): Parkhochhaus an der Hauptwache in Frankfurt a.M. Hochtief Nachrichten (30. Jg.), H. März-April.

Hochtief (Hg. 1961): Parkhäuser in Frankfurt a.M. Hochtief Nachrichten (34. Jg.), H. Juli 1961.

Hochtief (o.J.): Autosilo. Das neuartige Garagiersystem, Essen.

Holz, S. C. (1957): Ein Parkhaus/Probleme und Erfahrungen. In: Frankfurt. Lebendige Stadt, Heft 1, S. 12-13.

Jaeger, Falk (2004): Denkfabrik im Kornspeicher. Umnutzung des Stadtlagerhauses am Hamburger Hafen. In: Bauhandwerk 7-8/2004, S. 30-31.

Kaiser, Heike (2002): Frankfurts ältestes Parkhaus. www.denkmalpflege-hessen.de/LFDH4_DDM_2002-11/body_index.html (05.11.2002).

Knop, Detlef (2006): Autos in der Stadt – noch zeitgemäß? In: Bayer, Edwin (Hg. 2006), S. 13-50.

Körfgen, Esther (2006): Carlofts und Carlifts. In: WDR Mittagsmagazin vom 01.02.2006.

Krätke, Stefan (1997): Globalisierung und Stadtentwicklung in Europa. In: Geographische Zeitschrift, H 2+3, S. 143-158.

Kruft, Hanno-Walter (1985): Geschichte der Architektur-Theorie. München.

Kuhnert, Nikolaus u.a. (2006): Die Produktion von Präsenz. Potenziale des Ästhetischen. In: archplus, Nr. 178, S. 22-25.

Landeshauptstadt München (Baureferat/Tiefbau T4) (o.J.): Automatische Anwohnertiefgarage Donnersbergerstraße ... (Erläuterungsbericht).

Le Corbusier (1920): Ausblick auf eine Architektur. Leitsätze. In: Conrads, Ulrich (Hg. 2001): Programme und Manifeste zur Architektur des 20. Jahrhunderts (= Bauwelt Fundamente, Bd. 1), Basel u.a., S. 56-59.

Le Corbusier (1925): Leitsätze des Städtebaus. In: Conrads 1975, S. 84-89.

Le Corbusier (1923): Ausblick auf eine Architektur. In: Neumeyer 2002, S. 391-406.

Liedel, Hans (1987): Zehn Mark gegen Nobel-Karossen. FNP vom 05.10.1987.

Lingnau, Gerold (2006): Die ungenierte Klassengesellschaft. In: FAZ vom 03.12.2006, S. V 9.

Loichinger, Stephan (2006): Auf dem Pflaster liegt der Strand. In: Frankfurter Rundschau vom 19.07.2006, S. 28.

Lüsch, Gunnar (1997): Die Großgarage in der Pfännerhöhe. In: Dolgner 1997, S. 115-125.

Lyotard, Jean-Francois (1982): Das postmoderne Wissen. Wien 1986.

Marchart, Oliver (2006): Kunst, Raum und Öffentlichkeit. Einige grundsätzliche Anmerkungen zum schwierigen Verhältnis von Public Art, Urbanismus und politischer Theorie.
In: http://eipcp.net/transversal/0102/marchart/de/print.

Marti, Urs (1988): Michel Foucault. München.

Maushagen, Hubert (1924): Chemnitz. Rat der Stadt Chemnitz (Hg. 1924): Deutschlands Städtebau. Chemnitz. Dari-Verlag, Berlin-Halensee, S. 5-7.

Mendelsohn, Erich (1919): Das Problem einer neuen Baukunst (Auszug). Conrads, Ulrich (Hg. 2001), S. 51-52.

Merki, Christoph Maria (2002): Der holprige Siegeszug des Automobils 1895 – 1930. Zur Motorisierung des Straßenverkehrs in Frankreich, Deutschland und der Schweiz. Köln u.a.

Meyhöfer, Dirk (2003): motortecture. architektur für automobilität. Ludwigsburg.

Mitscherlich, Alexander (1965): Die Unwirtlichkeit unserer Städte, Frankfurt a.M. 1972.

Müller, Georg (1924): Die Garagenfrage in Deutschland. In: VDI-Nachrichten, Bd. 4, Heft 50.

Müller, Georg (1925): Großstadt-Garagen. Berlin.

Müller, Georg (1926): Zur Einführung in die Garagenfrage. In: Deutsche Bauzeitung, 60. Jg., Nr. 13 vom 10. Juli 1926, S. 93-99.

Müller, Georg (1930): Die Berliner Hochgarage. In: Bauwelt 21 (1930): H. 444, S. 1413-1414.

Müller, Georg (1937): Garagen in ihrer Bedeutung für Kraftverkehr und Städtebau. Berlin.

Müller, Michael/Franz Dröge (2005): Die ausgestellte Stadt. Zur Differenz von Ort und Raum (= Bauwelt Fundamente Bd. 133). Basel u.a.

N.N. (1928.1): Über den Neubau des Garagenhofs in Chemnitz. Mitteilungen über den Chemnitzer Grundbesitz und den Baumarkt. 3. Jg., Nr. 3 vom 01. Oktober 1928, S. 326-328.

N.N. (1928.2): Ein sechsstöckiges Auto-Hotel. Der Garagenhof Chemnitz/400 Boxen/Ein Maximum an Komfort. Chemnitzer Neueste Nachrichten, 12.10.1928.

N.N. (1929): Ein Groß-Kraftwagenhof Halle-Süd. In: Hallesche Nachrichten vom 23.02.1929.

N.N. (1932): Garagenbauten. In: Die Form, 7. Jg. (H. 8), S. 247-254 (Bilderläuterungen).

N.N. (1955): Bewohner von vier Etagen: 160 Autos. Auf der Schiebebühne in der Großgarage Süd, der größten der DDR. In: Liberal-Demokratische Zeitung Nr. 279 vom 30.11.1955.

N.N. (1959.1): Der erste vollautomatische Autosilo der Welt. In: Baurundschau 49. Jg., S. 9-15.

N.N. (1959.2): Am sichersten parken Sie im PARKHAUS HAUPTWACHE. In: Frankfurter Neue Presse vom 29.04.1959.

N.N. (1964): Bald automatische Abfertigung im Parkhaus. In: FAZ vom 24.06.1964.

N.N. (1975): Im Parkhaus Hauptwache wird's teurer. In: FAZ vom 06.11.1975.

N.N. (1989): Damals ... Einleitung zu einem Themenheft der Deutschen Bauzeitung, H. 11.

N.N. (1995): Place des Célestins. In: Bauwelt 86. Jg. H. 25, S. 1436-1437.

N.N. (2003.1): Parkhaus Engelenschanze. Einfach himmlisch. In: Parkhaus aktuell (Jg. 13) Dezember 2003, H. 51, S. 17.

N.N. (2003.2): Stadtlagerhaus, Hamburg. In: AW Architektur + Wettbewerbe 195/2003, S. 34-37.

N.N. (2005.1): Parkplatz-Garantie neben der Luxuswohnung in luftiger Höhe. In: ARCHITEKTool.de vom 12.12.2005.

N.N. (2005.2): Abgefahrene Idee. Parken am Bett. In: Immobilien Zeitung vom 01.12.2005.

N.N. (2006): Helicoide se convertirá en centro atención comunitaria. In: www.rnv.gov.ve/noticias/index.php?act=ST&f=28&t=34058 (30.08.2006).

Neumeyer, Fritz (2002.1): Quellentexte zur Architekturtheorie. München u.a.

Neumeyer, Fritz (2002.2): Nachdenken über Architektur. Eine kurze Geschichte ihrer Theorie. In: Neumeyer 2002.1, S. 9-79.

Niedner, Hans-Heinrich (1961): Der Garagenbau im Spiegel des Patentwesens. In: Sill, Otto (Hg.): Parkbauten. Handbuch für Planung, Bau und Betrieb der Parkhäuser und Tiefgaragen. Wiesbaden und Berlin, S. 79-84.

Norberg-Schulz, Christian (1996): Einführung zu: Eggen, Arne Petter/ Bjorn Normann Sandaker 1996, S. 10-14.

Omlin, Sibylle/Karin Frei Bernasconi (Hg. 2003): Hybride Zonen. Kunst und Architektur in Basel und Zürich. Basel u.a.

Paul-Lincke-Höfe GmbH & Co Kg (Hg. o.J.): Paul-Lincke-Höfe. Das CarLoft® Prinzip. Berlin.

Pech, Anton (Hg. 2006): parkhäuser – garagen. (= Baukonstruktionen Sonderband). Wien und New York.

Pehnt, Wolfgang (2005): Deutsche Architektur seit 1900. München.

Pérez, Manuel Beroes (2004): El Helicoide: fabula y realidad (1956 – 2004). In: http://encontrarte.aporrea.org/creadores/habitat/3/a7967.html (S. 1-12).

Phaidon Atlas of Comtemporary World Architecture. Travel Edition. New York 2005.

Prisching, Manfred (2006): Die zweidimensionale Gesellschaft. Wiesbaden.

Rickli, Hannes (2002): Schwellenbau. Erkundungen von Atmosphären im Parkhaus. Diplomarbeit im Studienbereich Theorie der Gestaltung und Kunst; Hochschule für Gestaltung und Kunst Zürich.

Rivoal, Jacques (2006): »Mission für moderne Mobilität«. In: Deutsche Renault 2006, S. 5.

Romeick, Helmut (1960): Parkhäuser. In: Der Architekt, Jg. IX, Nr. 9, S. 290-300.

Rosas, José/Iván González (2002): El Helicoide de Caracas. In : ARQ (Santiago). [online]. dic. 2002, no. 52, S. 14-17.

Sant'Elia, Antonio/Fillipo Tomaso Marinetti (1914): Futuristische Architektur. In: Conrads 1975, S. 30-35.

Sarasin, Philipp (2005): Michel Foucault zur Einführung. Hamburg.

Schäfers, Bernhard (2006): Architektur-Soziologie. Grundlagen – Epochen – Themen. Wiesbaden.

Scheerbart, Paul (1914): Glasarchitektur (Auszug). In: Conradi, Peter (2001): Lesebuch für Architekten. Texte von der Renaissance bis zur Gegenwart. Stuttgart und Leipzig, S. 132-141.

Schmid, Arno Sighart (2006): Zeichen setzen für visionäre Architektur. In: Deutsche Renault 2006, S. 4.

Schmitz, Hermann (1978): System der Philosophie. Band 3: Der Raum. Teil 5: Die Wahrnehmung. Bonn 1989.

Schmitz, Hermann (1994): Neue Grundlagen der Erkenntnistheorie. Bonn.

Schmitz, Hermann (2003): Was ist Neue Phänomenologie? LYNKEUS. Studien zur Neuen Phänomenologie, Bd. 8. Rostock.

Schubert, Wolfgang (2006): »Geparkt wird übereinander«. In: Frankfurter Rundschau vom 16.09.2006 (Nr. 216), S. 29.

Schulze, Gerhard (2005): Hedonismus. Zur sündigen Modernität des Westens. Zürich.

Schupp, Fritz (1954): Die Architektur und die technische Entwicklung – Industriebau und freischaffende Architektur. In: Der Architekt, Jg. III (1954), H. 6, S. 372.

Sill, Otto (1951): Die Parkraumnot. Berlin.

Sill, Otto (1961): Parkbauten – ein wichtiges Mittel zur Behebung der Verkehrsnöte in den Stadtkernen. In: Sill, Otto (Hg.): Parkbauten. Handbuch für Planung, Bau und Betrieb der Parkhäuser und Tiefgaragen. Wiesbaden/Berlin, S. 1-27.

Simmel, Georg (1909): Brücke und Tür. In: Simmel, Georg (1957): Brücke und Tür. Essays des Philosophen zur Geschichte, Religion, Kunst und Gesellschaft, hgg. von Michael Landmann. Stuttgart, S. 1-7.

Sloterdijk, Peter (2005): Im Weltinnenraum des Kapitals. Frankfurt a.M.

Sloterdijk, Peter (2006): Architektur als Immersionskunst. In: archplus, Nr. 178, S. 58-61.

Soja, Edward, W. (1995): Heterotopologies : A Remembrance of Other Spaces in the Citadel-LA. In: Watson, Sophie/Katherine Gibson (Ed. 1995): Postmodern Cities and Spaces. Oxford/Cambridge, S. 13-34.

Stadt Bad Frankenhausen (2003): Ablösesatzung für Stellplätze der Stadt Bad Frankenhausen und ihrer Ortsteile vom 21.01.2003.

Stadt Frankfurt a.M. (Hg. 1998): Stellplatzsatzung der Stadt Frankfurt a.M. vom 20.07.1998.

Stadt Halle (Hg. 2002): Das Riebeckviertel. Darstellung Einzelprojekt »Altindustriestandorte Merseburger Straße mit dem Gründerzeitviertel Südliche Vorstadt« (Faltblatt) Halle.

Stadt Halle (Hg. o.J.): Altindustriestandorte Merseburger Straße mit dem Gründerzeitviertel Südliche Vorstadt (= Einzelprojekte im URBAN 21 Gebiet). (Faltblatt) Halle.

Stadt Heilbronn (1998): Stellungnahme des Hochbauamtes zu Konstruktion und Gestaltung des Parkhauses Am Bollwerksturm vom 05.11.1998, S. 1-2.

Stahnke, Holmer (2006): Das Auto auf dem Balkon parken. In: Hamburger Abendblatt vom 15.04.2006.

Steinbach, Hartmut (2006): Gestaltung von Parkhäusern – eine Bauaufgabe wird salonfähig. In: Bayer, Edwin (Hg. 2006): Parkhäuser – aber richtig. ein Leitfaden für Bauherren, Architekten und Ingenieure. Düsseldorf, S. 23-50.

Störmer, Jan und Partner (o.J.1): »Stadtlagerhaus«, Große Elbstraße, Hamburg, 2 Seiten, ohne Ort.

Störmer, Jan und Partner (o.J.2): Projekt »Stadtlagerhaus«, Große Elbstraße, Hamburg, Parksafe 580 der Fa. Otto Wöhr GmbH. 1 Seite, ohne Ort.

Tamms, Friedrich (1961): Parkbauten im Stadtbild. In: Sill, Otto (Hg.): Parkbauten. Handbuch für Planung, Bau und Betrieb der Parkhäuser und Tiefgaragen. Wiesbaden und Berlin, S. 183-192.

Tamms, Friedrich (1968): Parkbauten im Stadtbild. In: Sill, Otto (Hg.): Parkbauten. Handbuch für Planung, Bau und Betrieb der Parkhäuser und Tiefgaragen (2. veränd. Aufl. von 1961). Wiesbaden und Berlin, S. 41-55.

Taut, Bruno (1918): Ein Architektur-Programm. In: Conrads, Ulrich (Hg. 2001), S. 38-40.

Taut, Bruno (1920): Nieder der Serioismus! In: Conrads, Ulrich (Hg. 2001), S. 54-55.

Tutenberg, Walter (o.J.): Großgarage Süd. Baubeschreibung zur Errichtung einer Garagen-Anlage auf dem Grundstück Pfännerhöhe 71/72, 2 Seiten.

Virilio, Paul (1969): Die Sauberkeitsideologie. In: Architektur EXTRA. Architektur und Stadtplanung im Spätkapitalismus. Frankfurt a.M. 1971, S. 132-139 (ursprünglich in: L' Architecte, L' Urbanisme et la Societé, Sonderheft Oktober 1969 der Zeitschrift »Esprit«).

Walburg, Jürgen (2000): Parkhaus Hauptwache. Die Sanierung kostet 20 Millionen Mark. Frankfurter Neue Presse vom 24.02.2000.

Waldenfels, Bernhard (1991): Michel Foucault: Ordnung in Diskursen. In: Ewald, Francois/Bernhard Waldenfels: Spiele der Wahrheit. Michel Foucaults Denken. Frankfurt a.M., S. 277-297.

Welsch, Wolfgang (1993): Das Ästhetische. Eine Schlüsselkategorie unserer Zeit? In: Welsch, Wolfgang (Hg. 1993): Die Aktualität des Ästhetischen, München, S. 13-47.

Wiesel, Ernst (1929): Garagenhof Chemnitz. In: Rat der Stadt Chemnitz (Hg.): Chemnitz – Deutscher Städtebau. Berlin-Halensee, S. 140-141.

Wilfert, Katja (2000): Studienarbeit über den Stern-Garagenhof in Chemnitz. Bauhausuniversität Weimar.

Willke, Helmut (2003): Heterotopia. Studien zur Krisis der Ordnung moderner Gesellschaften, Frankfurt a.M.

Wittfoht Architekten (o.J.): Das Parkregal in Sindelfingen – Die Entwicklung einer maßgeschneiderten Lösung. o.Ort.

Wortmann, Arthur (1989): Als das Auto die Architektur eroberte. In: Deutsche Bauzeitung. Themenheft »Parkhäuser«. 123. Jg., H. 11/1989, S. 14-17.

Zehetbauer, M. (2006): Filmproduktion in Parkhäusern. Leserbrief in: Parkhaus aktuell, 16. Jg., H. 3, S. 34.

Ziemann, Andreas (2006): Soziologie der Medien. Bielefeld.

Siglenverzeichnis der Schriften von Foucault

AR (1967) Andere Räume. In: Barck, Karlheinz/Peter Gente (Hg.): Aisthesis. Leipzig 1990, S. 34-46.

AW (1981) Archäologie des Wissens. Frankfurt a.M.

DA (1966) Das Denken des Außen. In: Foucault, Michel (1987): Von der Subversion des Wissens. Frankfurt a.M., S. 46-68.

DM (1977) Die Machtverhältnisse durchziehen das Körperinnere. Ein Gespräch mit Lucette Finas. In: Foucault, Michel (1978): Dispositive der Macht. Über Sexualität, Wissen und Wahrheit, Berlin, 104-117.

Het (1966) Die Heterotopien. In: Foucault, Michel (2005): Die Heterotopien. Der utopische Körper. Zwei Radiovorträge mit einem Nachwort von Daniel Defert. Frankfurt/M, S. 7-22.

HS (1981/82) Hermeneutik des Selbst. Frankfurt a.M. 2004.

OD (1966) Die Ordnung der Dinge. Frankfurt a.M. 1974.

ODisk (1970) Die Ordnung des Diskurses. Mit einem Essay von Ralf Konersmann, Frankfurt a.M. 2003.

RR (1963): Raymond Roussel. Frankfurt a.M. 1989.

Tech (1993) Technologien des Selbst. In: Foucault u.a.: Technologien des Selbst, Frankfurt a.M., S. 24-62.

Kultur- und Medientheorie

Thomas Ernst,
Patricia Gozalbez Cantó,
Sebastian Richter,
Nadja Sennewald,
Julia Tieke (Hg.)
SUBversionen
Zum Verhältnis von Politik und Ästhetik in der Gegenwart

Oktober 2007, ca. 400 Seiten,
kart., ca. 28,80 €,
ISBN: 978-3-89942-677-9

Lutz Hieber,
Dominik Schrage (Hg.)
Technische Reproduzierbarkeit
Zur Kultursoziologie massenmedialer Vervielfältigung

Oktober 2007, ca. 190 Seiten,
kart., zahlr. Abb., ca. 18,80 €,
ISBN: 978-3-89942-714-1

Laura Bieger
Ästhetik der Immersion
Raum-Erleben zwischen Welt und Bild. Las Vegas, Washington und die White City

September 2007, ca. 250 Seiten,
kart., zahlr. Abb., ca. 26,80 €,
ISBN: 978-3-89942-736-3

Christian Bielefeldt,
Udo Dahmen,
Rolf Großmann (Hg.)
PopMusicology
Perspektiven der Popmusikwissenschaft

September 2007, ca. 220 Seiten,
kart., ca. 24,80 €,
ISBN: 978-3-89942-603-8

Christoph Lischka,
Andrea Sick (eds.)
Machines as Agency
Artistic Perspectives

September 2007, ca. 250 Seiten,
kart., ca. 27,80 €,
ISBN: 978-3-89942-646-5

Tara Forrest
The Politics of Imagination
Benjamin, Kracauer, Kluge

August 2007, 196 Seiten,
kart., 25,80 €,
ISBN: 978-3-89942-681-6

Jürgen Hasse
Übersehene Räume
Zur Kulturgeschichte und Heterotopologie des Parkhauses

August 2007, 218 Seiten,
kart., zahlr. Abb., 24,80 €,
ISBN: 978-3-89942-775-2

Kathrin Busch,
Iris Därmann (Hg.)
»pathos«
Konturen eines kulturwissenschaftlichen Grundbegriffs

August 2007, 204 Seiten,
kart., 21,80 €,
ISBN: 978-3-89942-698-4

Immacolata Amodeo
Das Opernhafte
Eine Studie zum »gusto melodrammatico« in Italien und Europa

August 2007, ca. 220 Seiten,
kart., ca. 26,80 €,
ISBN: 978-3-89942-693-9

Leseproben und weitere Informationen finden Sie unter:
www.transcript-verlag.de

Kultur- und Medientheorie

Ramón Reichert
Im Kino der Humanwissenschaften
Studien zur Medialisierung wissenschaftlichen Wissens
August 2007, 298 Seiten,
kart., 29,80 €,
ISBN: 978-3-89942-647-2

Marcus Krause,
Nicolas Pethes (Hg.)
Mr. Münsterberg und Dr. Hyde
Zur Filmgeschichte des Menschenexperiments
August 2007, ca. 300 Seiten,
kart., ca. 29,80 €,
ISBN: 978-3-89942-640-3

Stephan Günzel (Hg.)
Topologie.
Zur Raumbeschreibung in den Kultur- und Medienwissenschaften
August 2007, 318 Seiten,
kart., zahlr. Abb., 29,80 €,
ISBN: 978-3-89942-710-3

Gunther Gebhard,
Oliver Geisler,
Steffen Schröter (Hg.)
Heimat
Konturen und Konjunkturen eines umstrittenen Konzepts
August 2007, 200 Seiten,
kart., 22,80 €,
ISBN: 978-3-89942-711-0

Hans Dieter Hellige (Hg.)
Mensch-Computer-Interface
Zur Geschichte und Zukunft der Computerbedienung
August 2007, 360 Seiten,
kart., ca. 29,80 €,
ISBN: 978-3-89942-564-2

Marc Ries,
Hildegard Fraueneder,
Karin Mairitsch (Hg.)
dating.21
Liebesorganisation und Verabredungskulturen
Juli 2007, 250 Seiten,
kart., 25,80 €,
ISBN: 978-3-89942-611-3

Thomas Hecken
Theorien der Populärkultur
Dreißig Positionen von Schiller bis zu den Cultural Studies
Juni 2007, 232 Seiten,
kart., 22,80 €,
ISBN: 978-3-89942-544-4

Meike Kröncke, Kerstin Mey,
Yvonne Spielmann (Hg.)
Kultureller Umbau
Räume, Identitäten und Re/Präsentationen
Juni 2007, 208 Seiten,
kart., 21,80 €,
ISBN: 978-3-89942-556-7

Leseproben und weitere Informationen finden Sie unter:
www.transcript-verlag.de